한·중 '연령' 은유 양상의 인지적 대조 연구

한국문화사 국제 한국학 총서

한·중 '연령' 은유 양상의 인지적 대조 연구

曾茂 著

한국문화사

머리말

'연령'은 우리의 일상생활에서 매우 익숙한 개념이다. 사람을 인식하거나 평가할 때 우리는 종종 그 사람의 나이를 기준으로 판단을 내린다. '연령'은 인간이 태어날 때부터 지닌 자연적이면서도 사회적인 속성으로, 우리의 사고와 인식에 지속적으로 영향을 미친다.

이 저서는 의미사전과 백과사전, 그리고 인터넷 자료를 활용하여 '연령'과 관련된 은유적 표현을 수집·정리하였다. 인지언어학의 개념적 은유 이론을 토대로 하여, '은유적 투사', '은유적 함의', '은유적 부각' 등의 분석 방법을 적용하여 한국어와 중국어의 '연령' 은유 현상을 비교·분석하였다. 또한, 두 언어에서 나타나는 '연령'의 은유 구조, 은유 범위 및 영상도식을 통합적으로 제시하였다.

이 저서에서는 근원영역에서 목표영역으로의 은유적 투사 과정 속에서, 한국어와 중국어의 '연령' 은유가 지닌 보편성과 특수성을 중심으로 논의를 전개하였다.

제1장에서는 먼저 연구의 목적과 필요성, 의의를 밝히고, 개념은유 이론과 한국·중국의 인지은유 연구 현황을 정리하였다. 또한 연구 대상과 방법, 자료 수집 절차를 구체적으로 기술하였다. 제2장은 개념적 은유 이론의 기초를 다루고, 은유의 정의, 본질, 유형 및 구조적 특성을

설명하였다. 특히 은유의 부각과 은폐, 은유의 함의, 영상도식 등을 중심으로 '연령' 은유 분석의 이론적 틀을 제시하였다. 제3장은 의미사전과 백과사전을 통해 '연령'의 사전적·백과적 의미를 분석하였다. 이를 토대로 '연령' 개념을 세분화하여 '연령대' 개념을 도출하였다. 제4장은 공간 개념 은유를 중심으로 한국어와 중국어의 '연령' 은유를 비교하였다. 두 언어는 '방위', '척도', '그릇'의 개념 영역에서 은유적 양상을 보였다. 제5장은 사물 개념 은유를 다루었다. '연령'은 '양', '부피', '무게' 등 물리적 속성을 통해 구체화되며, '음식', '식물', '자원' 등의 개념을 통해 사회적 속성이 구조화된다. 제6장은 '시간'의 이동적 인지모형과 경로도식, 여행도식을 바탕으로 '여행자', '장애물', '거리', '길' 등의 개념에서 두 언어가 보이는 은유적 양상을 제시하였다. 제7장은 '연령'이 '적', '태양', '사계절' 등의 개념으로부터 은유적으로 투사되는 과정을 분석하였다. 이를 통해 '연령'의 추상적 개념이 보다 구체적이고 생동감 있게 형상화됨을 밝혔다. 마지막 제8장은 전반 내용을 정리하고 결론을 제시하였다.

이 저서의 의의와 가치는 다음과 같다.

첫째, '연령'과 관련된 언어적 표현을 구체적으로 분석하여, 추상적 개념인 '연령'을 이해하는 은유적 방식과 범위를 제시하였다.

둘째, 근원영역과 목표영역 간 투사 과정을 비교하여, '연령'에 대한 인지적 보편성과 특수성을 도출하였다.

셋째, '연령' 및 '시간'의 추상적 개념에 대한 인지적 이해를 심화시키고, 한국어와 중국어 교육 방안 설계에 유용한 참고 자료를 제공하였다.

2025년 10월 21일

증무

목 차

표 목차

그림 목차

01

서론

1.1. 연구 목적 및 필요성

본 연구는 '연령(年齡)' 개념에 대한 한국어와 중국어의 은유적 양상을 기술하고, 이를 상호 대조·분석하여 서술하는 데 목적이 있다. '연령'은 시간과 긴밀한 관계가 있는 개념으로, 일상생활에서 매우 친숙하게 사용되며 언어와 문화 측면에서 매우 중요한 개념 중의 하나이다. 이 점에서 '연령'을 나타내기 위한 언어 표현을 연구하는 것은 시간을 인식하는 인지 체계를 살피는 것인 동시에, 특정 언어의 문화적 표현 양상을 기술하는 작업이라고 할 수 있다.

『표준국어대사전』에서는 '연령'을 '사람이나 동·식물 따위가 세상에서 나서 살아온 햇수'라고 정의한다. 사전적 정의에 따르면 '연령'은 시간과 숫자, 햇수 등의 개념과 관련이 있으며, 사람, 동물, 식물 등의 생명체에 광범위하게 적용되는 개념이라고 볼 수 있다. 생명체가 존재할 수 있는 시간은 유한하고 시간의 경과에 따라 생명체의 상태가 달라진다는 점에서, 어떠한 대상이 살아온 햇수는 그 대상의 상태를 짐작할 수 있게 만드는 정보에 해당한다. 그리고 대상의 상태에 대한 정보는 인간의 생존과 밀접히 관련된다. 이 점에서 '연령'은 인간에게 있어서 매우 중요한 정보라 할 수 있다. '연령'이 사회·문화적으로 중요하게 인식되는 것은 바로 이러한 이유 때문이다.

한편 '연령'이 언어적 표현으로 부호화될 때에는 단순히 수 표현으로 대체되는 것을 넘어 관습적·문화적 의미가 부여되기도 한다. 예를 들어, 한 사람에게 '나이가 서른이다'라고 할 수 있는 것을 '나이가 계란 한 판'이라고 표현할 수도 있다. 이처럼 '연령'을 단순히 숫자로 표현하는 것을 넘어서 다양한 방식으로 표현하는 것은, '연령'을 인지하는 과정에 내포적 인지기제가 포함되어 있기 때문이다. 즉 그 안에는 은유적 인지기제가 작용하여 은유적 표현이 도출되는 것이다.

본 연구에서 '연령' 개념의 언어 표현을 연구하는 것은, 보편적인 개념인 '연령'이 언어로 표현되는 과정에서 여러 이유로 인하여 언어마다 다양한 양상으로 실현되는 것으로 보이며, 따라서 언어별로 '연령'이 어떻게 실현되는지를 연구함으로써 인간의 인지 체계를 엿볼 수 있다고 판단했기 때문이다. 인간의 인지 체계상 '연령'이라는 개념 자체는 보편적이지만, '연령'을 개념화하기 위한 은유적 투사는 언어마다 다양한 양상으로 실현된다. 그리고 이러한 차이는 각 언어별 사회 문화에 따라서 다르게 나타난다. 한국어와 중국어 역시 '연령'이라는 목표 개념을 투사하기 위해 많은 근원개념들이 동원되는데, 그 양상이 상당히 닮아 있는 동시에 많은 부분에서 차이를 보이고 있다. 본 연구에서는 개념적 은유 이론을 적용하여, '연령' 개념에 대한 한국어와 중국어의 은유적 양상을 살피고 그 공통점과 차이점을 상술하고자 한다. 이러한 연구는 두 언어의 인지 체계를 밝히는 작업이라는 점에서 의의를 지니며, 동시에 두 언어를 배우려는 학습자에게도 큰 도움을 줄 수 있을 것으로 기대된다.

본 연구의 논의 내용을 구체적으로 제시하면 다음과 같다.

첫째, 한국어와 중국어의 '연령'에 대한 은유적 양상을 분석하고, 그 결과를 바탕으로 '연령' 개념을 인지언어학 이론에서 연구하기 위한 방법론을 새롭게 제시해 보고자 한다.

둘째, 한국어와 중국어의 '연령'에 대한 인지적 보편성을 제시한다. 즉 은유적 투사 과정에서 '연령' 개념이 어떠한 근원개념들로 실현되는지를 검토한다. 나아가 한국어와 중국어 표현에서 '연령'을 인지하는 방식이 어떠한 영상도식에 기대고 있는지를 밝힌다.

셋째, 한국어와 중국어의 '연령'에 대한 인지적 특수성을 제시한다. 이를 위해, 먼저 두 언어에서 실현되는 '연령'에 관한 다양한 근원개념을 정리하여, 근원영역의 은유적 구조와 은유적 범위를 각각 분석한다. 그리고 이 은유적 투사 과정에서 근원영역이 부각된 측면을 구체적으로 살피고 논의한다. 즉 어떠한 근원영역이 부각되는지를 살핌으로써, 각 언어에서 '연령'을 인식하는 방식의 차이를 밝힌다.

1.2. 기존 연구 검토

본 연구는 인지언어학적 관점에 기반을 두고 있으며, 특히 개념적 은유 이론을 바탕으로 구성된다. 인지언어학은 1970년대 시작해 생성언어학의 뒤를 이어 성장한 방법론으로, 생성언어학과 달리 인간의 머릿속에 있는 인지 과정 및 기제를 탐구하는 것이다. 인지과학을 비롯하여 심리학의 인지주의, 철학의 체험주의를 기반으로 한다. 개념적 은유는 인간의 사고방식에 관한 연구로, 언어, 문화, 철학, 심리학까지

다양한 영역의 지식이 융합되어 있다. 즉 은유는 언어의 보편성과 다양성을 지니며 인간의 보편적인 사고방식이라는 점에서, 은유 이론을 이용하여 언어적 표현의 다양성, 인지기제의 보편성과 특수성 등의 언어학 과제를 깊이 연구할 수 있다.

이 절에서는 은유 이론에 대한 연구사를 살펴본다. 먼저, 은유 이론에 대한 기본적인 논의와 성과를 개괄한 후, 한국어와 중국어에서 '연령'을 표현하는 방식에 대해 연구한 논의를 검토하고자 한다.

1.2.1. 은유에 대한 이론적 연구

'은유'에 대한 연구는 전통적인 은유 이론과 개념적 은유 이론으로 나뉜다. 다만 전통적인 은유 이론은 문학적 표현으로서의 은유에 대해 주로 다루므로, 언어학에서는 크게 주목하지 않는다. 따라서 여기에서는 개념적 은유 이론을 중심으로 연구사를 정리한다.

Ready(1979)에서는 '도관 은유(The Conduit Metaphor)'를 통해, 인간의 사고방식은 모두 '도관'과 같이 물건을 전송하는 인지적 원리를 준수한다고 주장하였다. 그는 은유는 주로 개념적, 관습적으로[1] 이루어지며, 우리가 살고 있는 세상을 개념화하는 과정이라고 보았다. 아울러 인간의 사고방식과 언어 체계에서 은유는 매우 중요한 의미 표상의 기제이자 가장 보편적인 개념화 방식이라고 역설하였다.

Lakoff & Johnson(1980)에서는 '개념적 은유'를 이론화하여 세부적인 유형으로 나누고 다양한 용례를 통해 이를 논증하였다. 아울러 은유적 개념의 체계성, 은유 사이의 '복잡한 정합성' 등의 문제들을 분석하

1 '관습적'이라는 용어는 은유의 관습성, 관습화에 의해 나타난다. 이는 잘 확립되고 깊이 고착되어 있다는 의미로 사용된다.

고, '은유의 본질은 한 종류의 사물을 다른 종류의 사물의 관점에서 이해하고 경험하는 것이다.'라고 지적하였다. Lakoff & Johnson(1980)의 '개념적 은유' 이론은 현대 은유 이론의 중요한 분야로 자리매김하였으며, 이후의 연구에 큰 영향을 주었다.

Langacker(1987)에서는 영역(domain) 이론을 발전시켜 낱말이 인간 경험의 영역과 관련이 있다고 주장하였다. 백과사전적 의미관에서는 백과사전적 지식에 대한 특징과 구조를 논의하며, 백과사전적 지식의 특정한 양상은 낱말의 의미와 관련이 있음을 제시하였다. 또한, 백과사전적 연결망(encyclopaedic network)에서는 지식의 유형을 하위 유형들로 분류하기도 하였다.

Lakoff & Turner(1989)에서는 은유적 함의, 개념적 은유는 일상적 은유에 국한을 시키지 않고, 그 외에 문학적인 시에서도 작용한다는 시적 은유를 논의하였다. 시적 예문을 통해 목표영역 [인생], [죽음], [시간]에[2] 대해 구체적인 은유적 구조를 분석하였다. 시적 언어에서는 일상적, 기초적 은유에 대한 투사가 적용된다고 밝혔다.

Ungerer & Schmid(1996)에서는 은유에 대한 개념 유형과 매핑(mapping) 유형을 체계적으로 정리하였다. 은유적 투사에 대한 영역간 투사 과정을 통해 세부적인 개념 유형을 제시하는 데에 초점을 맞추고, 일정한 투사 범위에서의 근원개념과 목표개념 이외에도 특정적 구체개념, 일반적 개념, 구체개념 등의 유형들이 존재함을 밝혔다. 이러한 개념 유형은 본 연구에서 '연령'에 대한 은유적 개념을 분석하는 데 기초적인 참고 이론이 된다.

Kövecses(2002)에서는 일상적 근원영역과 목표영역을 대상으로, 은유에 대한 전반적 지식들을 상세하게 소개하였다. 아울러 은유의 기반

2 본 연구에서는 인지언어학 관행에 따라 은유 또는 은유 개념을 [ ]로 표시한다.

은 사람들의 체험적 상관성과 구조적 유사성에 기초를 둔다는 것을 제시하고, 은유적 투사의 부분적 본질, 은유적 함의, 또한 은유의 범위와 체계 등의 은유에 관한 기본적 문제들을 하나씩 풀고 자세히 기술하였다. 특히 근원영역과 목표영역에 대한 특징을 제시하고 두 영역 간의 관계와 상호작용 기제를 검토하였다.

Evans & Green(2006)에서는 개념적 은유 이론을 전반적으로 소개하였다. 공간 개념으로 시간을 인지하는 방식을 논의하였으며 공간개념화의 패턴에서는 참조대상의 중요성을 강조하였다. 특히 시간 개념화의 패턴에서는 시간의 어휘개념, 시간적 어휘개념의 정교화, 시간의 인지모형 등 과제를 논의하였다. 또한 시간의 개념화 과정에서 발생한 변이 현상을 중국어 예시를 통해 살펴보았다.

Geeraerts(2006)에서는 은유에 대한 연구사를 정리하는 동시에, 은유의 기본적 범주, 개념, 투사 영역에 적용하는 기준 원칙을 소개하였다. 또한 '사건 구조적 은유(event-structure metaphors)'를 풍부한 언어자료를 통해 구체적으로 입증하였다. 가장 전형적인 은유는 '어려움은 운동하는 도중에 있는 장애물'이다. 또한, 창조적 은유의 예를 통해서 문학 작품 중에서의 은유 현상들을 살펴보기도 했다. 창조적 은유는 '이미지 은유(image metaphors)'와 '일반 레벨 은유(generic-level metaphors)'로 나누어 은유적 표현들과 그간에 대응관계를 검토하였다.

이러한 기초적 은유 연구는 1990년대 이후 한국어학 분야에서도 수용되어, 현재까지 여러 성과를 남겼다. 한국어학에서 개념적 은유를 연구한 대표적인 논의로는 김동환(2005), 김진해(2014), 임지룡(2017), 권연진(2017) 등이 있다. 각 논의의 내용은 다음과 같다.

김동환(2005)에서는 영상도식의 본질, 유형 및 대립성 과제를 검토하는 데 주력하며, 특히 은유적 투사가 부분적이라는 특성을 가지고 있음을 보였다. 예를 들어 [이론은 건물이다]라는 은유에서 근원영역인 '건물의 속성'과 목표영역인 '이론의 속성'은 부분적으로만 투사되는데, 이를 통해 은유적 투사가 정의나 외적 구조, 내적 구조, 속성 등과 같이 일부 부분에 한해 이루어짐을 논의하였다.

김진해(2014)에서는 '마음'을 연구대상으로 은유의 보편성과 특수성을 논의하였다. 그는 '마음'을 은유로 판단하는 동사와 형용사를 조사하고, 조사 결과에 따라 [마음]의 은유적 확장 양상, 즉 추상적 개념들을 개체나 물질로 인지하는 은유적 양상을 살펴보았다. 한편 동일한 대상을 물건으로 인지하지만 어떠한 서술어로 표현하는지에 따라 물건의 속성을 다르게 인지하고 있다고 볼 수 있다고 주장하였다. 이는 은유적 양상을 관찰할 때에 문장의 통사적 구조가 은유적 투사에 영향을 준다는 주장으로, 본 연구의 관점과 일맥상통한다.

임지룡(2017)에서는 인지언어학에 대한 기초 지식과 체계를 구체적으로 제시하고, 은유의 인지적 개념, 은유적 투사의 양상을 자세히 기술하였다. 특히 영상도식을 다루면서, 추상적 개념을 인지할 때에는 '앞-뒤 방향', '오른쪽-왼쪽 방향'을 근원개념으로 이용한다고 주장하였다. 또한 시간의 개념화 양상을 세부적으로 논의하였는데, 개념적 은유 이론을 제시하는 동시에 '시간이 길다', '시간이 흐르다', '시간을 쓰다' 등의 한국어 은유적 양상을 제시한 점이 주목할 만하다.

권연진(2017)에서는 은유의 보편성과 상대성을 논의하였다. 특히 은유의 보편성에서는 시간 은유에 대해 보편적으로 사용되는 근원영역을 살폈는데, 시간 지향 은유, 이동하는 시간 은유, 이동하는 관찰자 은유로 나누어 시간의 은유적 특성을 기술한 점이 특징적이다. 그리고 한국어와 중국어에서 시간 개념을 인지할 때에는 모두 '앞, 뒤' 등 공간적 개념을 통해 개념화한다고 주장한 점 또한 주목할 만하다.

한편 중국에서의 은유 연구 또한 1990년대부터 시작되었다. 특히 1990년대 후반기부터는 인지언어학 연구가 본격적으로 시작되어 束定芳(2000, 2008), 赵艳芳(2001), 胡壮麟(2004), 王寅(2007), 李福印(2008), 文秋芳(2014) 등 많은 성과를 이루었다.

束定芳(2000, 2008)에서는 중국어의 은유 연구 현황을 소개하였는데, 은유의 본질, 은유의 유형, 통사적 특징 및 의미적 특징을 상세하게 기술하고 각 분야의 연구사를 정리하고 있다는 점에서 주목할 만하다. 또한 은유는 수사적 기능, 인지적 기능, 사회적 기능 등의 기능을 지니는 개념으로, 언어학뿐만 아니라 심리학, 사회학, 경제학 등의 다양한 분야에서도 널리 사용되는 개념이라고 주장하였다.

赵艳芳(2001)에서는 인지언어학 이론을 전반적으로 다루었는데, 그 중에서도 은유와 환유의 인지기제를 상세히 논의하였다. 먼저 은유와 관련된 인지적 원리 또는 심리적 기초를 '유사 원칙(principle of similarity)', '접근 원칙(principle of proximity)', '순접 원칙(principle of good continuation)', '부각 원칙(principle of prominence)'으로 나누어 설명하고, 은유의 본질, 은유에 인지적 창조성과 의미 범주 등의 과제를 상세히 기술하였다. 또한, 은유적 개념에서는 참신한 은유, 즉 문학적 은유(Literary Metaphor)도 제시하였다.

王寅(2007)에서는 은유의 이론적 배경을 개괄하였다. 사람들이 추상적 개념을 이해하는 데는 영상도식이 작용하는데, 이 영상도식은 사람들이 세상에 사는 경험에서 비롯된다고 기술하였다. 또한 영상도식으로 원형과 범주를 확장시키고, 마지막으로 개념과 의미가 생성된다. 이러한 인지적 구조를 통해 영어 'over', 'on' 및 중국어 '上', '出'의 의미 양상을 기술하였다. 특히 '上'은 추상적 공간과 시간 개념에 적용되며, 시간적 순서는 앞에 있다는 것으로 나타날 수 있다고 주장하였다. 또한, 사회적 관계 중에서 높은 지위에 투사가 가능하다고 보았는데, 공간적으로 참조점에 따라 시각이 달라지기 때문에 표현이 더 다양한 확장적 의미가 생성된다고 할 수 있다.

文秋芳(2014)에서는 형태적 대조 분석과 인지적 대조 분석 방법에 대한 이론적 배경을 정리하였다. 인지적 대조 분석은 형태적 대조 분석과 달리 두 언어가 인지적 방식, 개념화 체계 측면에서 큰 차이점을 지니는데, 이를 통해 외국어를 학습하는 학습자는 모국어와 외국어 간의 인지기제를 인식하게 되며 새로운 인지적 체계를 형성한다고 주장하였다. 그리고 그 예로 영어와 중국어를 비교하였는데, 특히 중국어에서는 '上', '下'와 같은 공간적 수직적 표현으로 [시간]을 인지한다는 점을 강조하였다. 또한, 인지언어학 이론을 이용해 영어와 중국어의 교육 방안을 설계하는 데 도움이 될 수 있음을 역설하였다.

1.2.2. '연령'과 관련된 은유 연구

이 절에서는 '연령' 개념의 은유 양상에 대한 한국과 중국의 연구를 검토하고자 한다. 다만 '시간'이나 '공간'을 목표개념으로 한 은유 연구 중, 인생 은유, 음식물 은유, 식물 은유 관련 연구 등에서 '연령' 개념이 언급되기는 하였으나, 개념적 은유의 관점에서 '연령' 개념을 직접적으로 연구한 인지언어학 논의는 매우 드물다. 이는 '연령'이 매우 광범위한 개념이면서도 시간의 하위 개념에 속하며, 생물학적·사회학적으로 다양한 개념 요소들이 내포되어 있어 언어 연구에서 직접적인 주목을 받지 못했기 때문으로 보인다. 따라서 본 연구에서 '연령'을 연구하기 위해 '연령'에 대한 연구만을 참고하기는 어려우며, '연령'과 관련된

다른 개념의 연구 역시 자세히 검토할 필요가 있다. 그리고 그러한 연구 결과를 토대로, '연령' 개념을 연구하기 위한 방법론을 새롭게 제시해 보고자 한다.

먼저 '연령' 개념이 언급된 논의를 살펴보자. '연령'은 은유 연구에서는 하나의 목표개념으로 다루는 연구는 많지 않지만, 주로 인생 은유 연구에서 '연령'과 관련된 인생 시기의 개념을 다루고 있다. 또한, '나이를 먹다', '나이가 많다' 등의 언어적 표현을 근원개념으로 다루는 연구가 있다.

김기수(1997)에서는 개념적 은유 중 [일생은 하루], [인간은 식물] 은유가 한국어의 많은 은유적 표현들을 지배하는 원리로 적용됨을 주장했다. [일생은 하루] 은유에서는 [아침은 청춘이다], [노년은 황혼이다]라는 하위 은유가 주로 적용되며, [인간은 식물] 개념에서는 [출생은 씨앗이다], [노년은 마른 잎 또는 시든 꽃이다]의 은유가 주로 실현된다. 여기에서 [청춘], [노년]과 관련된 은유 및 은유적 구조는 본 연구에서 유용하게 사용될 것이다.

김미형(2005)에서는 [시간]을 목표개념으로 은유적 투사 및 인지과정을 논의하며, 영상도식 [그릇], [수직선]이 목표영역으로 투사하는 인지과정을 논의하였다. 특히 '나이가 들다'라는 표현에 대해 그릇도식을 적용하여 인간의 몸을 하나의 그릇이라고 생각하기 때문에 형성된다고 주장하였다. 즉, 몸 밖에 있는 것을 몸 안으로 들어오는 대상으로 표현한다는 것이다.

양태영(2006)에서는 [젊음]을 개념적 은유 이론을 통해 분석하였는데, 한국어에서 [젊음]이 '자원의 상태', '자원의 작용', '자원의 양', '자원의 효과'의 네 가지 근원영역으로 실현됨을 주장하였다. 양태영(2006)의 논의는 존재론적 은유, 구조적 은유의 측면에서 논리적으로 타당한 주장이라고 할 수 있다. 다만 지향적 은유인 [젊음은 위]라는 추정은 존재론적 은유와 충돌될 가능성이 있다고 본다. [젊음]은 사물이나 물체로 인지하는 데 방향성이 부각되는지는 다시 한 번 검토해 볼 과제로 여겨진다.

임혜원(2006)에서는 사물 개념이 실제 대화에 나타나는 은유적 양상을 연구하였다. 특히 사물 개념의 은유적 확장 양상 중에서 사물의 속성(수량, 무게, 온도, 명도, 밀도) 및 하위영역, 사물의 상태(고체, 액체)를 근원영역으로 두고 한국어에서 어떠한 은유적 양상이 나타나는지를 살폈는데, 그중 사물 은유에서 근원개념 [수량]을 통해 '나이가 많다'라는 은유적 양상이 실현됨을 보였다. 또한 [음식물] 근원개념에서는 '나이를 먹다'라는 은유적 양상이 보이며 '나이'의 수가 늘어가는 것을 은유적 양상으로 보았다. 이는 사물의 속성에 근거한 은유적 확장 양상으로 판단된다. 한편 [연령]을 [수량], [음식물]로 개념화하는 방식을 논의한 것도 확인된다.

이하배(2007)에서는 문화적 측면에서 한국인들의 일상 예(礼) 문화를 중심으로 나이에 대한 가치관을 논의하면서, 직업이나 관계, 장소 등 사회 환경에 더하여, 나이는 사회적 관계를 규정하는 데 크게 관여한다고 주장하였다. 그리고 나이는 '자연적 나이'와 '사회적 나이'로 나뉘어져 있는데, 사회적 나이에 대해 문화, 관습, 도덕, 경제, 종교 등 사회적 환경과 연관된 '나이 효과'가 있음을 제시하였다. 이는 '사회 연령'을 논의하는 데 유용한 근거가 된다.

노진서(2009)에서는 설문조사를 통해 한국어 사용자들이 [인생]을 인지할 때 즐겨 사용하는 개념적 은유의 선호도를 조사하였다. 한국어 사용자들이 가장 선호하는 [인생]에 대한 근원개념은 [여행]인데, 특히 [여정의 거리]는 [인생살이의 과정], 즉, [기간(수명)]으로 인지하고 있음을 주장하였다. 한편 한국어에서의 [인생]에 대한 근원영역과 영어에서의 근원영역을 대조하여 그간의 공통점과 차이점을 분석하기도 하였는데, 한국어 사용자들은 [인생은 전쟁] 은유를 선호하는 반면에, 영어 화자들은 [인생은 타협] 은유를 선호하는 경향이 있음을 제시하였다. 이에 따르면 근원개념 [여행]은 [연령]과 관련이 있으며 중국어 사용자들의 [인생]에 대한 사용 양상이 상이할 것으로 예측된다.

이범열(2015)에서는 현대 중국어의 식물 은유를 연구하였는데, 은유적 개념의 생성에는 제약이 있음을 주장하였다. 예를 들면 사람은 근원개념 '꽃', '나무', '풀'로 투사되는데, 특히 여자를 표현하는 경우에는 '싱싱함'과 '활기참'을 '꽃'의 특성으로 인지되는 것처럼 사람의 특성에 따라 부각되는 근원영역이 다름을 언급하였다. 이범열(2018)에서는 식물 은유에 초점을 맞추어 현대 중국어의 은유적 양상을 살피고, 식물 은유에 관한 배경, 구성, 제약과 선택, 유형 및 사용 등의 과제를 논의하였다. 식물 은유의 상위 층위 은유적 개념은 [植物是人(식물은 사람이다)]이며 이는 다양한 하위층위 은유적 개념을 갖게 된다고 주장하였다. 특히, '꽃', '나무' 은유적 표현을 사용해 사람의 연령별 특성을 나타냄을 보이고 식물 은유로 사람의 연령별 특성을 개념화하는 과정이 있다는 것을 밝혔다. 이 중에서 식물과 관련된 은유적 표현 양상은 본 연구의 논의에서도 참고할 만한 내용이다.

한정(2015)에서는 '삶'과 '죽음'을 연구 대상으로 삼아 한국어와 중국어에 대한 은유적 양상을 대조 · 분석하였다. 이에 따르면 [인생], [연극], [전쟁] 등 근원영역에서는 한국어와 중국어에서 은유적 보편성을 지니는데 [미로], [장기], [교향곡], [차] 등의 존재론적 은유에서는 두 언어 간에 차이가 있다. 또한 인생의 시기, 즉 청년기, 노년기에 관한 은유적 표현도 살폈는데, [인생은 식물]에서는 식물의 '성장 시기' 개념을 근원개념으로 취하여 '새싹', '꽃', '시들다'라는 은유적 표현이 [인생]에 사용이 가능함을 밝혔다. 한편 [청춘]의 근원개념 [꽃], [봄], [불], [노년기]는 근원개념 [황혼], [가을]로 적용될 수 있음을 검토하였다. 이 연구는 한국어와 중국어에 다양한 문학적 표현을 위주로 다루었는데, 일상적 언어 표현에 대한 연구가 부족하다는 점이 다소 아쉽다. 또한, 개념 영역에 은유적 투사 및 인지과정에 대해 분석하지 못한 부분 또한 보완할 필요가 있다.

다음으로는 중국의 연구를 살펴보고자 한다. 중국에서 '연령'을 목표개념으로 다루는 연구 또한 그다지 많지 않은데, 유아를 대상으로 유아들이 사용하는 은유적 표현 중에서 [연령]과 관련된 내용을 살핀 몇몇 연구들이 있다. 또한, 인생 은유, 식물 은유, 음식 은유 중에서 '연령'을 논의한 내용이 있어 주목할 만하다.

杨艳芳(2007)에서는 중국 초등학교 학생들을 대상으로 작문 텍스트를 조사했다. 조사 결과에서는 1학년 학생들부터는 이미 [大(크다)], [小(작다)] 근원개념을 [연령]에 적용한다는 것을 밝혔다. 또한, 8학년 학생부터는 '高(높다)', '低(낮다)'로 [연령]을 표현하기 시작하며, 초등학교 학생들은 사물 개념과 공간 개념으로 [연령]을 은유적으로 인지하고 있음을 살펴보았다. 다만, 성인들이 일상적으로 사용하는 [연령]에 대한 은유적 양상은 밝히지 못해, 이에 대한 보완이 필요해 보인다.

黄兴运(2013)에서는 인생 은유에 대한 다양한 근원영역을 검토하여 분석하였다. 인생은 음식, 운동, 음악, 꽃, 경제, 종교, 전쟁의 근원영역을 통해 은유적 투사가 일어난다. 특히 [인생은 꽃이다]에서는 인생이 식물과 같은 생명의 주기를 갖고 있으며 [꽃]으로 개념화된다. 예를 들면 '열여섯 살'은 '花季(꽃이 피는 계절)'라고 투사된다는 것이다. [인생 시기]는 [식물]로써 은유적 투사가 발생한다는 점은 본 연구에서 참고할 만한 논의이다.

张洋梵(2015)에서는 중국에서 있는 4~6세 유아들을 대상으로 은유 사용 현황을 실험하였다. 유아들이 연령별로 실제 생활에서 사용하고 있는 은유적 표현을 정리하여 분석하였다. 그중 유아가 '大(크다)', '小(작다)'의 언어적 표현을 추상적 '연령'에 사용한다는 실험 결과를 밝혀냈다. 또한, '长(길다)', '短(짧다)'로 시간 개념을 나타낸다는 결과도 제시하였다. 즉 사람들의 '연령'에 대한 인지기제가 유아기부터 존재한다는 것이라 하겠다.

李英兰(2017)에서는 한국어와 중국어 음식에 대한 은유적 투사를 대조·분석하고, 한국어와 중국어의 식기, 식재, 음식 감각 등의 대상으로 투사된 목표영역의 보편성과 다양성을 밝혔다. 특히 한국어 '나이를 먹다'에 대해 '饮食是人生经历(음식은 인생 경험)'의 하위은유로 간주하여 '먹다'가 목표영역 '증가'로 투사하는 과정을 보였다. 여기서 '나이를 먹다'라는 관습적 표현은 한국어에만 존재하는 특유한 은유적 양상이라고 하였는데, 이에 대해 본 연구에서도 중요한 것으로 인식하고 있다.

지금까지 은유의 기초 이론과 '연령'과 관련된 은유 연구로 나누어 선행연구를 검토하였다. 한국어와 중국어의 은유를 연구한 논의는 짧은 시간 동안 양적으로 증가하였으나, '연령'과 관련된 연구는 아직까지 많지 않은 실정에 있다. 선행 연구에서 논의가 다소 미흡하여 앞으로 더 논의해야 할 과제들을 정리하면 다음과 같다.

첫째, 근원영역이 어떠한 목표영역으로 투사되는지에 대한 양적 연구는 상당히 많이 이루어졌으나, 근원영역이 은유적으로 투사되는 과정에 대한 상세한 논의는 부족하다. 즉 하나의 목표영역에 대응되는 근원영역으로는 무엇이 있는지에 대해서는 다각도로 연구되어 왔으나,

근원영역이 은유적으로 투사되는 데 어떠한 측면이 부각되는지에 대한 논의는 상대적으로 부족하다.

둘째, 근원영역과 목표영역 간에 투사가 일어날 때 어떠한 근원영역이 투사되는지에 대해 다소 주관적으로 판단한 면이 있다. 즉, 은유적 투사 관계를 서술하는 데 객관성이 부족하다. 개념적 은유에 관련한 언어적 표현을 분석하는데 관습적 표현이나 관용표현, 속담 등 연구 대상에 대해 더 세분하게 구별하여 제시할 필요가 있다.

셋째, 선행연구에서 분석한 목표영역은 그 범위가 매우 넓기 때문에 그에 대응하는 근원영역을 전반적으로 정리하는 것은 어려움이 있다. 특히 한국어, 중국어, 영어 등 다양한 언어를 대조 · 분석하여 동일한 근원영역이 각 언어에서 어떻게 나타나는지를 더 세밀하게 검토할 필요가 있다.

본 연구에서는 인지언어학 은유 이론을 기초로 하여, '연령'을 인지언어학 은유 관점에서 다루고자 한다. 또한 위에서 제시한 연구 내용을 근거로 하여 연구 대상, 즉 목표개념 '연령'의 은유적 범위를 전반적으로 연구하고자 한다.

1.3. 연구 대상 및 방법

본 연구에서는 '연령' 개념과 관련된 언어 표현과 그 표현에서 발견되는 은유 양상을 연구 대상으로 삼는다. 여기에서 '연령'은 사람이 태어날 때부터 겪는 시간에 따른 '역연령(歷年齡)'과 사회적 능력에 따른 '사회 연령'을 가리킨다. 따라서 사람의 '연령'은 연구대상에 포함되나, 그 밖에 동물, 식물, 사물 등의 '연령'은 제외한다.

‘연령’은 친숙하고도 중요한 개념이다. 누군가가 다른 사람을 판단하는 과정에서 ‘연령’은 생각보다 많은 정보를 내포하고 있다. 많은 문화에서 ‘연령’은 다양한 방식의 언어적 표현으로 실현된다. 지금까지 공간, 사물, 이동 등의 근원개념에 관한 연구는 활발히 이루어졌지만, ‘연령’ 개념에 관한 연구는 상대적으로 미진하다. 한국과 중국은 유사한 문화권이라는 점에서 ‘연령’ 개념의 인지기제에 공통점이 있지만 차이점도 적지 않다. 이 점에서 ‘연령’ 개념의 은유적 양상에 대해 살피는 것은 한국어와 중국어의 특성을 비교하는 작업인 동시에 두 언어권의 사회·문화적 특성과 인지적 특성을 아우르는 연구이기도 하다.

‘연령’ 개념의 언어적 실현 양상을 다루기 위해서는 그에 대한 상위 개념인 ‘시간’을 논의할 필요가 있다. 시간은 사물의 변화를 만들어내고 지각하여 인식하게 하는 개념인 동시에, ‘연령’의 은유 양상을 파악할 수 있게 만드는 도구이기도 하다. 시간의 개념을 구체적으로 살펴보면, 시간의 ‘길이’에 따라서 ‘연령’에 대한 개념적 은유가 이뤄진다는 사실을 도출할 수 있다. 사람이나 사물이 이 세상에 나타나서 현재까지 걸쳐진 시간의 길이를 ‘연령’의 개념으로 인지하고 있다는 것이다. 이처럼 ‘연령’ 개념을 이해하는 사고방식에 대해 은유적 표현들이 어떠한 방식으로 실현되는지를 살피는 것은, 인간의 인지 능력이 어떻게 언어로써 표출되는지를 살펴보는 가치 있는 연구 과제가 된다.

한편 Kövecses(2002: 49)에서 “관습적인 개념적 은유에 기반을 둔 참신한 언어적 은유를 생산해낼 수 있는 창조적인 화자들이 많이 있다.”고 하였듯이, 일상적 은유, 혹은 관습적 은유는 문학적 은유, 즉 참신한 은유와 관련이 있다. 다시 말해, 문학적 은유는 관습적 은유에 기초를 둔 것이라는 점에서, 연령에 대한 문학적 은유도 연구 대상이 될 수 있다. 그러므로 관습적 은유와 문학적 은유를 모두 본 연구의 연구 대상으로 삼는다.

본 연구에서는 개념적 은유 이론에 기반을 두고 논의를 진행한다. 특히, 공간, 사물, 이동 개념과 그 은유 양상이 논의의 중심이 될 것이다. 즉 '연령' 개념이라는 목표개념과, 그것을 나타내기 위해 쓰이는 공간, 사물, 이동 및 기타 근원개념으로 나누어, 각각의 개념에 대응되는 언어 표현들을 조사하고 실현 양상을 기술하고자 한다.

언어 자료를 조사할 때, 한국어는 고려대 민족문화연구원 현대한국어 용례검색기(물결 21, SJ-RIKS Corpus)를 이용한다. 이 <물결 21 코퍼스>는 대규모의 신문, 대화 등 자료들을 기반으로 하여 현재 총 6억의 어절에 이른다. 중국어는 북경언어대학교 BCC 현대중국어 코퍼스를 이용한다. BCC 코퍼스는 총 한자 글자 수가 150억 개 포함되며 신문(20억), 문학 작품(30억), 시나 웨이보(30억),[3] 과학 기사(20억), 종합(10억), 고대한어(20억) 등 다양한 분야에 대한 언어 자료가 있다. 현재 중국 사회 언어생활을 반영할 수 있는 방대한 언어 코퍼스 시스템이라고 볼 수 있다.

한국어와 중국어의 '연령'에 대한 실제 표현들을 조사할 때는 한국어와 중국어의 다양한 양상을 살펴보기 위해 검색어에 해당된 수식어, 술어 등 연어 구조를 포함하여 조사한다. '연령'의 개념으로부터 출발하여 조사하기 때문에 이 개념과 관련된 언어적 표현, 연어 구조, 관습적 표현 등이 출현할 것으로 예상된다. 이러한 표현들을 모두 연구대상에 포함하고 세부적으로 분류하여 제시한다.

한편 '연령' 개념의 은유적 양상을 분석하는 데에는 언어 표현의 의미를 정할 필요가 있다. 그러므로 한국어와 중국어 표현에 대한 사전적 의미를 조사하고자 한다. 어학 사전을 선정할 때는 한국어 어학·교

3 시나 웨이보(sina weibo), 중국의 포털사이트.

육계, 중국어 어학·교육계에 폭넓게 사용하고 있고 인증을 받는 몇 가지 사전을 선정하여 조사한다. 한국어의 경우에는 국립국어연구원(1999)의 『표준국어대사전』(이하 『표준』), 고려대학교 민족문화연구원(2009)의 『고려대 한국어대사전』(이하 『고려』), 연세대학교 언어정보개발연구원(1998)의 『연세 한국어사전』(이하 『연세』)을 이용한다. 한국어 표현에 대한 어원을 조사할 때는 백문식(2014)의 『우리말 어원사전』(이하 『어원』)을 참고한다.

인터넷 사전 중에서는 『표준국어대사전』의 인터넷 버전(stdict.korean.go.kr)과 우리말샘(opendict.korean.go.kr)을 사용한다. 중국어의 경우에는 인터넷 사전 汉辞网(www.hydcd.com)을 이용한다.

중국어의 경우에는 중국사회과학원(2005)의 『现代汉语词典』(이하 『现代』), 夏征农·陈至立(2009)의 『辞海』, 许慎·段玉裁(2018)의 『说文解字注』(이하 『说文』), 고려대학교민족문화연구원(2007)의 『中韓辭典』(이하 『中韓』), 中中韓辭典編纂委員會(2015)의 『연세 中中韓辭典』(이하 『中中韓』)을 이용하여 조사한다.

한국어와 중국어의 백과사전적 지식에 대해서는 한국어와 중국어의 백과사전을 이용하여 조사한다. 한국어 '연령' 개념을 조사할 때에는 두산동아백과사전연구소(1996)의 『두산세계대백과사전』, 동서문화편집부(1997)의 『한국세계대백과사전』, 강영희 외(2008)의 『생명과학대사전』, 이철수(2009)의 『사회복지학사전』을 사용하였다. 중국어의 경우에는 中国百科大辞典编委会(1990)의 『中国百科大辞典』, 吴忠观 외(1997)의 『人口科学辞典』, 向洪 외(2008)의 『人口科学大辞典』을 이용한다.

한국어 예문을 조사할 때에는 한국 포털 사이트 네이버(NAVER), 중국어의 경우는 포털 사이트 바이두(BAIDU, 百度)를 이용하여, 신문

기사문, 문학 작품, 블로그, 광고문 등 다양한 분야의 언어 자료를 수집한다. 아울러 한국어와 중국어 예문을 보충하기 위해 포털 사이트 구글(GOOGLE)을 이용하고 자료를 조사한다. 포털 사이트에서 조사한 언어 자료는 [연령]에 해당하는 언어 표현으로 선정한다.

위에서 제시한 언어 자료 조사 방식을 정리하면 다음 <표 1>과 같다.

〈표 1〉 한국어와 중국어 언어 자료 조사 출처

자료 \ 언어	한국어	중국어
어학 사전	『표준국어대사전』 『고려대 한국어대사전』 『연세 한국어사전』 『우리말 어원 사전』	『现代汉语词典』 『辞海』 『说文解字注』 『中韓辭典』 『연세 中中韓辭典』
백과 사전	『두산세계대백과사전』 『한국세계대백과사전』 『생명과학대사전』 『사회복지학사전』	『中国百科大辞典』 『人口科学辞典』 『人口科学大辞典』
인터넷 어학 사전	stdict.korean.go.kr 표준국어대사전 opendict.korean.go.kr 우리말샘	www.hydcd.com 汉辞网
포털 사이트	www.naver.com www.google.com	www.baidu.com www.google.com

위 <표 1>의 출처에서 한국어와 중국어의 사전적 의미, 코퍼스를 조사한 다음, 언어 데이터를 정리하여 분석하고, 언어 데이터의 분석 결과를 통해 '연령'에 대한 은유적 양상을 제시한다. 개념적 은유의 유형, 개념 유형, 투사 영역 등 은유에 대한 분석 방법을 이용해 '연령' 은유의 내부적 인지 과정과 은유적 구조를 밝히고자 한다.

본 연구는 총 8장으로 구성한다. 제1장 서론 이후의 내용을 간단히 정리 · 요약하면 다음과 같다.

제2장에서는 은유에 대한 이론적 배경을 제시한다. 먼저 은유에 대한 기본적 이론 배경을 살펴보고, 그 다음 개념적 은유에 대한 분류, 은유적 투사의 관련 이론을 검토한다. 또한, 은유와 영상도식의 관계를 정리하고, '연령'의 은유적 분석을 위해 시간 은유와 인생 은유에 대한 이론과 논의를 살펴본다.

제3장에서는 '연령'에 대한 개념적 이해를 다룬다. 먼저 '연령'의 사전적 정의, 백과사전적 지식들을 정리한다. 또한 '연령'의 하위개념을 검토하고 '연령'에 대한 개념요소의 층위적 관계를 제시한다. 그리고 이를 바탕으로 '연령'과 관련된 언어적 표현들을 조사하여 기술한다.

제4장에서는 '연령'에 관한 공간 개념의 은유적 양상을 구체적으로 제시하여 분석한다. 제3장에서 기술된 언어 표현들을 분류하고, 공간 개념 중 '방위', '척도', '그릇'과 관련된 은유적 양상을 살펴본다. 아울러 한국어와 중국어 공간 개념의 보편성과 특수성을 대조 · 분석한다.

제5장에서는 '연령'에 관한 사물 개념의 은유적 양상을 살핀다. 사물의 '물리적 속성', '음식물', '식물', '자원'에 대한 근원영역에서 목표영역으로 투사되는 과정 및 인지기제를 분석하고, 한국어와 중국어 은유적 양상의 인지적 보편성과 특수성을 논의한다.

제6장은 '연령'에 대한 이동 개념의 은유적 양상을 다룬다. 먼저 인생 은유에 의해 '연령' 은유가 생성되는 과정을 살펴본다. 그 다음, 이동 도식에 의해 '연령'이 인지되는 모형을 논의한다. 또한, 경로 도식에 의해 '연령'이 은유적으로 투사되는 과정을 분석한다. 그리고 이동 개념에 대한 한국어와 중국어의 은유적 양상과 두 언어에서 발견되는 인지적 보편성과 특수성을 제시한다.

제7장에서는 '연령'의 기타 은유를 살핀다. 존재론적 은유에 기초하여 근원개념 '적'의 은유적 양상을 제시한다. 그 다음, 근원개념 '해', '사계절'에서 나타나는 근원개념 및 은유적 투사 과정을 검토하여 분석한다.

제8장은 결론으로, 전체 내용을 정리하고 요약한다. 아울러 본 연구의 방법론을 확장할 만한 연구 과제를 제시하고, 차후 보완할 점을 검토한다.

02

은유의 이론적 배경

본 장에서는 본격적인 연구를 시작하기 위한 이론적 배경을 정리하고, 연구 방법론을 제시한다. 본 연구에서는 [연령]에 대한 은유적 표현을 분석하기 위해 은유의 기초 이론에 그 기반을 둔다. 즉, 인지언어학의 관점에서 은유적 표현을 분석 · 검토한다. 그러기 위해서는 은유적 분석에 대한 구체적 분석 방법을 알아볼 필요가 있다. 먼저, 인지언어학 은유에 대한 논의들을 검토하여 은유의 정의, 본질 및 분류 등의 이론을 검토하고, 개념적 은유의 구성을 살펴보고자 한다. 그 다음, 개념적 은유에 대한 은유적 투사, 은유적 부각과 은폐, 은유적 함의 등의 은유적 기초 이론을 논의하고자 한다. 또한, 개념적 은유 양상을 분석하는 데 영상도식을 이용하기 때문에 은유의 성격, 기능, 특성을 검토한 다음, 영상도식 이론과 은유적 투사의 관계를 살펴보기로 한다. 마지막으로 [연령]과 관련된 시간 은유, 인생 은유를 살펴보고 두 은유에서 나타나는 근원개념들을 검토한다.

2.1. 은유의 개념과 유형

2.1.1. 은유의 정의와 분류

1960년대부터 생성언어학에서는 화용론이나 의미론 방식으로 은유를 해석하고 은유에 대한 문제들을 해결하는 방법을 모색해 왔다. 그러다가 Reddy(1979)에서 '도관 은유(conduit metaphor)'를 제시하면서 중대한 발전을 하게 된다. 즉, 인간의 언어는 [도관]의 사고방식으로 인지하여, [언어 표현은 그릇] 등과 같은 구조를 이용하여 의미를 이해하고 있다는 것이다. 구체적 은유 양상을 살펴보면 다음과 같다.

(1) 도관 은유(conduit metaphor)
　CM[4] 1 : [아이디어는 물건]
　CM 2 : [언어 표현은 그릇]
　CM 3 : [의사소통은 전달하는 것]

화자는 의사소통을 달성하기 위해 아이디어(물건)를 낱말(그릇) 속에 넣고 청자에게 보내며, 청자는 낱말(그릇)으로부터 아이디어(물건)를 꺼낸다. 이를 통해, 사람들의 인지과정이나 사고방식은 [도관]을 이용하여 언어적 표현을 도출하게 된 것이다.

그 다음으로, Lakoff & Johnson(1980)에서는 '개념적 은유(conceptual metaphor)'라는 개념을 처음 제시하였다. 사람들이 추상적 개념을 이해할 때는 구체적 개념을 이용하는데, 이 과정에서 사용되는 인지능력을

4 CM은 'conceptual metaphor'를 줄인 말이다. 인지언어학 관행에 따라 이를 사용하여 '은유'라는 용어를 대체한다.

체계적인 '인지적 매핑(cognitive mapping)'으로 규정하였다. 이때부터 개념적 은유 이론은 현대 은유 이론에 중요한 바탕이 되었다.

Lakoff & Johnson(1980, 노양진 · 나익주 역 2006: 24)에서는 "은유의 본질은 한 종류의 사물을 다른 종류의 사물의 관점에서 이해하고 경험하는 것이다."라고 지적하였다. 사람들은 보편적이고 익숙한 경험에 빗대어 추상적인 개념을 이해한다. 이를 '개념적 은유'라고 하는데, 인간 전체에 공유되고 있는 사고방식이라고 할 수 있다. 개념적 은유의 기본적 특성을 살펴보면 다음 Lakoff & Turner(1989: 51)에서 제시한 바와 같다.

(2) 개념적 은유의 특성

가. 개념적 은유는 체계적이다. 목표영역과 근원영역 사이에 고정된 대응관계가 있다.

나. 개념적 은유는 보통 공통의 경험에 의해서 이해된다.

다. 개념적 은유는 대체로 무의식적이며 그 작용은 인지상으로 거의 자동적이다.

라. 개념적 은유는 언어 속에 널리 관습화되어 있다. 즉, 우리의 언어에서는 개념적 은유에 기초한 수많은 단어와 관용 표현이 발견된다.

Kövecses(2002), 이정화 외 역(2003: 45-64)에서는 더 세부적으로 은유의 종류를 논의하였다. 은유는 관습성(conventionality), 기능(function), 본질(nature), 일반성 정도(level of generality)에 따라서 분류될 수 있다고 하였다.

1) 관습성

은유는 관습성 정도의 차이에 따라 관습적 은유(conventional metaphors)와 비관습적 은유로 분류될 수 있다. 관습적 은유는 일상적으로 사용하는 은유로, 언어 속에 오랫동안 굳어져 관습에 의해 무의식적으로 언어 속에 확립되어 있는 은유에 해당한다. 또한 참신한 은유(문학적 은유)를 생산해낼 수 있는 기반이라고 볼 수 있다.

2) 인지적 기능

개념적 은유는 인지적 기능에 따라서 일반적으로 구조적 은유(structural metaphor), 존재론적 은유(ontological metaphor), 지향적 은유(orientational metaphor) 세 가지로 분류될 수 있다. 한편 Lakoff & Johnson(2003: 264)에서는 구조적 은유, 존재론적 은유, 지향적 은유는 각자 독립적으로 되어 있지 않고 통합적으로 함께 작용한다고 지적하였다.

3) 본질

은유의 본질에 따라서 영상도식 은유(image-schema metaphor)와 이미지 은유(image metaphor)로 분류될 수 있다. 영상도식 은유는 근원영역에서 목표영역까지 투사되는 것은 영상도식의 개념적 요소로 작용한다. 이미지 은유는 풍부하고 다양한 이미지를 사용한다. 즉 지식의 개념적 요소를 사용하는 것이 아니라 이미지를 이용해 목표영역에 투사되는 것으로 볼 수 있다.

4) 일반성 층위

은유는 일반성 층위에 따라 총칭 층위 은유(generic-level metaphors), 구체 층위 은유(specific-level metaphors)로 분류될 수 있다. 예를 들어, 이동 도식은 총칭 층위의 도식이며, 여행, 걷기, 달리기, 도보 여행, 등산 등과 같은 개념은 구체적 층위에 속한다. 또한, 인생, 논쟁, 전쟁, 생각, 음식 등과 같은 개념은 모두 구체적 층위의 개념이라고 할 수 있다.

위에서는 은유에 대한 분류를 살펴보았다. 개념적 은유가 수행하는 인지적 기능에 따라서 '구조적 은유', '지향적 은유', '존재론적 은유'의 세 가지로 나뉠 수 있다. 개념적 은유의 구성을 구체적으로 살펴보면 다음과 같다.

1) 구조적 은유(structural metaphor)

구조적 은유는 하나의 개념이 다른 개념의 관점으로 구조화된 것을 말한다. 구체적 개념의 구조를 이용해 추상적 개념을 이해하는 데에 목적을 둔다. 두 개념의 구조는 일정한 유사성을 지닌다. 예를 들어, [사랑은 여행이다]는 [여행]에 바탕을 둔 개념적 은유이다. 이 은유적 투사 과정의 구조는 다음 (3)과 같다.

(3) [사랑은 여행이다] 개념 요소의 대응관계

근원영역 : 여행		목표영역 : 사랑
여행자		연인
탈 것	⇒	사랑 관계 자체
여행		사랑 관계의 사건들

여행한 거리	진전
만난 장애물	경험한 어려움
여행의 목적지로 가는 길에 대한 선택	사랑 관계의 목표 달성을 위한 일의 선택
여행의 목적지	관계의 목표

위의 (3)을 보면 [사랑은 여행이다]의 투사 구조를 알 수 있다. 근원 영역에서는 여행자, 여행한 거리, 여행의 목적지 등이 근원개념으로 구성되어 있으며 목표영역에서는 연인, 진전, 관계의 목표 등이 목표개념으로 구성된다. 근원영역의 구성요소들이 목표영역의 구성요소들과 체계적인 대응관계를 이루고 있음을 확인할 수 있다. 한편 목표 영역에 대한 근원 영역의 투사는 부분적이며 모든 개념이 일대일로 대응되는 것은 아니다.

2) 지향적 은유(orientational metaphor)

지향적 은유는 인간의 기본적 공간 지향으로 투사되는 인지과정이라고 볼 수 있다. 지향적 은유는 대부분 '위-아래', '안-밖', '앞-뒤' '중심-주변' 등과 같은 공간적 지향성과 관련이 있으며, 개념 상호 관련에서 개념들의 전체 체계를 조직화한다. 지향적 은유의 전형적인 예시를 보면 다음과 같다.

(4) CM 4 : [행복은 위](HAPPY IS UP),
[슬픔은 아래](SAD IS DOWN)

가. I'm feeling up today.
(나는 오늘 기분이 상승되고 있다.)

나. He's really low these days.

(그는 요즘 정말 기분이 저조하다.)

위의 (4)에서는 [행복은 위], [슬픔은 아래]로 구성된 은유를 살펴보았다. 지향적 은유는 물리적, 문화적 경험에 바탕을 둔다. 즉, 똑바로 선 자세는 좋은 태도나 좋은 기분으로 생각하고 머리를 숙이거나 허리를 굽힐 때는 슬픔, 절망 등 감정을 생각할 수 있다. 임지룡(2017: 181)에서는 한국어에서의 지향적 은유 사용 양상을 정리한 바 있다.

(5) 양 : [많음은 위쪽](MORE IS UP),

[적음은 아래쪽](LESS IS DOWN)

가. 봉급이 올라간다.

나. 봉급이 내려간다.

다. 물가가 상승세이다.

(6) 평가 : [좋음은 위쪽], [나쁨은 아래쪽]

가. 마음이 들뜨다.

나. 마음이 무겁다.

위의 (5, 6)에서는 한국어에서의 지향적 은유 양상을 확인할 수 있다. (4)에서는 '위-아래' 방향으로 [양]을 나타낸다. 이것은 물리적, 문화적 경험으로 알 수 있다. 즉, 물건의 양이 많아지면 공간적으로 높아지고, 물통에 물의 양이 많아지면 수면이 올라가는 등의 경험이 참고된다. 이와 같이, (5)에서는 사람의 기분이 '위-아래'로 나타낸다. 좋은 기분은 상향적이며 나쁜 기분은 하향적이라고 볼 수 있다. 이와 같은 표현에는 '고소득/저소득', '고득점/저득점' 등도 있다.

3) 존재론적 은유(ontological metaphor)

'존재론적 은유'는 일반적으로 추사적 개념을 사물, 물질, 그릇으로 생각한다. 또한 의인화(personification)는 존재론적 은유의 구체적인 형태라고 본다. 인간의 경험을 물체나 내용물에 빗대어 이해한다. 즉, 존재론적 은유는 윤곽이 없는 추상적 대상, 사건, 활동, 감정, 개념 등을 물체나 물질로 보는 것을 말한다. 존재론적 은유의 예시를 보면 다음과 같다.

(7) CM 5 : [이론은 건물이다]

가. 이론을 다지다/세우다/고치다/무너뜨리다.

나. 이론이 튼튼하다/허약하다.

다. 이론이 새롭다/낡았다.

(8) CM 6 : [언어는 음식물이다]

가. 말을 씹다.

나. 달콤한 말.

다. 말이 부드럽다.

위의 (7)에서는 이론의 개념화 과정을 볼 수 있다. 이론은 [건물]로 생각하며 '다지다', '세우다', '고치다', '무너뜨리다'라는 표현으로 사용이 가능하다. 또는 '튼튼하다/허약하다', '새롭다/낡다'와 같은 형용사로 이론의 상태나 구조를 생각할 수 있다. [이론]과 [건물] 간의 유사성에 의해 부분적으로 투사된다. (8)에서는 [언어]를 기술할 때 [음식물]을 근원개념으로 선택하여 투사됨을 볼 수 있다. [음식물]은 추상적 개념을 이해할 때 중요한 근원영역이라고 할 수 있다.

2.1.2. 은유의 개념 유형과 투사

은유는 행위자가 구체적인 개념영역(근원영역, source domain)을 은유적 투사를 통해 추상적인 개념영역(목표영역, target domain)에 투사하는 과정이다. 두 개념영역, 즉 근원영역과 목표영역 간의 '유사성(similarity)'은 은유 표현을 성립하게 하는 필요조건이다.

Ungerer&Schmid(1996)에서는 은유에 관여하는 개념영역을 근원개념(source concept)와 목표개념(target concept)으로 나누고, 두 개념 간에 투사되는 과정에서 어떤 대응이 성립될 수 있는지를 가리키는 매핑 범위(mapping scope)라는 개념을 도입했다. 근원개념의 유형은 '특정한 구체적 개념(specific concrete concepts)'과 '총체적 개념(generic concepts)'을 포함하며, 목표개념의 유형은 '구체적 개념'과 '추상적 개념'을 포함한다. '특정한 구체적 개념'은 대부분 기본층위와 상위층위 개념에 속한다. '특정한 구체적 개념'으로 구성된 개념적 은유는 '특정한 은유(specific metaphors)'라고 한다. '총체적 개념', 즉 사람들이 숙지하고 있는 보편적인 개념으로 구성된 개념적 은유는 '총칭적 은유(generic metaphors)'라고 한다.

개념적 은유들은 일반적으로 층위에 따라 분류된다. 기본층위에서는 사물 범주, 행동 범주로 분류된다. 근원개념 [전쟁]으로 보면 '총', '탱크', '폭탄' 등과 같은 표현들은 사물 범주에 속하며 '싸우다', '공격하다', '쏘다' 등과 같은 표현들은 행동 범주에 해당된다. 또한, 총칭층위에서는 일반적 개념적 경험의 집합으로 구성되어 있으며 이는 총체적 개념으로 구조화된다. 이상의 내용을 도표로 정리하면 다음 <표 2>와 같다.

〈표 2〉 은유 개념의 유형 분류

근원개념	목표개념
특정한 구체적 개념 (기본층위와 상위층위)	구체적 개념(사람, 사물)
총체적 개념 (사람, 사물, 그릇)	추상적 개념(생각, 감정 등)

매핑(mapping)은 근원영역의 개념 요소들이 목표영역까지 투사하는 과정이다. 또한, 근원영역과 목표영역 개념 요소들의 체계적 집합이라고 할 수 있다. 근원영역과 목표영역의 요소들은 대응관계(corres pondences)로 이루어진다. 이를 정리하면 다음 <그림 1>과 같다.

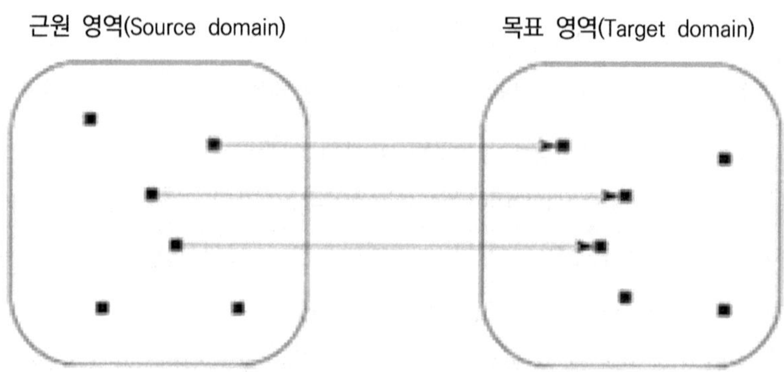

〈그림 1〉 근원영역과 목표영역 간의 투사 과정

은유의 개념 유형 이론에 따르면, 근원영역과 목표영역은 각각 단일한 개념 요소들로 구성되어 있지 않다. 오히려 각 영역은 다양한 측면과 속성들로 특징 지어진다. 근원영역이 목표영역으로 개념이 투사될 때에는 목표영역과 관련된 모든 측면에 투사된 것이 아니라, 특정한 측면에 초점이 맞춰져서 선택적으로 투사된다.

Kövecses(2002, 이정화 외 역 2003: 138-140)에서는 은유적 부각 이론을 논의하였다. 어떠한 목표개념을 근원개념으로 은유할 때, 두 개념의 특정한 측면은 부각되는 반면 감추어지는 측면도 존재한다. 이처럼 투사하는 과정에 '부각된 측면'은 은유적 '부각(highlighting)'이라고 하고, 투사 과정에 '숨겨진 측면'은 '은폐(hiding)'라고 한다. 이를 [논쟁]에 대한 은유적 양상으로 살펴보면 다음 <표 3>과 같다.

〈표 3〉 [논쟁]의 은유적 부각[5]

은유	예시	부각된 측면
[논쟁은 그릇]	당신의 논쟁에는 많은 내용이 있다.	논쟁의 내용
[논쟁은 여행]	우리는 하나씩 하나씩 진행해 나갈 것이다.	논쟁의 전진
[논쟁은 전쟁]	그는 논쟁에서 이겼다.	논쟁 통제의 문제
[논쟁은 건물]	그녀는 실질적인 논쟁을 구성했다.	논쟁의 구성

위 <표 3>을 보면 [논쟁]에서 부각되는 측면을 알 수 있다. [논쟁은 그릇]에서는 '많은 내용이 있다'라고 하는데, 이는 '논쟁의 내용'에 초점을 맞추어 부각된 것이다. 즉, '논쟁의 내용'은 부각된 측면이며 그 이외의 측면('논쟁의 구성', '전진' 등)은 은폐된 측면인 것을 알 수 있다. 아울러, 목표영역 [여행]에서는 '논쟁의 전진', [전쟁]에서는 '논쟁 통제의 문제', [건물]에서는 '논쟁의 구성'에 대한 은유적 측면이 부각된 것을 알 수 있다.

5 이 도표는 Kövecses(2002, 이정화 외 역 2003)에서 제시된 내용을 정리하여 만든 것이다.

Lakoff & Johnson(1980, 노양진 · 나익주 역 2006: 167-181)에서는 은유적 함의에 대한 개념을 제시하였다. 근원영역에 대한 풍부한 부가적인 지식들이 목표영역 투사될 때에는 사용하는 방법은 은유적 함의(metaphorical entailment)라고 한다. 즉 은유적 함의는 목표영역을 추리하는 데 사용하는 방법으로, 근원영역에 부각된 지식들을 활용하여 추리하는 과정이다.

한편 Kövecses(2002, 이정화 외 역 2003: 172)에서는 [식물] 개념과 관련된 잠재적 은유적 함의를 사용하여, [복합적인 추상 체계는 식물]이라는 은유를 제시하기도 하였다. [복합적인 추상적 체계는 식물]은 수많은 하위은유로 구성되며 은유적 함의로 나타나기도 한다.

(9) CM 7 : [더 커지는 복합 체계는 더 크게 자라는 식물]
(A COMPLEX SYSTEM BECOMING LARGER IS A PLANT GROWING BIGGER)
은유적 함의 :
Only now, 21 years since he established his distinctive women's line, is he branching out into men's clothing.
(독특한 여성 의류 사업을 세운 지 21년이 지난 이제야, 그는 남성 의류로 가지를 뻗고 있다.)

즉 복합적 체계를 이해할 때에는 식물에 대한 일상적 지식을 이용한다는 것이다. 이는 자연적, 생물학적인 성장 과정이 복합적인 체계의 발전이나 쇠퇴에 대응하여 투사된다는 것을 말한다. 즉 식물의 성장에 대한 일상적 지식들이 복합적 추상 체계의 발전적 측면에 대한 지식을 구성한다.

Lakoff & Kövecses(1987)에서는 은유적 함의 개념을 더 깊이 있게 논의하여 통속 이론에 대한 생각을 소개하면서, [사랑]을 근원영역에서의 여러 은유적 함의에 대응하여 제시하였다. 한편 임지룡(2017: 173)에서는 이를 한국어에 적용하여, 한국어에서의 '사랑'의 개념이 어떻게 나타나는지를 살펴보았다. 이를 정리하면 다음과 같다.

(10) CM 8 : [우리 사랑의 경로에 장애물이 있다]
은유적 함의 :
장애물을 치울 수 있다. ⇒ 그 문제를 해결한다.
장애물을 우회할 수 있다. ⇒ 그 문제를 무시한다.
멈춰서 더 이상 가지 않는다. ⇒ 헤어진다.

위의 (10)의 [우리 사랑의 경로에 장애물이 있다]에는 여러 가지의 은유적 함의가 포함되어 있다는 것을 알 수 있다. 이 은유는 [사랑은 여행이다] 은유에서 비롯되는데, 여기서 [여행]은 [경로]가 있다는 개념이 추리되고, [경로]에 대한 비은유적 함의를 살펴보면 '장애물 있다'는 것을 추론할 수 있다. 그 다음, '장애물을 치울 수 있다', '장애물을 우회할 수 있다'라는 비은유적 함의를 알 수 있다. [경로]에 근거하여 [사랑]에 대한 은유적 함의를 추론해 보면 '사랑에 대한 문제를 해결한다', '사랑에 대한 문제를 무시한다'는 추리가 가능하다. '멈춰서 더 이상 가지 않는다'와 '헤어진다'의 은유적 함의 추리 과정도 이와 마찬가지다.

2.2. 영상도식

은유는 인간이 세상만물을 인지하는 도구이다. 인간은 살아가면서 다양한 것들을 경험하고 지각한다. 이런 많은 경험에서 도출된 구조를 영상도식(image schema)이라고 한다. 영상도식은 개념 형성에 앞서 존재하는, 선(先)개념적 도구이다. 이는 심리적 표상에 관한 인지능력 중의 하나라고 할 수 있다. 인간의 구체적인 신체적 경험에 의해서 여러 가지 영상을 형성하는 것이다.

Ungerer & Schmid(1996, 임지룡 · 김동환 역 2010: 175)에서는 영상도식을 다음과 같이 다섯 가지 도식으로 제시하였다. 바로 '안-밖', '내부-외부', '앞-뒤', '내부-외부'(또는, '그릇-포함'), '부분-전체'(또는, '전체-부분')의 경로 도식이다. 인간의 인지과정에 존재하는 이러한 영상도식은 추상적 개념을 이해하는 데 활용한다. 즉, 영상도식에 대한 개념적 지식을 통해 추상적 개념을 이해하는 것이다. 은유는 투사 과정으로 이루어지며 영상도식은 이러한 투사 범위의 중요한 일부분이다.

Kövecses(2002, 이정화 외 역 2003: 60)에서는 영상도식은 물리적 체험에 의해 구조화된 것이라고 하였다. 영상도식 및 은유적 확장에 대한 예를 들어보면 다음과 같다.

(11) 영상도식과 은유적 확장

영상도식	은유적 확장
내부-외부	I'm *out of* money.(나는 돈이 다 떨어졌다.)
앞-뒤	He's an *up-front* kind of guy.(그는 솔직한 남자다.)
위-아래	I'm feeling *low*.(나는 기분이 저조하다.)

접촉	*Hold on*, please.("Wait")[끊지 말고 있어요("기다려요")]
이동	He just *went crazy*.(그는 정말 미쳐 갔다.)
힘	You're *driving* me insane.(넌 날 미치게 해.)

위의 (11)에서는 영상도식의 유형 및 은유적 확장 양상을 살펴볼 수 있다. 이런 방식으로 많은 명백하지 않은 목표개념들(돈이 떨어짐, 솔직한 성격, 저조한 기분, 기다리라고 하는 요청, 미쳐 가는 기분 등)은 영상도식적인 기반을 가지고 있다. 이러한 은유들의 목표영역은 근원영역에 의해 영상도식으로 구조화되는 것을 확인할 수 있다.

Johnson(1987, 노양진 옮김 2000: 246)에서는 "영상도식들이 편재적이고, 명확히 정의되며, 또한 우리의 이해와 사유를 제약할 수 있을 만큼 충분한 내적 구조로 채워져 있다는 것을 보여주는 일이었다."고 하였다. 또한, 영상도식의 유형과 범위를 파악하기 위해 영상도식의 목록을 제시하였다.

〈표 4〉 영상도식의 유형

그릇 도식	균형 도식	강요 도식
방해 도식	저항 도식	장벽제거 도식
권능 도식	유인 도식	질량-가산 도식
경로 도식	연결 도식	중심-주변 도식
순환 도식	근접 도식	척도 도식
부분-전체 도식	융합 도식	분열 도식
충만 도식	조화 도식	부과 도식
반복 도식	접촉 도식	과정 도식
표면 도식	사물 도식	수집 도식

위의 <표 4>는 인간의 개념 체계를 구성하는 영상도식의 유형과 범위를 보여준다. 영상도식은 인간의 경험에 기초하여 형성된 개념적 구조로, 우리가 일상적으로 경험하는 신체적·공간적 상호작용을 기반으로 한다. 이는 인지언어학에서 개념 은유와 개념 혼성 등을 설명하는 핵심 도구로 한다.

영상도식의 목록은 인간의 기초적 경험에서 추상적 사유로 이르는 개념화 과정을 설명하는 데 핵심적인 자료이다. 이러한 영상도식을 기반으로, 인간은 자신이 경험한 물리적 세계를 언어화하고 추상적인 개념 세계를 이해하고 소통할 수 있는 토대를 마련하게 된다.

영상도식은 언어 표현을 동기화하며 은유의 인지적 기반이 된다. 그릇 도식으로 예를 들면 다음과 같다.

(12) 가. He's *in* love.
(그는 사랑에 빠졌다.)
나. How did Jerry *get out* of washing the window?
(어떻게 제리는 유리창 닦는 일에서 벗어났을까?)

위의 (12)의 은유적 양상은 그릇도식(내부-외부)로 추상적 목표영역을 개념화하는 것을 알 수 있다. 언어적 표현은 'in'(안), 'out'(밖)으로 나타나는데 인간 몸의 신체적 경험에 의해 나타난 표현이다. 이렇듯, 그릇도식이 은유적 투사에 적용되어서 여러 차원의 투사를 동기화하고 있다는 것을 알 수 있다.

추상적인 동적인 개념을 이해할 때에는 경로 영상도식의 이동 양상으로 인지한다. Lakoff(1987, 이기우 역 1994: 336-337)에서는 경로도식을 상세하게 논의하였다. 경로 도식과 관련된 구조 및 개념요소들을 살펴보면 다음과 같다.

(13) 경로 도식의 구조적 요소 및 역할

- 근원지나 출발점
- 목적지나 끝점
- 근원지와 목적지를 연결하는 일련의 연속적인 위치
- 공간을 통한 실체의 자연스러운 이동과 같은 관련된 일련의 개념을 그 뿌리에 가지고 있는 방향성이나 고유한 방위

위의 (13)에서는 경로 도식에 대한 가장 중요한 개념요소들을 제시하였다. 즉, 출발점과 끝점, 위치, 방위의 개념요소들이다. 출발점인 근원지와 끝점인 목적지가 존재하면 그간의 경로도 인지할 수 있다. Lakoff & Johnson(1999: 33)에서는 경로 도식을 '근원지-경로-행선지'로 표상하였다. 이를 그림으로 살펴보면 다음 <그림 2>와 같다.

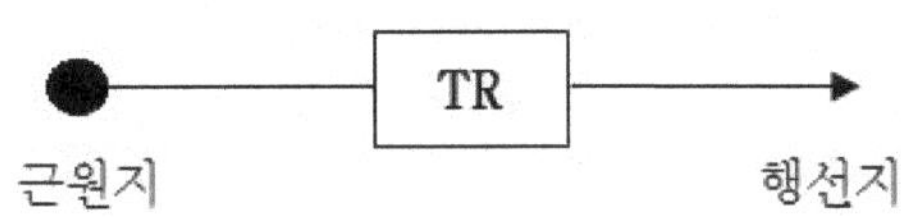

〈그림 2〉 '근원지-경로-행선지' 영상도식 모형

위 <그림 2>에서는 경험자인 탄도체 TR(trajector)은 근원지에서 출발하여 일정한 경로(path)를 따라 행선지(goal)로 이동한다. 우리는 TR은 행선지에 향해 행진하며 목적을 가지고 있다는 것을 알 수 있다. 경로 도식은 단지 공간적 이동을 제시하는 것이 아니라, 의도적이고 목적 지향적인 행위 구조를 반영한다는 점에서 중요한 개념적 기반이 된다.

2.3. 시간 은유

[연령]의 핵심적 개념요소는 바로 시간이다. 따라서 [연령]의 은유 양상을 분석하기 위해서는 시간 개념을 다룰 필요가 있다. 본 절에서는 목표개념으로서 시간 개념을 연구한 기초적인 은유적 이론을 검토하여 이후 논의의 바탕으로 삼고자 한다.

인지언어학 관점에서 시간 개념은 이동 개념과 관련이 있다. 시간 개념과 관련되는 은유는 전형적인 구조적 은유로, 이와 관련된 대표적인 은유는 바로 [시간은 이동](TIME IS MOTION)이다. 예문을 보면 다음과 같다.

(14) CM 9 : [시간의 경과는 사물의 이동]
(TIME PASSING IS MOTION OF AN OBJECT)
가. The time will <u>come</u> when...
(......때가 올 것이다.)
나. The time has long since <u>gone</u> when...
(......때 이래로 그 시간은 많이 가버렸다.)
다. Thanksgiving is <u>coming</u> up on us.
(추수감사절은 우리에게 다가오고 있다.)
(Kövecses 2002, 이정화 외 역 2003: 53의 예)

(14)에서 시간은 움직이는 물체이며 시간의 경과는 이동이라는 것을 알 수 있다. 관찰자, 즉 시간을 인지하는 시점은 고정되어 있는 반면 시간은 그 시점을 통과하여 이동한다. Kövecses(2002)의 견해를 참고하여 (14)에서 시간을 인지하는 과정을 그림으로 정리하면 다음 <그림 3>과 같다.

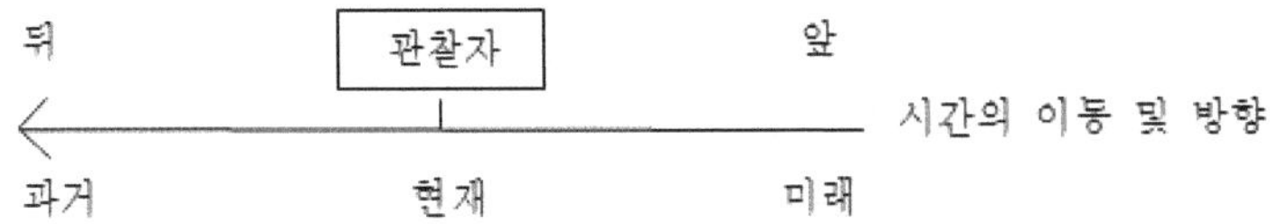

〈그림 3〉[6] 시간의 이동과 방향

위의 <그림 3>에서는 관찰자의 위치, 시간과의 관계를 확인할 수 있다. 그림을 통해 미래 시간은 관찰자의 앞에 있고 과거 시간은 관찰자의 뒤에 있다는 것을 알 수 있다. 시간은 미래에서 관찰자에게 다가오고, 또한 관찰자를 지나고 뒤의 과거로 향해 지나간다. 이와 같은 이유로 위의 (14)에서 시간에 대해 '(관찰자를 향하여) 올 것이다', '(관찰자의 뒤에) 가 버렸다', '(관찰자를 향하여) 다가오고 있다'라는 표현을 사용할 수 있게 된다. 요컨대 시간을 인지할 때는 시간을 이동하는 물체로 이해하여 이동성 및 이동 방향에 관한 개념으로 구조화된다고 할 수 있다.

시간에 대한 또 하나의 은유적 유형은 [시간의 경과는 풍경에서 관찰자의 이동]이다. 구체적 예문을 보이면 다음과 같다.

(15) CM 10 : [시간의 경과는 풍경에서 관찰자의 이동]
(TIME PASSING IS AN OBSERVERS MOTION OVER A LANDSCAPE)
가. He passed the time happily.
(그는 그 시간을 행복하게 보냈다.)
나. We're coming up on Christmas.
(우리는 성탄절에 다가가고 있다.)

6 Kövecses(2002, 이정화 외 역 2003: 53)에서 제시한 내용을 정리하여 만든 그림이다.

다. We're getting close to Christmas.

(우리는 성탄절에 가까워지고 있다.)

(Kövecses 2002, 이정화 외 역 2003: 54의 예)

(14)와 달리 (15)에서의 시간은 고정되어 있으며, 반대로 관찰자가 시간을 참조하여 이동하고 있다. 이를 정리하면 <그림 4>와 같다.

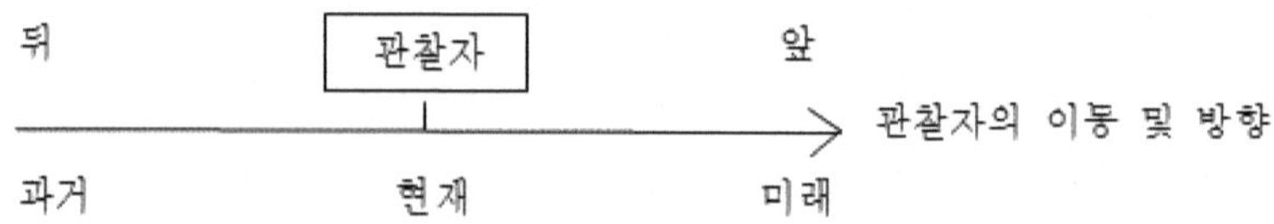

〈그림 4〉[7] 관찰자의 이동과 방향

<그림 4>에서는 관찰자의 위치와 시간의 관계를 볼 수 있다. 미래 시간은 관찰자의 앞에 있고 과거 시간은 관찰자의 뒤에 있다. 시간의 위치는 고정되어 있다. 관찰자가 시간의 위치를 참조하여 시간축의 뒤에서 앞으로 향해 지나간다. 그러므로 예문 (15)에서처럼 '(시간을) 행복하게 보냈다', '(성탄절에) 다가가고 있다', '성탄절에 가까워지고 있다'라는 표현이 사용될 수 있다. 즉 시간을 인지할 때, 시간은 고정되어 있되 관찰자가 이동하는 것으로 이해하여, 관찰자가 시간에 경과하는 개념으로 구조화될 수 있다.

위의 (14, 15)에서는 시간에 대한 은유적 유형을 살펴보았다. 모두 [시간은 이동]이라는 은유를 중심으로 확장시킨 것이다.

또한, 시간은 참조점에 따라 다양한 방식으로 인지될 수도 있다.

---

7 Kövecses(2002, 이정화 외 역 2003: 54)에서 제시한 내용을 정리하여 만든 그림이다.

즉 시간 개념을 인지할 때, 관찰자, 시간, 시간의 경로 중 어느 것에 초점을 맞추는가에 따라 다르게 이해할 수 있다. Evans & Green(2006, 임지룡 · 김동환 2008: 92)에서는 이동 개념에 의해 시간의 인지적 모형을 제시한 바가 있는데, 이에 따르면 시간의 경험이 언어로 부호화되는 인지 모형은 다음과 같이 '이동적 시간 모형(moving time model)', '이동적 자아[8] 모형(moving ego model)', '시간적 순서 모형(temporal sequence model)'의 세 가지로 나뉜다. 이를 정리하면 <그림 5>와 같다.

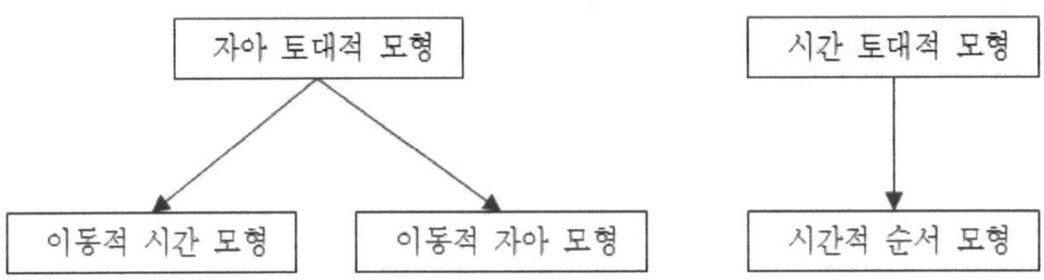

〈그림 5〉[9] 시간의 인지모형

<그림 5>에서는 자아 및 경험자를 토대로 하여 형성된 인지모형과 시간을 토대로 하는 인지모형이 있다. 자아 토대적 모형에서는 이동 개념을 중심으로 하여 자아와 시간의 관계를 볼 수 있다. 먼저 이동적 시간 모형은 시간 자체가 자아 쪽으로 향하여 앞의 미래에서 뒤의 과거로 경과하는 것이다. 이때 자아의 위치는 고정되어 있고 시간은 자아 위치를 지나친다. 이와 반대로, 이동적 자아 모형은 시간이 정적인 위치의 한정된 공간에 위치하는 것으로 개념화된다. 이 모형에서는 자아가

8 Evans & Green(2006, 임지룡 · 김동환 2008: 92)에서는 자아(ego)에 대해서는 시간의 인지적 모형에서 언어 표현으로 부호화된 '경험자'를 의미한다.

9 Evans & Green(2006, 임지룡 · 김동환 2008: 92)에서 제시한 그림을 인용함.

뒤의 과거에서 앞의 미래로 향해 이동하고 시간을 경과한다. 시간은 특정한 순간이나 사건으로 개념화된다.

시간 토대적 모형은 시간을 기초로 하여 시간의 순서를 나타낸다. 이 모형은 [이른]과 [나중]이라는 두 개념과 관련이 있다. 이 모형에서는 자아가 없고 시간적 사건이 먼저 일어나거나 나중에 일어나는지에 대한 순서에 중점을 둔다. 시간적 순서 인지모형에 대한 언어적 증거를 보면 다음과 같다.

(16) 가. Monday precedes Tuesday.
(월요일은 화요일에 앞선다.)
나. Tuesday follows Monday.
(화요일은 월요일 뒤에 온다.)

위의 (16)에서는 요일에 대한 순서를 나타낸다. (16가)에서는 월요일은 화요일의 앞에 있다는 것은 시간의 순서를 나타내는 인지과정으로 볼 수 있다. (16나)에서의 화요일은 월요일 뒤에 온다는 문장도 같은 원리로 작용한다. 즉, 화요일은 시간축에서의 뒤에 있으며 월요일은 시간축상 화요일의 앞에 있다. 시간의 순서를 보면 다음 <그림 6>을 통해 시각화할 수 있다.

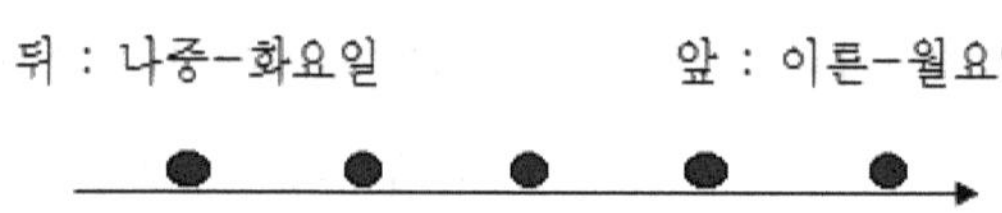

〈그림 6〉 시간적 순서의 인지모형[10]

10 이 그림은 Evans & Green(2006, 임지룡 · 김동환 2008: 94)에서 제시한 그림 3.18을 참고하여 정리하였다. 선은 방향을 의미하고 선 위에 있는 작은 원은 사건을 의미한다.

<그림 6>에서는 '화요일'과 '월요일'이라는 두 사건이 시간의 연속선상에 배치되어 있다. 이들은 모두 자율적인 사건 단위로 기능하며, 시간 축 위에서 선후 관계에 따라 배열된다. 이 모형의 특징은 '자아(혹은 관찰자)'의 시점이 제거되어 있다는 점이다. 즉, 시간의 인지가 관찰자 중심의 주관적 경험에서 비롯된 것이 아니라, 객관적이고 중립적인 시간의 흐름으로 설정되어 있다는 것이다. 이와 같이 본 모형에서는 시간의 흐름이 '앞(earlier)', '뒤(later)'의 방향성으로 인식되며, 사건들은 이러한 선형적 구조 안에서 순서화된다. 이러한 인식 방식은 인간이 시간의 선형성과 인과성을 이해하는 인지적 기본 구조를 반영하고 있다.

2.4. 인생 은유

[연령]을 이해하기 위한 또 하나의 중요한 목표개념은 [인생]이다. 우리의 인생은 시간과 관련되고 시간에 따라 인생이 경과한다. 한편 [인생]은 [여행]이라는 개념을 이용하여 [인생은 여행이다]라는 관습적 은유를 이루는데, 이 과정에서 다양한 근원개념이 도출된다. 이러한 근원개념들은 [연령]을 분석하는데 유용한 정보가 된다. 이에 따라 본 절에서 인생 은유를 검토하고자 한다.

경로 도식에 의해 여러 가지 근원개념이 도출되지만, 그중에 가장 핵심적인 근원개념은 [여행]이라고 할 수 있다. Lakoff & Johnson (1980, 노양진 · 나익주 역 2006: 92-94)에서는 근원개념 [여행]에 대한 은유적 구조를 상세하게 논의하였다. [인생]이라는 추상적 개념을 인지할 때 영어 화자들은 [여행]에 관한 사고를 가진다는 것을 밝혔다. 또한, 은유적 함의에 대한 추론 방법이 있는데 은유적 함의를 통하여 [여행]

의 개념요소들을 도출할 수 있다. 다음 <그림 7>을 보면 [여행]에 대한 개념 정교화 양상을 확인할 수 있다.

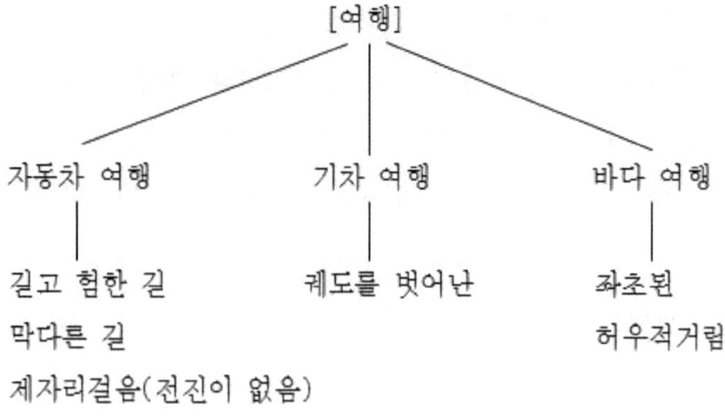

〈그림 7〉 [여행]의 개념 정교화 및 의미 확장

<그림 7>에서는 '여행' 개념의 은유적 함의를 중심으로, 그 개념 구조가 어떻게 정교화되는지를 도식화한 것이다. 이 도식에서는 [여행]이라는 기본 개념이 교통수단에 따라 세분화되어 '자동차 여행', '기차 여행', '해상 여행' 등으로 분류된다. 또한, 이동 경로라는 측면에서 [길]의 개념이 도출될 수 있다 . 이러한 구성은 백과사전적 지식과 결합하여, [여행]이라는 개념을 단순한 물리적 사건이 아닌, 의도성과 경험의 연속성을 지닌 개념으로 정교화하게 만든다. 즉, 인간은 자신의 일상적 경험을 바탕으로 [여행]이라는 개념을 다면적이고 체계적으로 조직화하며, 백과사전적 지식으로 경험적인 상관성을 제공해 준다.

Kövecses(2002, 이정화 외 역 2003: 62)에서는 이동 도식은 여행의 개념 아래에 깔려있다고 제시하였다. 이동 도식에는 '출발', '여정', '목적지'와 관련된 개념요소들을 포함한다. [여행]에서는 '시작점', '움직임', '끝점'이라는 중요한 개념요소들을 포함한다. 즉, 이동 동식은

[여행] 은유의 중요한 기초가 된다. [인생은 여행] 은유에 대한 실례들을 보이면 다음과 같다.

(17) 가. He's without direction in life.
(그는 인생에 방향이 없다.)
나. I'm where I want to be in life.
(나는 인생에서 내가 있고 싶은 곳에 있다.)
다. I'm at a crossroads in my life.
(나는 인생의 갈림길에 놓여 있다.)
라. She'll go places in life.
(그녀는 인생에서 출세할 것이다.)
마. He's never let anyone get in his way.
(그는 결코 아무도 자기 길을 방해하도록 내버려두지 않았다.)
바. She's gone through a lot in life.
(그녀는 인생에서 많은 것을 겪었다.)
(Kövecses 2002, 이정화 외 역 2003: 62)

(17)에서는 'direction(방향)', 'crossroads(갈림길)', 'go places(사방으로 돌아다니다)', 'way(길)' 등의 표현을 볼 수 있는데, 이들은 모두 [여행]에 관한 은유적 표현들에 해당한다. 이러한 예문을 통해 이동 도식은 [여행] 개념으로 실현될 수 있다는 것을 알 수 있다. 즉 [여행]은 구체 층위의 개념이며 이동 도식의 구체적 층위의 실례이다.

임지룡(2017: 175)에서는 여행 도식을 구체적으로 논의하였는데, 이에 따르면 여행의 도식 구조는 '출발점', '목적지', '경로', '방향'으로 이루어진다. 여행 도식의 기본 논리는 출발점에서 경로를 따라 목적지로 향하여 이동한다. 시간은 그 경로에 있는 지역을 통과하여 경과한다는 것이다. 이에 바탕을 두고, [인생은 여행이다]라는 은유를 도출할 수 있다고 하였다.

또한 Lakoff & Turner(1989: 3-4)에서는 [인생은 여행]에 대한 은유적 근원영역, 목표영역의 범위를 검토하고, 근원영역 [여행]과 목표영역 [인생] 간의 투사 과정과 개념 요소를 상술하였다. [인생은 여행이다]의 투사 과정을 정리하면 다음과 같다.

(18) [인생은 여행]의 은유적 투사 과정

근원영역 : 여행		목표영역 : 사랑
여행자		인생을 사는 사람
여행의 목적지		인생의 목표
길		인생 목적 달성하는 수단
여행의 장애물		인생에서 겪는 어려움
여행의 안내자	⇒	인생에 조언자
여행한 거리		인생의 경과
여행의 이정표		인생의 경과
인생의 진도를 판단하는 것		인생의 진도를 판단하는 것
여행의 교차로		인생의 선택
여행의 준비물		인생의 재산과 재능

위의 (18)은 [인생은 여행이다]라는 개념적 은유를 정리한 것으로, 각 언어적 표현과 은유적 양상을 통해 [인생]과 [여행] 간의 유사성을 확인할 수 있다.

은유의 일반성 층위에서 [인생은 여행이다]는 구체 층위의 은유이다. [인생], [여행], [논쟁], [전쟁], [생각], [음식] 등 개념들은 모두 구체

층위의 개념들에 속한다. 다시 정리하면, 이동 도식은 총칭 층위 도식이며 [여행]은 구체 층위의 개념이다. [인생]에 대한 개념을 이해하기 위해 [여행]에 비추어 생각하는 것이다.

위에서 인생 은유에 대한 기초 이론을 살펴보았다. 먼저 2.1.과 2.2.에서는 은유의 기초 이론과 관련하여 은유의 정의, 본질, 분류를 검토하고, 개념적 은유 이론과 은유적 투사의 특성을 구체적으로 알아보았다. 이 중에서 은유적 투사의 특성으로 언급되는 은유적 부각과 은폐, 은유적 함의, 영상도식은 은유 전반에 적용되는 것이므로, 본 연구의 이론적 토대로 삼을 만하다. 이 점에서, 앞으로 [연령] 개념에 대한 은유적 양상을 논의할 때에는 은유에 대한 기초 이론적 토대를 구체적 논증 없이 따르기로 한다.

2.3.과 2.4.에서는 구조적 은유의 다양한 근원개념들 중, [연령]과 관련된 시간 은유와 인생 은유를 구체적으로 살펴보았다. 시간 은유, 인생 은유에 대한 근원개념, 은유적 구조를 살펴본 내용은 [연령]에 대한 은유적 표현을 분석하는 데 유용한 정보를 제공해 준다.

03

'연령'에 대한 인지적 이해

본 장에서는 [연령]에 대한 인지 양상을 살펴보기 위해, 먼저 [연령]과 관련된 언어 표현들을 조사하고, 목표개념 [연령]에 대한 개념적 견해를 검토하여 제시하고자 한다. 조사 대상이 되는 언어 표현은 모두 [연령] 목표영역으로 투사가 가능한 언어적 표현에 한정하고, 말뭉치와 인터넷의 실제 용례 등에서 실증되는 언어 자료를 조사하여 그 결과를 분석한다. 또한, 목표개념 [연령]이 어떻게 이해되는지에 대해서는 한·중 국어 어학 사전, 인터넷 어학 사전, 백과사전, 포털 사이트를 활용한다. 이 장에서 살피는 언어 표현들은 [연령]의 은유적 범위를 분석하는 데 실증적 자료가 될 것이다.

3.1. 사전적 의미

[연령]을 이해하기 위해 먼저 [연령]의 언어적 의미를 살펴본다. [연령]의 언어적 의미를 파악하려면 먼저 사전적 의미를 살펴볼 필요가

있다. [연령]에 대한 사전적 의미를 제시하면 다음 <표 5>와 같다.

〈표 5〉 '연령'의 사전적 의미

사전 / 정의	『표준』	『고려』	『연세』
연령	사람이나 동 · 식물 따위가 세상에 나서 살아온 햇수. =나이.	1) 사람이나 생물이 나서 살아온 햇수. 2) 사물이 생겨나서 존속해 온 햇수.	사람이나 생물이 살아온 햇수.

위의 <표 5>를 보면 [연령]은 "사람이나 동물, 식물 따위가 세상에 나서 살아온 햇수"라고 정의된다. 즉 [연령]은 또는 '나이'라고 할 수 있다. 이 정의에서 가장 중요하게 여겨진 개념은 '햇수'인데, '햇수'는 '해의 수', 즉 '연수'를 의미하므로, 이는 [시간]과 관련되는 개념어로 이해할 수 있다. 그러므로 [연령]은 시간과 긴밀한 관계를 맺는, [시간]의 하위개념이라고 할 수 있다. 한편 국립국어원 '우리말샘'에서는 '햇수'라는 용어를 '연령'의 상위어로 제시하고 있다.

중국어에서 한국어 '연령'에 대응하는 표현은 '年龄'이다. 이에 대한 중국어 사전적 의미를 조사해 보면 다음 <표 6>과 같다.

〈표 6〉 '年龄'의 사전적 의미

사전 / 정의	『现代』	『辞海』	『说文解字』
年龄	人或动植物已经生存的年数 (사람이나 동물, 식물 살아온 햇수)	人或其他生物已经生存的年数 (사람이나 기타 생물들이 살아온 햇수)	年: 禾谷成熟 (곡식이 익다) 龄: 年岁 (연령)

위의 <표 6>에서는 중국어 '年龄'의 사전적 의미를 확인할 수 있다. 중국어의 '年龄(연령)'은 『现代』에서는 '人或动植物已经生存的年数(사람이나 동물, 식물들이 살아온 햇수)'를 의미한다. 『辞海』에서는 '人或其他生物已经生存的年数(사람이나 기타 생물이 살아온 햇수)'라고 풀이되어 있다. 『说文解字』에서는[11] 한자학 전문서이기 때문에 한자 '年'과 '龄'의 의미를 별도로 제시하였다. '年'은 '禾谷成熟(곡식이 익다)'라는 뜻으로 나타난다. 고대에는 곡식을 한 해에 한 번 수확한다는 의미로 '연'이나 '해'에 대한 시간적 개념으로 사용하였음을 알 수 있다. '龄'은 '年岁(연령)'의 의미로 나타나는데 왼쪽의 부수 '齿'는 사람의 이빨, 즉 사람의 신체 부위이다. '龄'의 한자 구성을 통해 '年龄'은 신체적 특징과 관련이 있다는 것을 알 수 있다.

3.2. 백과사전적 지식

Langacker(1987, 김종도 역 1999: 163-175)에서는 영역 이론에[12] 의해 백과사전적 지식 체계의 기초를 제시하였다. 백과사전적 지식 체계에 대한 특징을 살펴보면 다음과 같다.

(1) 백과사전적 지식 체계의 특징[13]

11 『说文解字』는 중국 한자의 제자(制字) 원리, 부수의 구성, 문자적 의미, 어원 등을 해석하는 전문서이다. 본 연구에서는 문자적 의미를 취하고 그 이외의 내용을 취하지는 않았다.

12 Langacker(1987, 김종도 역 1999: 156-163)에서는 영역(domain) 이론을 제시하였다. 기본 영역(basic domain)으로부터 도출되는 지식구조가 더 복잡한 추상적 영역(abstract domain)의 기초를 형성한다고 제시하였다.

가. 백과사전적 지식은 구조화되어 있다.
나. 백과사전적 의미와 문맥적 의미는 구분된다.
다. 어휘 항목은 백과사전적 지식에 대한 접근 지점이다.
라. 백과사전적 지식은 동적이다.

위의 (1)에서는 백과사전적 지식 체계의 특징을 확인할 수 있다. 백과사전적 지식은 연결망으로 조직되며 구조화된 체계이다. 또한 백과사전적 의미와 문장의 문맥적 의미는 서로 다른 분야에 대한 지식이다. 백과사전적 지식은 언어적 표현으로 나타나며 어휘 항목은 백과사전적 지식을 기초로 하여 영향을 받는다. 백과사전적 지식은 정적인 지식이 아니라 사람 경험에 따라 지속적으로 증가하거나 다른 새로운 지식으로 보완된다. 이는 백과사전적 지식의 동적인 특징이다.

Langacker(1987, 김종도 역 1999: 167-170)에 따르면, 백과사전적 연결망은 총 네 가지의 지식 유형으로 구성된다. 백과사전적 지식의 유형을 보면 다음 <표 7>과 같다.

〈표 7〉 백과사전적 지식의 유형

지식 유형	지식 본질
관습적(conventional) 지식	널리 알려진 지식
총칭적(generic) 지식	본질상 특정적 지식이 아닌 일반적 지식
내재적(intrinsic) 지식	해당 실체나 관계의 형태로부터 도출되는 지식
특징적(characteristic) 지식	해당 실체나 관계의 (비교적) 특유한 지식

13 Evans & Green(2006, 임지룡 · 김동환 역 2008: 230)에서 제시한 개념적 지식 체계의 특징을 인용하여 정리한 내용이다.

위의 <표 7>에서는 백과사전적 지식이 관습적 지식, 총칭적 지식, 내재적 지식, 특징적 지식의 네 가지 유형으로 나누어져 있다. 이 네 가지 유형의 백과사전적 지식은 상호작용을 갖는다. 총칭적 지식, 내재적 지식, 특징적 지식은 개별적 지식 유형으로서, 특정 개념에 대한 다양한 속성이나 개념 간의 연관성을 구성한다. 이러한 지식들은 경우에 따라 관습적일 수도 있지만, 관습성 정도 차이에 따라 관습적인 것으로 간주되지 않을 수도 있다. 반면, 관습적 지식은 사회적으로 공유되고 널리 통용되는 지식으로, 특정 공동체 내에서 안정적으로 정착된 의미 체계를 반영한다 . 이는 백과사전적 지식 가운데 가장 핵심적이고 중요한 유형이라고 할 수 있다 .

여기서 추상적 개념 [연령]을 인지하는 데에는 백과사전적 지식이 깊이 개입한다. 또한, [연령]에 대한 목표영역을 이해할 때는 백과사전적 지식의 영향을 받는다. 이에 따라 백과사전을 사용하여 한국어와 중국어에서 사용되는 [연령]의 백과사전적 지식을 살펴보고자 한다. 한국어의 경우는 『두산백과사전』, 『한국세계대백과사전』, 『생명과학대사전』을 사용하여 조사하였다. 한국어 백과사전에서 조사한 결과는 다음과 같다.

(2) 한국어 [연령]에 대한 백과사전적 정의

가. 두산세계대백과사전

사람을 비롯하여 포유류 등에서 출생시부터 생존해온 시간. 나이라고도 한다. 해를 단위로 하여 역연령(曆年齡)으로 나타내는 것이 보통이다. 보통 연령을 판정하기 위해서는 연령과 수반하여 일어나는 형태적 특징을 파악하게 된다. 식물에서의 연륜(年輪)이나 마디사이 수 등은 그 예이다. 동물에도 물고기 비늘의 연륜처럼 이것과 비슷한 형질이 있는 경우가 있다. 그러나 한편에서는 동일 연령의 것이라도 생리적 성질, 그 밖의 생물적 현상에서는 반드시 같지 않으므로 생물학적 시간이라는 개념에 입각해서 생리학적 연령, 발육 연령 등이 고려되고 있다. 특히 생존기간이 짧은 생물, 예를 들면 곤충 등에서는 변태기나 유충의 영기(齡期) 등이 거론되고, 또 성충시기에 대해서만은 생식소의 발육단계 등이 지표가 된다.

나. 한국세계대백과사전

출생한 날부터 쳐서 경과한 기간을 계산한 수. 한국의 연령계산은 출생한 해에 1살이 되고 다음해 설날에 2살이 되는 식으로 계산하는 것이 일반적인 관습이지만, 법률상의 연령계산은 만 연령으로 한다. 즉 연령 계산에는 출생일을 산입하고(민법 158), 역에 의해서 계산한다(160). 따라서 생일날 오전 0시에 1살이 많아진다. 법률상 연령이 문제가 되는 경우는 모두 만 연령이다. 연령은 여러 가지 법률적 효과와 결부되어 있다.

다. 생명과학대사전

어떤 생물이 임의의 어떤 시기까지 생존하여 온 시간. 일상적으로 이용하는 연령은 나이지만 반드시 년(年)을 단위로 한다고는 할 수 없다. 물리적 시간의 생물에 대한 의미는 경우에 따라 다르기 때문에 생물학적 시간을 기준으로한 생물학적 연령, 생리학적 연령, 신체발육 연령 등도 주장하고 있다. 연령 척도로는 생체측정(신장, 체중, 흉위 등), 2차성징의 출현(체모, 변성, 월경, 유방의 발육 등), 생치기(生齒期) 및 골화의 진행정도(골연령) 등이 고려되고 있다. 사람 및 기타 포유류에서의 연령은 보통 출생시부터 계산하는데, 태아기간의 길이 및 출생시 발육 상태는 종의 차이뿐만 아니라 개체차도 크므로 이것을 무시할 수 없다.

라. 사회복지학사전

사회 연령(social age) : 사회생활을 해나가는 데 있어 기본적으로 필요한 사회적 능력(가령 자조능력, 자기관리능력 등)들이 있는데, 이것은 반드시 지적인 능력에 의해 지배된다기보다는 생활 지도나 훈련을 통해서 얻어지는 것으로 이러한 능력 등이 나타나는 평균 생활연령을 사회연령이라 한다.

위의 (2)에서는 한국어 [연령]의 백과사전적 정의를 살펴보았다. 백과사전에서는 한국어 [연령]은 역연령으로 '사람을 비롯하여 출생 시부터 생존해 온 시간', '출생한 날부터 쳐서 경과한 기간을 계산한 수', '어떤 생물이 임의의 어떤 시기까지 생존하여 온 시간'이라고 제시하였다. 이를 통해서 [연령]에서는 [시간]의 개념이 매우 중요하다고 알 수 있다. 또한, [연령]에는 '사회 연령' 도 포함된다. 즉 사회적 능력에 따라 사람의 [연령]이 구분된다. 이는 [연령]이라는 개념에 관습적 지식이 포함되어 있다는 것을 뜻한다.

다음으로, 중국어도 백과사전적 지식을 조사하였는데, 『中国百科大辞典』, 『人口科学大辞典』, 『人口科学辞典』을 이용하였다. 세부적인 조사 결과를 정리하면 다음과 같다.

(3) 중국어 [年龄]에 대한 백과사전적 정의

가. 『**中国百科大辞典**』

每个人从出生时起到计算时为止所经历的时间。通常用年岁来表示。

(사람이 출생 시부터 계산 시점까지 겪었던 시간. 보통 햇수로 표시한다.)

나. 『**人口科学大辞典**』

是指一个人从出生时到某一时点所经历的时间长度， 通常用年岁来表示。

(사람이 출생 시부터 어느 시각까지 경험한 시간의 길이다. 보통 햇수로 표시한다.)

다. 『**人口科学辞典**』

每个人从出生时刻到调查的标准时刻所经历的时间。其始点为出生时间，止点为调查的标准时间，通常用年岁来表示。个人年龄的变化过程受人类自身的生命规律所支配。随时间的推移，年龄不断转组，个人年龄从年轻到年老，最后死亡。

(사람이 출생시각부터 조사 시점까지 경험했던 시간. 시작점은 출생 시간, 종점은 조사 시점. 보통 햇수로 표시한다. 개개인의 연령의 변화 과정은 인간 생명 법칙의 지배를 받는다. 시간 변화에 따라 연령은 계속 재편성되면서 개인 연령은 젊음부터 늙음까지 이르며 마지막은 사망이다.)

라. 『**人口科学辞典**』

社会年龄：一个作为社会化的人为社会发展而作贡献的期限。社会规定的规范年龄。它是一个人在社会习惯方面表示的年龄。它表明一个人在社会上从事某一职业、某一部门工作或从事社会事业等的长度。个人的社会年龄因个人所从事的工作或在社会上的时间长短和经历不同, 又有不同的名称, 如工龄、教龄、军龄、学龄或选举年龄、结婚年龄、退休年龄等。

(사회 연령 : 한 사람이 사회적 인간으로서 사회 발전에 기여한 기간이다. 사회가 규정하는 규범적 연령이다. 또한 사회적 습관이라는 면에서 나타나는 연령이기도 하다. 사람이 사회에서 어떠한 직업에 종사하거나 어떠한 부서, 사회 사업에 종사하는 기간이다. 개인의 사회 연령은 종사하는 직업, 사회 시간의 길이, 경험에 따라 다른 명칭을 가진다. 가령, 근무 연령, 교직 연령, 군대 복무 연령, 학령, 선거 연령, 결혼 연령, 퇴직 연령 등이 있다.)

위의 (3)에서는 중국어 [年龄]의 백과사전적 정의를 확인하였다. 중국어 [연령]은 '사람마다 출생 시부터 계산할 때까지 겪었던 시간'이라고 한다. 중국어 [연령]의 백과사전적 지식을 통해 [연령]은 시간의 개념과 관련이 있다는 것을 알 수 있다. 또한, 중국어 [연령]은 역연령 개념 이외에 사회연령에 대한 백과사전적 해석도 살펴보았다. 사회연령은 개인이 사회에서 활동한 기간 또는 사회적으로 기대되는 연령 규범과 관련된 개념으로, 일상적인 인식에서도 [年龄]이 단지 생물학적 시간뿐만 아니라 사회적 역할과 활동 연한을 반영하는 의미로 이해되고 있음을 보여준다.

위에서 [연령]에 대한 한국어와 중국어의 백과사전 지식을 검토하였다. 여기서 [연령]에 대한 상위개념으로 [시간]이 존재한다는 것을 알 수 있었다. 즉 [시간]에 [수]의 개념을 더해져 [햇수]의 의미가 이뤄지며, 이 [햇수]의 의미가 바로 [연령]과 관련되는 것이다. 다시 말하자면 [연령]을 인지하는 데에는 시간과 숫자가 이용된다고 할 수 있으며, [연령]은 [시간]과 [수], 그리고 [햇수]의 하위범주라고 도식화할 수 있다.

위의 백과사전적 지식을 토대로 하여 [연령]의 개념적 지식을 요약하면 다음과 같다.

(4) [연령]과 관련된 개념적 지식

가. [연령]은 [시간], [숫자], [햇수]에 속한 하위개념이다.

나. [연령]은 시간의 흐름에 따라 증가한다.

다. [연령]은 세분화된 하위개념이 있다.

위의 (4)에서는 [연령]과 관련된 개념적 지식들을 정리하였다. 이러한 지식은 [연령]의 개념적 구조화를 위한 기반이 되며, 나아가 [연령] 개념에 나타나는 은유적 양상을 이론적으로 설명하는 데에도 중요한 근거가 된다.

3.3. '연령'의 개념적 층위

[연령]은 복합적인 개념이기 때문에 [연령]에 관한 하위개념들을 살펴볼 필요가 있다. 따라서 본 절에서는 [연령]에 대한 하위개념과 개념적 층위의 관계를 제시하고자 한다.

[연령]은 '사람이나 동물, 식물이 세상에 살아온 햇수'라는 사전적 의미에 따르면 '생물체의 상태'와 '세상에서 지낸 시간'과 관련이 있다는 것을 알 수 있다. [연령]은 [시간]에 의해 [연령기]의 하위개념으로 도출될 수 있다. '연령기'는 『표준』에서는 '어떤 일정한 나이에 해당하는 시기'라는 의미로 풀이된다. 먼저, [연령기]의 분류 기준을 검토할 필요가 있다.

미국의 발달심리학자 및 정신분석학자인 Erikson(1950)에서는 인간이 태어날 때부터 죽기까지 겪게 되는 심리사회적 발달 단계를 여덟 단계로 제시하였다. Erikson의 심리사회적 발달 단계 이론은 전 생애에 걸친 심리적 발달 과정을 강조한다. 이에 따른 인간 [연령기]의 구분은 다음과 같다.

〈표 8〉 Erikson의 연령 단계 분류

단계	연령	연령기
1단계	출생~18개월	유아기
2단계	18개월~3세	초기 아동기
3단계	3세~6세	학령전기(유희기)
4단계	6세~12세	학령기(아동기)
5단계	12세~22세	청소년기
6단계	22세~35세	성인초기(청년기)
7단계	35세~65세	장년기(중년기)
8단계	65세 이후	노년기

위의 <표 8>에서는 인류의 심리사회적 발달 단계를 연령기에 따라 구분하여 제시하고 있다. 1단계는 출생부터 18개월까지의 시기로, 유

아기에 해당한다. 2단계는 18개월부터 만 3세까지이며, 초기 아동기에 해당한다. 3단계는 3세부터 6세까지로, 학령전기 또는 유희기에 해당한다. 4단계는 6세부터 12세까지의 시기로, 학령기 또는 아동기로 분류된다. 5단계는 12세부터 22세까지이며, 청소년기에 해당한다. 6단계는 22세부터 35세까지로, 성인초기 혹은 청년기로 볼 수 있다. 7단계는 35세부터 65세까지이며, 장년기 또는 중년기에 해당한다. 마지막으로 8단계는 65세 이후의 시기로, 노년기에 해당된다.

[연령] 하위개념에 의해 [연령]과 관련된 중요한 개념요소를 도출할 수 있다. 위 3.1, 3.2에서는 [연령]과 관련된 사전적 의미와 백과사전적 지식을 통해서 [햇수], [숫자]라는 개념이 [연령]에 매우 중요한 개념요소라는 점을 살폈으며, [시간]은 [연령]의 상위층위 개념이라는 점을 밝혔다. [연령]이 단계별로 구성되어 있다고 살펴보았다. 즉 [연령]의 하위개념 [연령기]가 도출된다.

'연령기'는 『표준』에서는 '어떤 일정한 나이에 해당하는 시기'라고 정의된다. 본 연구에서는 Erikson이 제시한 [연령] 분류 기준을 참고하여 [연령기]를 단계별로 간략하게 분류한다. 이것은 [연령기]에 대한 은유적 양상을 분석하는 데 목적을 두기 때문에, 정확하고 정밀한 구분 기준이 필수적이지 않다고 본다. [연령]의 개념적 층위 관계를 정리하면 다음 <표 9>와 같다.

〈표 9〉 [연령]의 층위적 구조

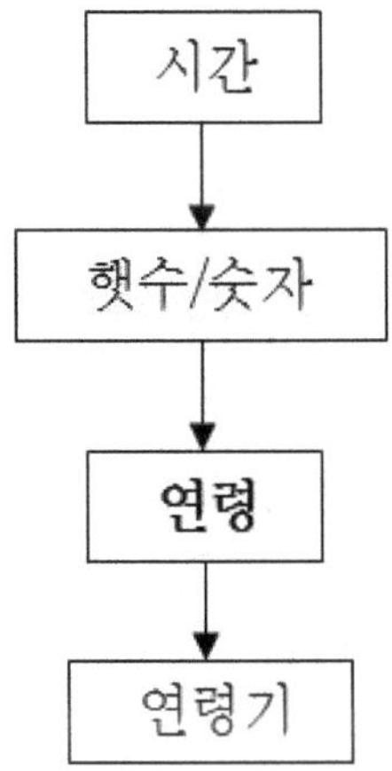

위의 <표 9>는 [연령] 개념의 층위적 구조를 보여준다. [시간]은 [연령]의 상위개념이며, [시간]의 하위개념인 [햇수]와 [숫자]는 [연령] 개념의 상위 층위에 위치한다. [연령]은 다시 세분화되어 [연령기]라는 하위개념으로 도출될 수 있다. 즉, [연령]은 [연령기]를 포괄하는 상위 개념이며, [연령기]는 [연령]의 하위개념에 해당한다. 이처럼 각 개념요소는 수직적인 구조로 배열되어 있다. 또한, 상호 간에 개념적 관련성과 일관성을 갖는다. 이러한 [연령]의 개념요소 분석은 [연령]에 대한 은유적 양상을 제시하는 데 개념적 근거가 된다.

3.4. '연령'에 관련된 언어적 표현

본 절에서는 [연령]과 관련된 언어적 표현들을 조사한다. [연령]의 이칭(異稱)에는 '나이', '연세', '치산', '연식', '춘추', '연경' 등이 있다. '나이'와 '연세' 이외의 표현들은 주로 문어체에서 사용된다. 『표준』에서는 '연령'은 '나이'와 함께 사용하며 두 표현이 큰 차이가 없다고 제시하였다. '연세'는 문맥적 의미로 '나이'와 달리 경어체로 사용하고 있다는 것을 알 수 있다.

중국어에서 [年龄]의 이칭은 '年事', '年纪', '岁数', '春秋', '年齿', '年岁', '年数' 등으로 나타난다. 또한, [年龄]은 '庚'이라는 표현이 가능하다. '庚'은 천간(天干)의 일곱째이며 시간의 개념과 관련이 있다. 예를 들어, '年庚(연경)', '同庚(동경, 동갑)', '贵庚(귀경)'을 대표적인 예로 볼 수 있다. 이와 같이, 한국어에서도 '庚'과 관련된 한자어 표현의 사용이 가능하다.

[연령]은 역연령에 대한 표시법이 있다. 한국어에서는 역연령을 계산할 때는 '살'이나 '세'라고 한다. 형태적으로 보면 '한자어 숫자 + 세', '고유어 숫자 + 살' 형식으로 나타난다. 예를 들어, 20에 해당하는 연령을 표시하면은 '20살/스무 살', 혹은 '20세/이십 세'로 표현할 수 있다. 중국어에서는 일상적으로 '숫자 + 연령' 형식으로 표현한다. 가령, '20岁/二十岁(스무 살, 이십 세)'라는 표현으로 나타난다. 또한, 한국어 한자어 표현에서는 '순(旬)'이라는 표현이 있다. 이는 중국어와 큰 차이가 없이 십년 단위로 하여 '일순(一旬)'으로 표현한다. 가령, 나이가 많은 70세 노인에게 사용하는 경우에는 '칠순 노인'으로 표현한다.

[연령]을 이해할 때는 주로 사회적 능력에 따른 사회연령으로 인지하고 있으며, 다른 사람의 연령을 보고 생각할 때는 항상 역연령으로 생각할 뿐만 아니라 이 연령에 대한 관습적인 생각도 포함된다. 즉, 사람의 사회적 능력에 의해 연령을 인지한다. 가령, 혼인, 취직 등 사회적 경우에는 사람들이 보통 관습적으로 어떤 나이가 되면 결혼을 해야 되거나 취직을 해야 한다고 생각한다. 즉, 사람들의 사회적 능력에 따라서 [연령]을 인지하고 있다. 따라서 '혼인 연령', '결혼할 나이', '취업

연령', '취직할 나이' 등과 같은 언어적 표현을 찾아볼 수 있다. 중국어 경우에는 '婚龄(혼령)', '结婚的年龄(결혼할 연령)', '结婚的年纪(결혼할 연령)' 등의 표현이 있다. 중국어 경우에도 사회적 능력에 따라 [연령]을 인지하고 있다. 즉, 사회적 관습, 민속 풍습, 법적 규정 등의 요인에 인해 [연령]을 인지하고 표현하는 것이다.

[연령]을 인지하는 데에는 또 하나의 표현 방식이 있다. 즉, 한자어 이칭 표현으로 표시하기도 한다. [연령]에 대한 표현은 한자어를 사용하는데 주로 고대 문헌에서 인용된 것으로 확인할 수 있다. 가령, 한자어 표현에는 30세 '이립(而立)', 40세 '불혹(不惑)', 50세 '지천명(知天命)', 60세 '이순(耳顺)' 등으로 사용하고 있다.

은유는 관습성을 핵심적인 특징으로 한다. 관습성은 역사, 문화, 사회 풍습 등 여러 요인으로 생성된다. 그러므로 [연령]에 대한 이칭 표현들을 검토하고 살펴볼 필요가 있다. 다음, [연령]에 대한 한자어 이칭을 정리하도록 한다. 각 한자어 이칭에 대한 의미는 『표준』, 『고려』, 『연세』를 이용하여 정리한다. [연령]의 단계별로 한자어 이칭을 제시하면 다음 <표 10>과 같다.

〈표 10〉 연령 이칭에 대한 한자어 표현[14]

연령 이칭	은유적 의미	유래 / 해석
수초(垂髫) 수발(垂发)	어린 나이.	『后汉书 · 吕强传』: 어린아이의 늘어뜨린 머리.
충년(冲年)	10세 안팎의 어린 나이.	『魏书 · 李孝伯传』: 유년을 가리킴.
지학(志学)	15세	『论语·为政』: 공자가 열다섯 살에 학문에 뜻을 두었다고 한 데서 나온 말.
파과(破瓜)	여 16세, 남 64세.	'瓜'자가 두 개의 '八'로 구성되며 두 개의 '八'을 합하면 16, 두 '八'을 곱하면 64.
결발(结发)	성년을 이르는 말, 남 20세, 여 15세	옛날에 중국에서는 남자 20세, 여자 15세가 되면 남자는 관을 쓰고 여자는 비녀를 꽂았다.
가관(加冠)	남 20세	성년식인 관례를 치르며 갓을 처음 쓰는 일.
약관(弱冠)	20세, 젊은 나이	『礼记·曲礼』: 공자가 스무 살에 관례를 했다고 한 데서 나온 말.
묘령(妙龄), 묘년(妙年)	20세 안팎의 여자 나이	『魏书 · 任城王云传』: 청춘이나 젊음을 가리킴.
방령(芳龄), 방년(芳年)	20세 전후의 한창 젊은 꽃다운 나이	『桂林霜 · 家祭』: '芳'은 어원적으로 각국의 향초(香草)을 가리킴.
이립(而立)	30세	『论语·为政』: 공자가 서른 살에 자립했다고 한 데서 나온 말.
불혹(不惑)	40세	『论语·为政』: 공자가 마흔 살부터 세상일에 미혹되지 않았다고 한 데서 나온 말.
지천명 (知天命)	50세	『论语·为政』: 공자가 쉰 살에 하늘의 뜻을 알았다고 한 데서 나온 말.
애(艾)	50세	『礼记·曲礼』: 식물 쑥. 50세 노인을 이르는 말.
기(耆)	60세	『礼记·曲礼』: 60세는 '耆'라고 함.

이순(耳顺)	60세	『论语·为政』: 공자가 예순 살부터 생각하는 것이 원만하여 어떤 일을 들으면 곧 이해가 된다고 한 데서 나온 말.
주갑(周甲) 화갑(花甲) 회갑(回甲) 환갑(还甲) 환력(还历)	60세	육십갑자의 '갑(甲)'으로 되돌아온다는 뜻.
진갑(进甲)	61세	환갑의 이듬해. 또는 그해의 생일.
고희(古稀)	70세	『曲江』: 고래(古来)로 드문 나이란 뜻.
현거(悬车) 현여(悬与)	70세	중국 한나라의 설광덕(薛广德)이 관직을 그만두고 은거할 때, 임금이 내린 안거(安车)를 매달아 놓고 자손에게 전한 고사에서 유래한다.
장가(杖家)	50세	『礼记·王制』: 집 안에서 지팡이를 짚을 만한 나이.
장향(杖乡)	60세	『礼记·王制』: 중국 주나라 때에, 노인이 60세 되는 해부터 고향에서 지팡이 짚는 것을 허락했던 데서 유래한다.
장조(仗朝)	80세	『礼记·王制』: 중국 주나라 때에, 여든 살이 되면 조정에서 지팡이를 짚는 것을 허락한 일에서 유래한다.
망백(望百)	90세	백(百)을 바라본다는 뜻.
기이(期颐)	100세	『礼记·曲礼』: 기(期)는 '기대', 이(颐)는 '공양'이며 백세 노인은 식사, 생활을 관리하지 못하여 모든 것이 타인의 공양이나 보살핌을 필요로 한다는 뜻.

14 한국어와 중국어 연령 이칭에 대한 연령은 모두 만 나이로 간주한다. 원전의 해석은 원문을 토대로 하여 필자가 요약한 것이다.

위의 <표 10>에서는 한국어 [연령]에 대한 한자어 표현을 살펴보았다. 여기의 [연령]은 사회연령을 포함하는 개념이다.

[연령]의 한국 한자어 표현은 중국어와 중복되는 부분이 있다. 아래에서는 이와 같이 한국 한자어와 중복된 부분을 제외하고, 중국어에서 [연령]을 나타내는 [연령] 이칭 표현들을 조사하여 제시한다. 이때 표현의 의미나 유래는 『现代』, 『辞海』에 따라 제시하도록 한다. 중국어 [연령]에 대한 이칭 표현을 정리하면 다음 <표 11>과 같다.

〈표 11〉 연령 이칭에 대한 중국어 표현

연령 이칭	연령적 의미	유래 / 해석
汤饼(탕병)	출생 3일	옛날에 아이가 출생한 사흘 후에 벌이는 잔치에서 유래함. 그 잔치를 또한 '汤饼筵'(탕병전), '汤饼宴(탕병연)', '汤饼会(탕병회)'이라고도 함.
总角(총각)	동년	관례 전에 아이의 머리를 땋아 묶는 일에서 유래함.
始龀(시친)	동년	어린 아이가 일곱, 여덟 살 때 이갈이 한다.
外傅(외부)	10세	『礼记·内则』: 밖에 나가서 공부한다.
束发(속발)	15세	『礼记·玉藻』: 고대에 남자애는 어릴 때 머리를 길게 닿아 늘어뜨린다.
舞勺(무작)	13세~15세	『礼记·内则』: 이때는 각종 기술을 배운다.
及笄(급계)	여 15세	『礼记·内则』: 고대 여자가 만 열 다섯 살 때 비녀로 머리를 쪽 짐. 또는 시집을 보낼 나이임을 의미함.
舞象(무상)	남15~20세	『礼记·内则』: 고대 무용 명칭이며 열다섯 살 이상의 아이가 '무상'이라는 무용을 배운다.
杖国之年(장국지년)	70세	『礼记·王制』: 일흔 살 넘으면 지팡이를 짚고 도성 내를 걸어야 한다는 것을 의미함.
金钗之年(금채지년)	여 12세	金钗 : 여자가 머리를 쪽 질 때 쓰는 금비녀.

豆蔻年华 (두구연화)	13세~16세	豆蔻(육두구) : 초여름에 꽃 피는 식물.
碧玉之年 (벽옥지년)	여 16세	碧玉 : 푸른빛의 고운 옥.
桃李年华 (도리연화)	여 20세	桃李 : 桃花(복숭아꽃), 李花(자두꽃)
花信年华 (화신연화)	여 24세	花信 : 꽃 피는 시기
始室(시실)	남 30세	『礼记·内则』: 남자는 서른 살부터 집안이 생기고 남자의 책임을 담당하기 시작한다.
克壮(극장)	남 30세	『礼记·曲礼』: 장년에 해당된다. 고대에 30살을 장년으로 보았다.
皓首(호수) 白首(백수)	노년	『后汉书·吕强传』: 흰 머리를 가리킴.
鲐背之年 (태배지년)	90세	『尔雅 · 释诂』: 노인 등에 생긴 반점이 복어 등과 비슷하다.

위의 <표 11>에 [연령]의 중국어 이칭 표현을 정리해 살펴보았다. 한국어에 영향을 주었기 때문에 한국어와 중국어 간의 공통된 부분이 많고 상이한 부분도 있다. 한국어와 중국어에서 [연령]에 대한 고어 표현 및 이칭은 매우 다양하다고 할 수 있다. [연령]의 이칭은 유형별로 민속 풍습, 세시 풍속, 신체적 특징, 식물적 특징, 문자 형태 등에서 유래되거나 형성되었다. 고대 한자 표현에서도 나타나듯이 이러한 것들은 [연령]에 대한 은유적 양상을 분석하는 데 유용한 언어 자료를 제공할 수 있다. 이는 은유적 목표개념 [연령]을 이해하는 데 풍부한 근원개념으로 적용될 수 있다.

[연령기]와 관련된 언어적 표현을 중심으로 이루어졌다. 현대 사회는 빠르게 변화하고 있으며, 이에 따라 [연령기]에 대한 세부적인 구분이 점차 모호해지고 있다. 이를 명확히 구분하는 데 어려움이 있다.

따라서 앞서 3.3에서 제시한 [연령기] 분류 기준을 참고하여, 현재 사회와 일상생활에서 널리 사용되는 방식에 따라 [연령기]를 세 가지 단계로 나누어 조사하기로 한다. 즉, [연령기]를 '유년기', '청장년기', '고령기'로 구분하여 [연령기]와 관련된 표현들을 분석 대상으로 삼는다.

1) 유년기

유년기라는 표현은 통합적인 개념이며 사람이 태어난 순간부터 보호, 부양, 교육을 받아야 하는 단계를 이른다. 『표준』에서는 유년을 '어린 나이나 때. 또는 어린 나이의 아이'라고 제시하였다. '어린 나이'의 의미로 출발하여 이와 비슷한 표현을 검토하면 '동년(童年)', '유령(幼齡)' 등의 표현도 사용이 가능하다. 중국어에는 '幼年', '童年', '低齡', '幼齡'이라는 표현들이 있다.

2) 청장년기

청장년기는 사회적으로 생산 활동을 할 수 있는 단계이다. 시간 개념으로 보면, 청년은 사람이 신체적 · 정신적으로 한창 성장하거나 왕성한 기력과 에너지를 가지고 있는 시기이다. 장년은 기운이 왕성하고 활동이 활발하여 대략적으로 서른에서 마흔 안팎의 나이를 가리킨다. 이와 비슷한 표현은 '성년(盛年)', '청춘(青春)', '정년(丁年)', '장령(壯齡)' 등이 있다. 중국어에는 '成年', '壯年', '盛年', '青春', '壯齡'이라는 표현들이 존재한다.

청장년기 단계에서는 또한 중년이라는 표현이 있다. 『표준』에서는 중년을 '사람의 일생에서 중기'로 정의한다. 청년과 노년 중간에 있는 시기로 볼 수 있다. 이와 비슷한 표현은 '중신(中身)'이라는 표현도 있다. 중국어에서 이에 대응되는 표현은 '中年'이다.

3) 고령기

고령기는 생산 활동이 감소되며 보호와 부양을 받아야 하는 단계이다. 고령기와 관련된 표현은 '노년'으로 나타난다. 『표준』에서는 '노년'을 '나이가 들어 늙은 때. 또는 늙은 나이'로 해석한다. 노인이 된 시기이며 이때는 생리적 기능과 신체가 쇠퇴하는 시기이다. 언어적 표현으로는 '고령(高齡)', '노령(老齡)', '만년(晚年), '만세(晚岁)', '모년(耄年)', '노년(老年)', '고년(高年)', '소령(邵齡)', '장령(状齡)', '퇴령(颓齡)' 등과 같은 표현들이 있다. 중국어에는 '老年', '高年', '高龄', '老龄', '颓龄' 등의 표현들이 있다.

위에서 살펴보듯이 [연령기]와 관련된 표현은 매우 다양하다. 이에 대해 더 세부적인 의미를 구분할 필요가 있다. [연령기]와 관련된 언어적 표현의 사전적 의미를 제시하면 다음 <표 12>와 같다.

〈표 12〉 연령기 관련 표현의 사전적 의미

개념	하위개념	『표준』
연령기	유년	어린 나이나 때. 또는 어린 나이의 아이.
	동년	어린 나이.
	유령	어린 나이.
	성년	『법률』 민법에서, 법정 대리인의 동의 없이 법률 행위를 행사할 수 있는 나이. 만 19세 이상이다.
	장년/장령	사람의 일생 중에서, 한창 기운이 왕성하고 활동이 활발한 서른에서 마흔 안팎의 나이. 또는 그 나이의 사람.
	청춘	새싹이 파랗게 돋아나는 봄철이라는 뜻으로, 십 대 후반에서 이십 대에 걸치는 인생의 젊은 나이 또는 그런 시절을 이르는 말.
	정년	장정이 된 나이. 남자의 나이 20세를 이른다.
	중년	1) 마흔 살 안팎의 나이. 또는 그 나이의 사람. 청년과 노년의 중간을 이르며, 때로 50대까지 포함하는 경우도 있다. 2) 사람의 일생에서 중기, 곧 장년 · 중년의 시절을 이르는 말.
	중신	마흔 살 안팎의 나이. 또는 그 나이의 사람. 청년과 노년의 중간을 이르며, 때로 50대까지 포함하는 경우도 있다.
	노년	나이가 들어 늙은 때. 또는 늙은 나이.
	만년, 모년	나이가 들어 늙어 가는 시기.
	고령, 고년, 고수, 소령, 장령, 퇴령	늙은이로서 썩 많은 나이.
	노령	늙은 나이.

위의 <표 12>에서는 한국어 [연령기]와 관련된 언어적 표현과 사전적 의미를 살펴보았다. [연령기]는 인생에 대한 어떤 시기, 어떤 연령에 대한 신체적 상태로 나타난 것을 알 수 있다. 다음, 중국어 [연령기]와

관련된 표현을 살펴보겠다.

〈표 13〉 연령기 중국어 표현의 사전적 의미

개념	하위개념	『现代』/『辞海』
年龄段	幼年	三岁左右到十岁左右的时期 (세살 정도부터 열살 정도까지의 시기)
	童年, 幼龄	儿童时期, 幼年 (아동기, 유년기)
	低龄	年纪较小的 (나이가 상대적으로 어린 편)
	成年	指人发育到已经成熟的年龄 (사람의 신체 발육이 이미 성숙한 나이에 이르다)
	壮年, 盛年	三四十岁的年纪 (30, 40세 정도의 나이)
	青春	青年时期；指青年人的年龄 (청년기, 젊은이의 연령을 가리킴)
	壮龄	壮岁, 壮年(장년)
	中年	四五十岁的年纪 (40, 50세 정도의 나이)
	老年	六七十岁以上的年纪 (60, 70세 이상의 나이)
	高年, 高寿, 高龄	年岁大(나이가 많다)
	老龄	老年(노년)
	颓龄	衰年, 垂暮之年(만년, 노년)

위의 <표 13>를 통해 한국어와 중국어의 [연령기]의 언어적 표현에 대한 사전적 의미를 확인할 수 있다. 한국어 표현은 모두 한자어 표현으로 중국어와 많은 유사점을 갖고 있으며, 시간, 인생의 한 시기 등의 인지적 개념과 관련이 있다.

중국어에서 '햇수' 의미를 지닌 '年', '연령' 의미로 보는 '龄'은 일상생활에서도 흔히 사용되는 표현이다. '年', '齡'을 포함한 언어적 표현은 형태적 구조를 통해 [연령기]의 언어적 표현에 대한 [시간]을 나타내는 특징이 있다.

이상에서는 목표개념 [연령]에 대한 다양한 언어적 표현들을 조사하였다. 다음으로, 한국어와 중국어 [연령]에 대한 언어적 표현들을 '표시법', '연령기', '이칭' 세 부분으로 구분하여 다음 <표 14>와 같이 정리한다.

〈표 14〉 [연령]과 관련된 한·중 표현

연령 / 언어	표시법	연령기	이칭
한국어	역연령 : 스무 살/이십 세/ 칠순 사회연령 : 혼인 연령/ 결혼할 나이	유년, 동년, 유령,성년, 장년, 장령, 청춘, 정년, 중년, 중신, 노년, 만년, 모년, 고령, 고년, 고수, 소령, 장령, 퇴령, 노령	나이, 연세, 치산, 연식, 춘추, 연경, 수초, 수발, 충년, 지학, 파과, 결발, 가관, 약관, 묘령, 묘년, 방령, 방년, 이립, 불혹, 지천명, 애, 기, 이순, 주갑, 화갑, 회갑, 환갑, 환력, 진갑, 고희, 현거, 현역, 장가, 장향, 장조, 망백, 기이
중국어	역연령 : 二十岁/七旬 사회연령 : 婚龄/结婚的年纪	幼年, 童年, 幼龄, 低龄, 成年, 壮年, 盛年, 青春, 壮龄, 中年, 老年, 高年, 高寿, 高龄, 老龄, 颓龄	年事, 年纪, 岁数, 春秋, 年齿, 年岁, 年数, 庚, 汤饼, 总角, 始龀, 外傅, 束发, 舞勺, 及笄, 舞象, 杖国之年, 金钗之年, 豆蔻年华, 碧玉之年, 桃李年华, 花信年华, 始室, 克壮, 皓首, 百首, 鲐背之年

본 장에서는 [연령]의 사전적 의미, 백과사전적 지식, 개념적 층위

및 [연령]과 관련된 언어적 표현을 검토하였다. 이러한 표현들은 목표 개념인 [연령]을 이해하는 데 유용한 다양한 근원개념들을 제공한다. 앞서 살펴본 [연령]에 대한 개념적 이해를 바탕으로, 다음 장에서는 [연령]의 은유적 양상을 본격적으로 분석하고자 한다.

04

공간 개념의 은유적 양상

본 장에서는 '연령'에 대한 공간 개념의 은유적 양상을 구체적으로 분석하고자 한다. 우선, 공간 개념과 관련된 '방위', '적도', '그릇'의 은유적 표현을 중심으로 살펴본다. 이러한 공간 개념이 한국어와 중국어에서 어떻게 실현되는지를 비교하여 그 보편성과 언어문화적 특수성을 분석한다.

일상생활에서 추상적인 개념을 공간 개념을 통해 이해하는 것은 인지적으로 매우 보편적인 현상이다. 이러한 인지 과정은 은유적 개념화에서 말하는 단일 방향성 원리에 근거한다. 추상 개념을 인지할 때 다양한 근원 개념이 적용될 수 있으나, 그중 널리 활용되는 근원개념은 [공간]이다. [공간]은 어디에나 존재하며, 우리가 경험하고 지각하는 모든 대상은 공간 내에 위치한다. 따라서 [공간]의 은유적 양상은 신체적 경험에 기반해 실현된다고 볼 수 있다. 특히 공간 개념은 시간 개념의 사상 과정에서 자주 사용되는 것으로, 시간이라는 추상적 상위 목표 개념을 구체적이고 직관적으로 인식할 수 있도록 돕는다. 공간과 시간의 관계에 대해 다루는 논의는 매우 광범위하며, 그중 대표적인 연구를 정리하면 다음과 같다.

한국에서는 공간 개념에 관한 은유 연구는 이수련(1997), 임혜원(2003), 서은(2004), 吉本一(2006가), 임태성(2009), 김해연(2011), 왕남남(2016) 등이 있다.

이수련(1997)에서는 공간 이론을 인지언어학 관점에서 해석하였는데, 인지주체의 시선에 따라 공간 개념을 시선정지 개념과 시선이동 개념으로 다루었다. 그 다음, 고차원의 정신적 개념화 과정에서 공간개념으로 이해되는 확장의미(extended meaning)를 제시하였다. 한편 이러한 의미 확장 과정에서 인지주체의 주관적 지각이나 인지가 중요함을 강조하여, 공간개념은 인지주체의 주관적 해석에 따라서 서로 다르게 인지됨을 지적하였다. 그중 '시간이 길다', '시간이 짧다'의 은유적 표현에 대해 공간론적 대상, 길이를 갖는 구체물로 인지하는 것임을 밝혔다. 또한, '앞세대', '뒷세대'처럼 표현할 수 있는 것은 '앞', '뒤'의 공간 개념으로 추상적 시간 개념을 인지하고 있기 때문임을 주장하였다. 이러한 내용은 공간적인 방위가 '연령'과 관련될 수 있음을 암시한다.

임혜원(2003)에서는 공간 은유를 연구대상으로 하여 이동 도식, 그릇 도식, 척도 도식에 초점을 맞추어 목표영역을 분석하였다. 공간 개념은 공간에 대한 신체적 경험에 의해 생성된 것이다. 이를 바탕으로 시간에 관한 [현재는 가까운 것], [과거 · 미래는 먼 것] 은유를 제시하였다. 여기서 수평적, 수직적 척도 도식을 활용해 [시간]을 인지할 수 있다는 내용은 본 연구에서도 주목하는 부분이다.

吉本一(2006가)에서는 [시간]을 연구 대상으로 삼아 시간의 공간화, 사물화, 자원화, 신체화 양상을 살펴보았다. 그중 특히 공간화 양상에서는 [길이], [높이] 및 [그릇의 내부와 외부], [그릇과 내용물]에 대한 근원개념은 본 연구에 참고할 의의가 있다. 또한 [높이]와 관련되는 한자어의 한자를 고려하였는데, 특히 '고조(高祖)', '고조부(高祖父)', '고손(高孫)'이라는 한자어의 특성을 통해 인지 과정을 살핀 부분이 흥미롭다. 한자 의미에서 [높이]에 대한 인지과정을 파악하는 방법은 중국어의 은유적 표현을 분석하는 데 유용한 연구 방법으로 활용할 수 있다.

중국에서 공간 개념으로 다루는 연구는 蓝纯(2005), 金美顺(2009), 周榕(2000), 杨艳红 · 张志杰(2010), 杨艳(2001), 张喆(2012), 肖燕(2012), 刘桂玲(2017), 顾倩(2013) 등이 있다.

杨艳(2001)에서는 시간을 목표영역으로 선정하여 근원영역과 관련된 중국어 은유적 양상을 검토하였다. 시간은 중국어 은유에서는 '공간', '돈', '실체', 또한 존재론적 은유에서는 '그릇', '물 흐름'으로 투사될 수도 있다. 공간 영역에서는 '长', '短', '远', '近' 등 공간적 개념을 제외하고 '内外(내외)' 개념에서도 사용이 가능하다고 하였다.

蓝纯(2005)에서는 공간 은유를 연구 대상으로 삼아 중국어와 영어를 대조 · 분석하였다. 영어 'UP', 'DOWN'과 중국어 'SHANG', 'XIA'을 영상도식 개념으로 동적 상태와 정적 상태로 나누었다. 중국어 'SHANG', 'XIA'은 공간 은유에서는 시간 개념이 목표영역으로 구축된다고 제시하면서, 중국어에서는 시간의 경과를 물체가 횡적(수평적) 방향과 종적(수직적) 방향으로 운동하는 현상으로 이해한다고 보았다. 즉 중국어에서 시간 개념은 공간적 측면에서 은유적으로 투사된다는 것인데, 이는 [연령]에 대해서도 동일하게 적용된다고 여겨진다.

肖燕(2012)에서는 시간 개념을 연구대상으로 삼아 시간의 특성, 시간과 공간의 공통성 및 시간의 개념화 과정을 세부적으로 제시하였다. 중국어와 영어 코퍼스를 이용해 수평적 방위 어휘 '前-before', '后-after', 수직적 방위 어휘 '上-up', '下-down'에 대한 개념화 양상을 살펴보았다. 중국어 방위 어휘 '上', '下'은 모두 시간 개념을 나타낼 수 있는데 영어 'up', 'down' 같은 경우에는 주로 공간적으로 사용되고 있다는 점을 밝혔다.

顾倩(2013)에서는 시간, 공간 및 은유적 확장 양상을 검토하여 제시하였다. 'V上', 'V起来'에 대한 문법적 구조는 공간영역이 언어적 표현을 통해 시간영역에 투사되는 현상을 보여준다고 하였다. 또한, '上', '下', '地上', '地下'의 은유적 양상은 [시간]의 목표영역으로 투사가 가능하다는 것에 대해서도 논의하였다. 중국어 '上', '下'의 근원개념은 [연령]에 관한 공간화 양상 분석에 유용하게 쓰일 수 있다.

위에서는 공간 개념과 관련된 대표적인 연구들을 간단히 살폈다. 이를 통해 인간은 추상적 [시간]을 인지하는데 [공간] 개념을 널리 사용하고 있는 것을 파악할 수 있다. 예를 들어 '시간이 길다', '시간이 짧다' 등과 같은 언어적 표현들이 모두 [시간]에 대한 공간화 양상이다. 한편 [연령]은 [시간]의 하위개념이기 때문에, [연령]도 [공간]으로 인지되며 이와 관련된 은유적 양상이 나타날 것으로 예상된다. 이에 대해 본 장에서 자세히 살펴보도록 하겠다.

4.1. 방위

[방향]은 목표영역 및 추상적 개념을 인지하는 데 폭넓게 적용하고 있는 개념이다. [방향]은 방향 도식(orientational schema)에 의해 개념화된다. 임지룡(2017: 152)에서는 방향 도식을 상세하게 제시하였다. 방향 도식은 쉽게 경험하고 지각할 수 있는 '위', '아래', '앞쪽', '뒤쪽', '왼쪽', '오른쪽' 등의 근원개념으로 목표영역에 투사된다. 또한, '위',

‘앞’, ‘오른쪽’은 긍정적인 개념으로 인지되며 ‘아래’, ‘뒤’, ‘왼쪽’은 부정적인 개념으로 인지된다고 하였다. Lakoff & Johnson(1980, 노양진 · 나익주 역 2006: 42)에서는 지향적 은유를 제시하였다. [많음은 위], [적음은 아래]라는 [방향]에 대한 은유적 양상과 투사 과정을 세부적으로 논의하였다.

Evans & Green(2006, 임지룡 · 김동환 역 2008: 101)에서는 중국어와 관련된 시간적 은유를 관찰하였다. 인간은 추상적 [시간]을 개념화하여 구조적으로 인지하는데, [공간]을 이용하여 [시간]을 ‘수평축’, ‘수직축’으로 나뉘어 상대적 위치에 의해 공간적 개념으로 인식한다. 즉 [시간]의 [이름]과 [나중]에 대해 [앞], [뒤]와 같은 공간적 개념으로 인지하는 것이다.

본 장에서는 공간화 개념에 따라 ‘방위’라는 개념을 근원개념으로 간주한다. 『표준』에 따르면 ‘방위’는 ‘공간의 어떤 점이나 방향이 한 기준의 방향에 대하여 나타내는 어떠한 쪽의 위치’이다.

실제로는 훨씬 더 복잡하나, 일상생활에서 지각하고 경험하는 방위는 대체로 ‘전-후’, ‘좌-우’, ‘동-서-남-북’ 정도로 개념화될 수 있다. 이러한 [방위]를 적용함으로써 [연령]에 대한 언어적 표현이 분석된다. 한국어 [방위]와 관련된 언어적 표현을 수평축, 수직축으로 제시하면 다음과 같다.

(1) 수평축 :

가. 30세 전후, 30세 전반, 30세 중반, 30세 후반

나. 30세 전, 30세 이전

다. 30세 후, 30세 이후

라. *30세 좌우

(2) 수직축 :

가. 30세 이상, 30세 이하

나. *30세 상하

위의 (1)을 보면 수평축에서의 상대적인 위치에 의해 '전-후'의 [방위]를 확인할 수 있다. 즉, '30세쯤'이라는 의미로 일정한 '한도'나 '가량'에 대한 개념을 나타낸다. (1가~다)에서는 '전-후' [방위]에 의해 '30세 전후/전반/이전' 등 표현이 가능하지만, (1라)에서는 '30세 좌우'로 표현하는 것은 정확하지 않다. 즉, '좌-우'에 대한 [방위]는 목표영역 [연령]으로 투사하기가 어렵다고 여겨진다.

수직축에서의 상대적인 위치에 의해 [연령]이 '상-하'의 [방위]로 나타낸다. (2)에서는 '30세 이상', '30세 이하', 즉, 어떠한 나이의 '이상', '이하'로 사용하는데, '30세 상하'라는 표현은 사용하기가 어렵다.

중국어에서 위와 같이 수평축, 수직축으로 나누어 은유적 표현을 제시하면 다음과 같다.

(3) 수평축 :

가. 30岁前后(30세 전후)[15]

나. 30岁前(30세 전), 30岁之前(30세 전), 30岁以前(30세 전), 30岁往前(30세 전), 30岁前半段(30세 초반)

다. 30岁后(30세 후), 30岁之后(30세 이후), 30岁以后(30세 이

15 본 연구에서 중국어 예문을 한국어로 번역할 때는 아래의 기준에 따른다. 첫째, 중국어와 한국어 표현이 형태, 의미적 유사도 높은 경우에는 한자어로 직역한다. 둘째, 중국어와 한국어 표현의 형태는 유사한데 의미는 차이점이 많은 경우에서는 한자어로 직역한 다음, 의역한다. 셋째, 중국어와 한국어 표현의 형태, 의미가 모두 차이점이 많은 경우에는 의역한다.

후), 30岁往后(30세 이후), 30岁后半段(30세 후반)

라. 30岁左右(30세 좌우)

(4) 수직축 :

가. 30岁上下(30세 상하), 30岁以上(40세 이상), 30岁以下(30세 이하)

나. 上年纪了(나이가 들다)

위의 (3)을 보면 수평축 위치에 의해 공간적 은유적 표현이 하위개념화된다. (3가~다)에서는 '前-后(전-후)' 관계로' 되어 있음을 확인할 수 있다. 또한, (3라)에서 나타난 '30岁左右'은 '左-右(좌-우)' [방위]로 이루어지는 양상도 보인다. 그러나 '30岁前后' 같은 경우는 사건 구조를 지닌 문장 맥락에서 흔히 사용되는데, '30세쯤'이라는 의미로 사용이 어렵다. 오히려 '30岁左右' 같은 표현이 '30세쯤'이라는 의미로 사용되고 있다.

위의 (4가)를 보면 수직축 위치에 의해 하위개념화된 표현을 확인할 수 있다. '上-下(상-하)' [방위]로 표현이 이루어지며 어떠한 나이 '以上(이상)', 혹은 '以下(이하)'로 되어 있다. 그 이외에는 [연령]을 추측할 때 '30岁上下(30세 상하/30세쯤)'라는 표현도 사용이 가능하다.

(4나)에서는 '上年纪'라는 표현이 나타난다. '上年纪'은 '나이가 많아지다' 혹은 '일정한 나이에 도달하다'라는 의미로 볼 수 있다. 『中韓』에서는 '나이가 들다. 나이를 먹다'라는 해석이 되어 있다. '上'은 동사로 간주되며 '일정한 수량에 도달하다'의 의미로 해석된다. 이는 공간적 [방위]로 [연령]의 증가를 이해하고 있다는 것을 보여준다. 즉, 근원영역 [방위]는 목표영역 [연령 증가]로 은유적 투사가 발생한다.

4.2. 척도

공간 개념을 언어적 표현으로 사용하는 데에는 척도 도식이 적용된다. 척도 도식은 세상의 대상을 측정하는 데 사용하는 영상도식이다. Johnson(1987: 122)에서는 척도 도식을 상세히 제시하였다. 척도 도식은 공간적으로 추상적 개념에 대해 상향지향, 하향지향으로 특징지어진다. 즉, 추상적 개념을 일관성 있게 개념화하는 방식이다. 척도 도식은 다시 수평적 척도 도식과 수직적 척도 도식으로 나누어진다. 본 절에서는 이를 수용하여, '수평적 척도', '수직적 척도'에 따라 [연령]이 공간화되는 은유적 양상을 살피고자 한다.

수평적 척도는 수평적으로 나타나는 길이를 말할 수 있다. [길이]는 척도가 있으며 잴 수 있기 때문이다. [길이]는 2차원 공간에 대한 개념이다. 공간의 [길이]는 점과 점 사이의 거리이며 [연령]에 대한 [길이]는 몇 살부터 몇 살까지 그 일정한 [연령]으로 간주할 수 있다. 한국어의 경우에는 언어적 표현이 '길다', '짧다', '늘다' 등으로 나타난다. 구체적 예문을 보면 다음과 같다.

(5) 짧다 / 길다

가. 청춘은 짧다.

나. 인생은 짧고 청춘은 길다.

위의 (5)에서는 '짧다', '길다'라는 표현이 나타난다. [연령기]를 일상적으로 나타낼 때에는 '청춘'이라는 표현이 있다. (5가, 나)에서는 '청춘'을 기술하는 예문이다. 『표준』에 따르면 '청춘'은 '새싹이 파랗게 돋아나는 봄철이라는 뜻으로, 십 대 후반에서 이십 대에 걸치는 인생의 젊은 나이 또한 그런 시절을 이르는 말'이다. 즉, '청춘'도 일정한 기간 사이에 존재하는 [시간] 범주에 속한다고 할 수 있다. 그러므로 '길다', '짧다'라는 표현을 사용하는 것이 가능하다. '길다', '짧다'와 동일하게 [연령]에 '늘다', '늘리다', '줄이다'라는 표현도 사용이 가능하다. 예문을 보면 다음과 같다.

(6) 늘다 / 늘리다 / 줄이다

가. 일할 수 있는 나이는 65세로 늘었다.

(중앙일보, 2019.02.21.)

나. 하지만 어린이 보험의 가입연령을 30세까지 늘리다 보니 성인보험의 한층 좋아진 것은 사실 그렇게 눈에 띄지 않는다고 말하고 싶다.

(스카이데일리, 2018.08.20.)

다. 그런데 법률에서 남성의 결혼 적령기를 25세~35세로 줄인 것은 평균수명 이 그다지 길지 않은 시대에 아이를 늦게 낳았을 때의 부양 문제를 고려하지 않았을까 싶다.

(공병호, 공병호의 고전강독)

(6가)에서는 '늘다'라는 표현이 나타나는데, 이는 물체의 길이, 넓이, 부피를 작게 길게 혹은 크게 만들 때 사용하는 표현이다. '나이가 65세로 늘었다'라는 표현은 [연령]을 공간 안에 있는 어떠한 존재물로 보고 있는 것이다. 즉, 여기에서는 공간적 [길이]를 적용하여 [연령]을 나타낸다. (6나, 다)에서는 '늘리다', '줄이다'라는 표현이 나타난다. 예문에서 나타난 [연령]은 사회연령에 해당하는 개념이다. 보험 가입 연령과 결혼 연령은 규정이기 때문에 상황에 따라 변동성이 있다. 즉, 늘릴

수 있고 줄일 수도 있다. 따라서 [연령]에 '늘리다', '줄이다'가 사용이 가능하며, 공간적 개념이 [연령]으로 은유적 투사가 실현된다.

다음, 중국어의 수평적 척도에서는 [길이]와 관련하여 [연령] 개념이 어떻게 나타나는지를 살펴보도록 한다. 공간적인 [길이]로 나타내는 중국어 표현은 '短(짧다)', '长(길다)', '延长(연장하다/늘리다)', '缩短(줄이다)' 등이 있다. 이를 정리하면 다음과 같다.

(7) 短 / 长 / 延长 / 缩短

가. 常有人说："女人的黄金年龄很短……"

(항상 사람들은 말한다. '여자의 골든 나이는 아주 짧고……')

(网易新闻, 2018.05.29.)

나. 女性有以下特点, 暗示最佳生育年龄比别人长。

(여성에게 다음의 특징이 있으면 다른 사람보다 최적의 출산 연령이 길다는 것을 암시한다.)

(新浪育儿, 2019.05.31.)

다. 日本政府最近动出了一个脑筋，就是将企业员工和机关干部的实际退休年龄延长到70岁。

(일본 정부의 최근 아이디어는 기업 회사원과 기관 간부의 실제 퇴임 연령을 70세까지 연장한다는 것이다.)

(凤凰网, 2018.09.10.)

라. 逐步缩短退休年龄是社会发展的必然趋势

(퇴직 연령의 점차적 단축은 사회 발전의 불가피한 추세이다.)

(360个人图书馆, 2012.06.15.)

(7가)에서 보듯, 중국어에서는 '短'이라는 표현이 시간을 나타내기

위해 사용된다. (7가, 나)에서는 '短', '长'이라는 표현을 사용하였다. 여기의 '黄金年龄(황금 연령)', '生育年龄(출산 연령)'은 [연령] 하위층위에 속해 기본층위에 비해 더 구체적으로 실례화되는 표현이다. [연령]을 이해할 때는 [길이]의 공간 개념으로 인지하고 있다는 것을 알 수 있다. (7다, 라)에서는 '延长', '缩短'의 표현이 나타난다. 이는 모두 사회 연령인 퇴임 연령에 대한 내용이다. 퇴임 연령은 변동성이 있으며 연장할 수 있고 줄일 수 있다. [연령]을 수평적 척도 [길이]로 인지하고 있음을 알 수 있다. 결과적으로는 중국어에서도 공간적 [길이]를 이용해 [연령]을 개념화한다는 것이다.

척도는 수평적 척도 외에도 수직적 척도가 있다. 즉, 공간적 높이가 있다. 공간적 개념 [높이]는 2차원을 넘어 3차원의 공간 개념이다. [높이]는 2차원 평면적인 시각이 아닌 3차원에서 입체적으로 지각하고 경험한다.

한국어에는 '저령', '고령'이라는 한자어 표현이 있다. 이러한 경우에는 보통 전문 용어 중에서 '저연령층', '저령화', '고령층', '고령화' 등의 표현으로 나타난다. 이를 정리하면 다음 (8)과 같다.

(8) 가. 저령층/저연령층, 고령층/고연령층, 중고령층/중고연령층
나. 저령대/저연령대, 고령대/고연령대, 중고령대
다. 저령화/저연령화, 고령화/고연령화, 중고령화/중고연령화
라. 최저연령/최저령, 최고연령/최고령

위의 (8가~다)에서 보듯이, '저령', '고령' 표현은 보통 '층', '대', '화' 등과 함께 나타난다. 또한, (8라)에서는 '가장, 제일'의 뜻을 더하는 접두사 '최'와 함께 나타난다. 여기의 '저', '고'는 한자어 '高', '低'로

연관되고 [높이]로 은유적 투사가 발생한 것을 볼 수 있다.

어휘적으로 [높이]를 나타내는 표현으로는 '낮다', '높다', '낮추다', '높이다' 등이 있는데, 이들은 모두 '연령'을 나타내는 데도 널리 쓰인다.

(9) 낮다 / 높다

가. 우리나라 국민 연령 낮을수록 결혼·자녀 생각 낮아.

(신아일보, 2018.03.07.)

나. 제주 지역 남성의 초혼 연령이 전국에서 가장 높은 것으로 나타났습니다.

(SBS 뉴스, 2019.03.20.)

(9)의 '국민 연령', '초혼 연령'은 모두 [연령]에 대한 하위개념이라고 볼 수 있다. 즉 이들은 모두 '연령층'이나 '연령대'라는 개념으로 간주될 수 있다. 한편 근원개념 [높이]로 살펴보면 '위-아래', '높은 위치', '낮은 위치'와 같은 공간적 개념이 있는데, 위의 (9)에서는 [높이]에 적용하여 은유적 투사가 일어난다.

(10) 낮추다 / 높이다

가. 손녀를 맞상대하여 좀 더 효과적으로 대거리하기 위해서 운암댁은 손녀하고 똑같은 일곱 살로 자기 나이를 터무니없이 낮추었다.

(윤흥길, 『완장』)

나. 세계 최대 게임업체 텐센트(텅쉰)가 중국에서 새 온라인 게임의 이용자 나이를 만 13세에서 16세로 높였다.

(연합뉴스, 2019.04.23.)

위의 (10)에서는 '낮추다', '높이다'라는 표현이 나타났다. 그중에서는 '위에서 아래까지', '아래에서 위까지'에 대한 공간적 이동적 양상을 볼 수 있다. 즉, [높이]는 [연령]으로 투사하여 [연령]에 대한 어떠한 변화를 개념화한다.

수직적 척도에는 공간화 양상의 동적 개념을 적용할 수 있다. 언어적 표현은 '오르다', '올리다', '내리다', '상향', '상승', '하향', '내리다'의 표현들이 가능하다. 구체적 예문을 정리하면 다음과 같다.

(11) 상향

가. 평균연령은 42.1세로 0.6세 올라갔다.

(연합 뉴스, 2019.08.27.)

나. 정부가 노인연령 기준을 만65세에서 70세로 상향해야 한다고 밝혔다.

(레디안 뉴스, 2019.01.25.)

다. 결혼 기피 현상은 초혼 연령 상승으로 나타났다.

(국민일보, 2017.03.22.)

라. 이때 남녀의 결혼 연령을 20세와 16세 이상으로 올려 조혼을 금지시켰다.

(이종하, 『8월의 모든 역사』)

(12) 하향

가. 공직선거법 개정안은 ...... 선거 연령을 현행 만 19세에서 만 18세로 하향 조정하는 내용을 담고 있다.

(국민일보, 2019.08.29.)

나. 일본 참의원에서 성인 연령을 20세에서 18세로 내리는 민

법 개정안이 통과되었습니다.

(티스토리, 2018.06.15.)

위에서는 동적 공간화 양상을 살펴보았다. (11)에서는 '오르다', '상향하다', '상승', '올리다'의 표현으로 나타나며 (12)에서는 '하향', '내리다'로 사용이 가능하다.

공간화에 대한 은유적 표현들은 [상향], [하향]으로 나누어 제시된다. [방위]의 동적 방향성을 통해 연령 수가 많은 것은 위쪽에 있으며 연령 수가 적은 것은 아래쪽에 있다는 것을 알 수 있다. 즉, 동적 공간화 개념으로 [연령]이 인지된다.

[높이]는 중국어에서도 3차원 개념으로 적용된다. [높이]와 관련된 중국어 표현에는 '低龄(저령)[16]', '高龄(고령)' 등이 있다. 중국어에서는 이들이 일정한 형용사나 부사를 수식을 받고 나타나며, 또한 다른 접미사와 함께 표현되기도 한다. 예문을 정리하면 다음과 같다.

(13) 가. 低龄, 低年龄, 高龄, 高年龄, 中高龄, 中高年龄
(저령, 저연령, 고령, 고연령, 중고령, 중고연령)
나. 低龄化, 低年龄化, 高龄化, 高年龄化
(저령화, 저연령화, 고령화, 고연령화)
다. 低龄段, 高龄段, 低年龄段, 高年龄段
(저령기, 고령기, 저연령기, 고연령기)
라. 最低年龄, 最高年龄
(최저연령, 최고연령)

16 '저령'은 한국어 표현에서 사용되지는 않지만, 중국어 표현과 대응하기 위해 중국어 사전에서 유추한 단어이다.

(13가)에서는 '低', '高', '中高' 형용사의 수식을 받아 나타난다. (13나, 다)에서는 '低龄', '高龄'은 접미사 '化(화)', '段(단)'과 함께 나타난다. 연령대나 연령층에 대한 기간이라는 개념을 볼 수 있다. (13라)에서는 형용사나 부사의 수식을 받으며 '最低年龄(최저연령)', '最高年龄(최고연령)'으로 확인할 수 있다.

(13)에 나타난 표현들을 보면 [높이]와 관련된 표현을 이용하여 [연령] 개념을 나타내는 표현들이 중국어에서 다양하게 사용되고 있다는 것을 알 수 있다. 여기에서는 [연령]을 [높이]로 이해하는 양상을 확인할 수 있다. 이는 '위-아래', '아래-위'에 대한 공간적 개념을 활용해서 [연령]을 이해하는 데 참고할 수 있는 표상을 제공해 준다.

또한, 수직적 척도에서는 중국어 '降低(낮추다)', '提高(높이다)'의[17] 표현으로 사용이 가능하다. 이를 제시하면 다음과 같다.

(14) 降低 / 提高

가. 刑拘年龄拟降低, 未成年人违法犯罪矫治要跟上。

(형사 구속 연령을 낮출 예정이고 미성년자 위법 교도 조치가 뒤따라야함.)

(光明网, 2019.06.10.)

나. 为了缓解巨大的老龄化压力, 日本政府打算提高雇佣年龄至70岁。

(극심한 노령화 스트레스 완화를 위해 일본 정부는 고용연령을 70세로 높일 계획이다.)

(前瞻网, 2019.05.16.)

17 '提高'은 한국어 연령에 대한 문맥에서는 '나이가 늘다/늘리다'로 번역하지만, [수직적 척도] 개념을 표시하기 위해 '높이다'로 직역한다.

위의 (14가)에서는 '刑拘年龄(형사 구속 연령)'이라는 표현, (14나)에서는 '雇佣年龄(고용 연령)'이라는 표현이 확인된다. 이 두 [연령]은 모두 사람 사회적 능력에 따른 사회연령에 해당하는 개념이다. 두 개념에 '降低(낮추다)', '提高(높이다)'라는 표현이 사용되었음을 보면, 공간의 [높이] 근원개념으로 적용해 [연령]에 투사되는 인지과정을 알 수 있다.

중국어 수직적 척도에서 공간화 동적 개념에 의해 나타난 표현은 '上升(상승)', '下降(하강)'이 있다. 예문을 보면 다음과 같다.

(15) 上升 / 下降

가. 只有一件事是随着年龄的<u>上升</u>而能力增强的, 那就是看人
(나이 상승에 따라 증진되는 능력은 단 하나다. 그것은 바로 사람을 보는 능력이다.)
(凤凰财经, 2018.12.07.)

나. 申城男女初婚年龄<u>下降</u>
(상하이의 남녀 초혼 연령 하강)
(东方网, 2015.03.18.)

위의 (15)에서는 동적 공간화 양상을 살펴보았다. (15가)에 '上升'이라는 표현이 나타난다. (15나)에서는 '下降'이라는 표현으로 나타난다. (15)에는 '상-하', 혹은 '위쪽', '아래쪽'에 대한 [방위]의 동적 양상을 통해 [연령]의 변화를 알 수 있다. 즉, 동적 공간화 개념으로 [연령]을 인지한다.

4.3. 그릇

영상 도식으로서의 [그릇]은 존재론적 은유의 대표적인 예이다. 이러한 은유는 추상적 개념에 대해 물리적으로 존재하는 실체인 것처럼 '그릇'이라는 형상을 부여한다. 그 안의 내용물은 실체적 존재로 인식하게 만든다. Lakoff & Johnson(1980, 노양진 · 나익주 역 2006: 66-71)에서는 눈에 보이지 않는 추상적인 개념을 인지할 때는 구체적인 존재인 [그릇]으로 이해한다고 주장하였다. [그릇]은 그릇 영상도식(container image schema)에 의해 생성된 근원개념이라고 할 수 있다. 그릇 도식과 관련된 구조적 요소를 보면 다음과 같다.

(16) 그릇 도식에 대한 구조적 요소

가. 내부

나. 외부

다. 경계

위의 (16)에서는 그릇 도식과 관련된 구조적 요소를 확인할 수 있다. [그릇]은 그릇의 안과 밖, 즉 내부와 외부를 구분하여 인지한다. 이것은 [그릇] 내부와 외부 간의 경계라고 할 수 있다. [그릇]은 매우 익숙한 공간적 개념이기 때문에 추상적 개념을 이해할 때는 이를 근원개념으로 선택하게 된다.

공간 개념 [내외]는 [그릇]의 영상도식에 의해 나타나는 공간화 개념이다. 한국어의 은유적 표현은 '안팎', '이내'로 사용되고 있다. 예를 보면 다음 (17)과 같다.

(17) 안팎 / 이내 / 이외 / 안

가. 30세 안팎의 나이

나. 30살 이내, 30살 이외

다. 결혼을 30대 안에는 해야 되지 않을까 생각하고 있어요.

(조선일보, 2014.09.23.)

위의 (17가)에서 '안팎'이라는 표현은 [그릇]의 [내부]와 [외부] 개념을 이용하고 이해하는 것이다. (17나)에서 한자어 '이내', '이외'로 표현하는 것은 [그릇-내부], [그릇-외부]를 가리키는 것을 볼 수 있다. (17다)에서는 '30대 안에'라는 표현으로 나타난다. 이 예문을 문맥적으로 파악하면 30세부터 40세가 되기 전에 결혼해야 한다는 이야기로 볼 수 있다. 여기의 '안'은 [그릇-내부]의 개념을 근원개념으로 선택하는 것이다.

중국어에서 [그릇 내외]에 관한 은유적 표현은 '以内(이내)', '之内(이내)'이 있다. 예문으로 정리하면 다음 (18)과 같다.

(18) 以内 / 之内 / 以外 / 之外

가. 30岁以内(30세 이내), 30岁之内(30세 지내), 30岁以外(30세 이외), 30岁之外(30세 지외)

나. *30岁内外(30세 내외)

위의 (18)에서는 중국어 [그릇 내외]의 은유적 양상을 살펴보았다. (18가)에서 '以内', '之内'라는 표현은 [그릇] 내부 개념으로 이용되어 '30세 되기 전에'라는 의미로 이해된다. 또한, '以外', '之外'라는 표현은 [그릇] 외부 개념으로 이용되어 '30세 후에'라는 의미로 이해된다. [내부]와 [외부]를 함께 나타내는 [안팎]은 중국어에 적용하여 '30岁内

外'로 표현하기가 어렵다.

그릇 도식에 의해 [그릇 내외]로 개념화되는데, 또한 공간적 개념으로 도출될 수 있다. 즉, [그릇] 내부에 있는 내용물이 있으며 내용물을 담기도 한다. 이는 그릇 도식에 의해 생성된 개념요소를 표시하면 [그릇과 내용물]로 볼 수 있다. [그릇과 내용물]에 대한 예문을 살펴보면 다음 (19)와 같다.

(19) 차다 / 빠지다 / 만 / 미만

가. 나이가 찼다고 해서 적당히 괜찮은 사람이랑 결혼을 놓고 타협할 수는 없다고.

(민조킹, 『제가 어쩌다 운이 좋았습니다』)

나. 내년이면 한 살 빠진 서른인데, 커다란 인형 받는 것 왜 이리 좋고요?

(네이버 블로그, 2017.12.07.)

다. 만 30세, 30세 미만

위의 (19)에서는 [그릇과 내용물]의 은유적 양상을 살펴보았다. (19가)에서는 '나이가 차다'라는 표현으로 나타난다. 예문에서는 결혼해야 한다는 [연령]으로 인지하고 있으며, 그릇 도식에 의해 추상적인 [연령]이 개념화된다. 액체가 그릇에 차서 넘친다는 것에서 알 수 있듯이, '차다'라는 표현은 그 어떠한 물건이나 공간에 내용물이 더 이상 들어갈 수 없다는 상태에 사용하는 표현이다. 그러므로 여기의 '나이가 차다'는 [그릇]을 이용하여 근원영역으로 선택하게 된 표현이다. 즉, 그릇을 이용하여 내용물을 담는 상태와 같다.

(19나)에서는 '빠지다'라는 표현이 나타난다. 『표준』에 의하면 '속

에 있는 액체나 기체 또는 냄새 따위가 밖으로 새어 나가거나 흘러 나가다'를 의미한다. 관습적으로는 서른 살의 나이에 한 살이 빠진 것을 생각할 수 있다. 즉, 그릇 안에 있는 내용물이 밖으로 흘러 나간다. [연령]을 [그릇과 내용물]로 생각하고 있다. '한 살 빠진 서른'이 [그릇]으로 작용되어 인지하는데 [연령]에 은유적 투사가 발생한다.

(19다)에서는 한자어 '만(滿)'으로 사용하여 '30세에 차다', '30세에 차지 않았다'라는 의미로 이해된다. 이는 [그릇과 내용물]로 [연령]을 개념화하여 이해하는 인지과정으로 볼 수 있다.

중국어의 [그릇과 내용물]에 관한 표현은 '满(만)', '不满(미만)', '没满(미만)', '未满(미만)' 등이 있다. 모두 '满'을 중심으로 하여 나타난 공간화 양상이라고 볼 수 있다. 예문을 살펴보면 다음 (20)과 같다.

(20) 满 / 未满

가. 满30岁(만 30세)

나. 不满30岁(30세 미만), 没满30岁(30세 미만), 未满30岁 (30세 미만)

위의 (20)에서 '满30岁'은 '30세에 차다', 즉 '30세 되다'라는 의미로 이해할 수 있다. 30세가 되지 않은 상태는 '不满', '没满', '未满'의 표현으로 나타낼 수 있다. 이러한 은유적 표현들은 [그릇과 내용물]의 공간 개념으로 '30세 되다' 혹은 '안 되다'라는 추상적 목표개념을 이해하는 인지과정이다.

4.4. 소결

본 장에서는 공간과 관련된 근원개념 [방위], [척도], [그릇] 및 은유적 투사 과정을 살펴보았다. 공간 근원개념에서 목표개념 [연령]으로 투사되는데 [연령 범위], [연령 증가]의 은유적 측면이 부각된다는 것을 제시하였다.

공간은 추상적 개념을 이해하고 인지할 때 공통적인 사고방식이라고 할 수 있지만, 각 언어에 따른 차이도 있다. 각 언어 표현에 대한 문화, 역사 등의 백과사전적 지식이 다르기 때문이다. 한국어와 중국어의 [연령]에 대한 목표영역은 공간 개념으로 개념화되는데, 이 과정에서 인지적 보편성과 특수성을 두루 보인다.

4.4.1. 공간 개념에 대한 인지적 보편성

추상적인 개념인 [연령]은 [공간] 개념을 바탕으로 구조화되어 인지된다. 한국어와 중국어의 [연령] 개념에 대한 공간적 은유화 양상을 정리하면 다음 <표 15>와 같다.

〈표 15〉 [연령]의 공간 개념화 양상

분류 \ 언어		한국어	중국어
방위	수평축	전후, 전, 이전, 후, 이후, 전반, 중반, 후반	前后, 前, 后, 以前, 以后, 之前, 之后, 往前, 往后, 前半段, 后半段, 左右
	수직축	이상, 이하	上下, 以上, 以下
척도	수평축	길다, 짧다, 늘다, 늘리다, 줄이다	长, 延长, 短, 缩短
	수직축	낮다, 낮추다, 높다, 높이다, 오르다, 올리다, 내리다, 상승, 상향, 하향, 저령, 고령	降低, 提高, 上年纪, 上升, 下降, 低龄, 高龄
그릇	그릇 내외	안팎, 이내, 이외, 안	以内, 之内, 以外, 之外
	그릇과 내용물	차다, 빠지다, 만, 미만	满, 未满

위의 <표 15>에서 한국어와 중국어 [연령]에 대한 은유적 공간화 양상을 확인할 수 있다. [공간]은 [방위], [척도], [그릇]으로 하위개념화 된다. 이 하위개념이 된 개념으로 [연령]에 대한 은유적 양상을 제시하였다.

[방위]는 한국어에서는 '전-후', '상-하' 관계로 나타나지만 중국어에서는 '전-후', '상-하', '좌-우' 관계로 표현이 가능하다.

[척도]의 수평축에서는 '길다', '짧다', '늘다', '늘리다', '줄이다'로 나타났다. 중국어에서는 '长', '延长', '短', '缩短' 표현을 확인할 수 있다. [척도]의 수직축에서는 '높다', '높이다', '낮다', '낮추다', '오르다', '올리다', '내리다', '상승', '상향', '하향'이 모두 [연령]에 사용이 가능하다. 중국어 표현에는 '降低', '提高', '上升', '下降', '上年纪'가 나타난다. 또한, 한자어 '저(低)', '고(高)'를 사용하여 '저령', '고령'을

표현하는데 주로 '고령화', '최고연령', '저령화', '최저연령' 식으로 표현한다. 이에 대한 중국어 표현은 '低齡', '高齡'과 '低齡化', '高齡化' 등으로 나타난다.

그릇 도식에서는 [그릇 내외], [그릇과 내용물] 개념으로 나누어 [연령] 은유적 양상을 제시하였다. [그릇 내외]의 경우에는 '안팎', '이내', '이외', '안'과 같은 표현으로 나타나며 [그릇과 내용물]에서는 '차다', '빠지다', '만', '미만'으로 표현한다. 그릇 도식에 대한 중국어로는 '以内', '之内', '以外', '之外', '满', '未满'이라는 표현이 있다.

[연령]에 관한 공간화 양상 및 구체적 실례들을 통해 [연령]이 [공간]을 바탕으로 은유적으로 구조화되고 있음을 확인할 수 있다. 특히 [공간] 개념의 하위 구성 요소들을 기반으로 한 표현 양상에서는 한국어와 중국어 간의 인지적 보편성이 드러난다. 즉, 추상적 개념인 [연령]을 이해하는 과정에서 두 언어 모두 공간적, 구체적, 체험적 경험을 근거로 하는 은유적 투사 과정을 통해 인지하고 있다는 점에서 공통된 양상을 보인다고 할 수 있다.

4.4.2. 공간 개념에 대한 인지적 특수성

[연령]에 대한 은유적 양상은 언어별로 다양하게 나타나는데, 한국어와 중국어에서도 인지적 특수성을 보이는 예들이 존재한다. [연령]을 인지하고 이해하여 근원영역에서 목표영역으로 은유적 투사가 실현된다. 또한, 근원영역과 목표영역 사이의 투사가 부분적이다. 하나의 목표개념이나 목표영역을 인지할 때는 여러 개의 근원개념으로 적용한다. 이는 목표영역에 대한 다양한 측면을 이해하기 위해 여러 근원영역이 필요하며 개념이 부각되는 측면이 나타난다.

[공간]에서 [연령]으로 투사하는 과정에서는 목표영역과 관련된 두 측면이 부각된다. 즉, [연령 범위]와 [연령 증가]의 두 목표영역이다. 근원영역에서는 [공간]의 특정한 측면이 부각되며 목표영역 측면에 초점을 맞춘다. 이를 도표로 제시하면 다음 <표 16>과 같다.

〈표 16〉 [연령 범위], [연령 증가]의 은유적 부각 대조[18]

목표영역	근원영역		한국어	중국어
	영상도식	부각된 측면		
연령 범위	방위	전체를 반으로 나눈 것의 앞쪽 반	전반	前半段
		반이나 반분(半分)	중반	△
		전체를 반으로 나눈 것의 뒤쪽 반	후반	后半段
		앞과 뒤를 아울러 이르는 공간	전후	前后
		왼쪽과 오른쪽을 아울러 이르는 방위	×	左右
		위와 아래를 아울러 이르는 방위	×	上下
	그릇 내외	안과 밖을 아울러 이르는 방위	안밖(안팎)	×
	그릇 내용물	속에 있는 액체가 밖으로 흘러 나가다	빠지다	×

위의 <표 16>에서는 목표 영역 [연령 범위]에 대한 은유적 부각된

18 도표에서 사용한 부호 '×'표는 해당 유형의 은유 표현을 실증할 만한 자료가 발견되지 않는 경우를 말한다. '△'표는 일부 자료에서 확인된다는 점에서 해당 언어에서 실현되는 것이 불가능해 보이지는 않으나, 빈도수가 낮아 은유적 투사가 풍부하게 일어나지 않는 경우를 가리킨다. 이후의 도표에서 사용한 부호 역시 같은 의미로 사용한다.

측면을 확인할 수 있다. 먼저, 근원 영역인 [방위] 개념에서는 '반이나 반분'이라는 시간적 구획이 인지적으로 부각되며, 이에 해당하는 한국어 표현으로는 '중반'이 있다. 반면 중국어에서는 '前半段', '后半段'과 같은 표현이 가능하지만, '중반'과 같이 '반분' 개념을 하나의 시점으로 은유화하는 방식은 상대적으로 드물거나 실현되기 어렵다.

또한 [방위]의 다른 측면인 '왼쪽과 오른쪽', '위쪽과 아래쪽'을 아울러 지칭하는 개념에 대해서는 중국어에서 '左右', '上下' 등의 표현이 가능하나, 한국어에서는 이러한 방위 개념이 [연령 범위]에 대한 은유적 표현으로 확장되지는 않는다.

한편, 근원 영역 [그릇 내외]와 관련된 개념화에서는 '안과 밖을 아울러 이르는 방위'가 부각되며, 이에 해당하는 한국어 표현으로 '안팎'이 사용된다. 더불어 [그릇과 내용물]이라는 존재론적 은유에 기반한 '빠지다'와 같은 표현은, 내용물이 그릇 밖으로 흘러나가는 물리적 경험에 기초하여 '연령'이 일정 기준을 벗어난 상태를 비유적으로 나타낸다. 이러한 은유적 투사는 한국어에서는 가능하지만, 중국어에서는 해당 개념이 동일하게 실현되지 않거나 매우 제한적으로만 나타난다.

이상의 논의를 통해 한국어와 중국어에서 [연령]이 공간적 개념을 바탕으로 은유적으로 구조화되고 있음을 확인하였다. 또한 두 언어 모두 공통적으로 [연령]에 대한 공간화 경향을 보이지만, 구체적인 표현 방식과 인지적 양상에서는 각 언어의 특수성이 분명히 드러난다는 점도 알 수 있었다.

05

사물 개념의 은유적 양상

사물은 일상생활에서 널리 사용되는 개념으로, 쉽게 인지하고 확인할 수 있는 존재이다. 사물은 개별적이고 구체적인 특성을 가지며, 실제로 형태를 갖춘 실체로 존재한다. 이러한 이유로 추상적 개념을 이해할 때, 우리는 이를 구체적인 [사물]로 인지하고 있다. 즉, 사물의 형태와 속성을 바탕으로 추상적인 목표영역으로 은유적 투사가 이루어지는 것이다. 또한 [사물]은 행위의 대상이 될 수 있다는 점에서도, 다양한 개념적 은유의 근원영역으로 활용된다.

[사물]과 관련된 논의는 Lakoff & Johnson(1980), Evans(2006), 임지룡(2002), 吉本一(2006가), 이선희(2010) 등이 있다. Lakoff & Johnson(1980)에서는 존재론적 은유에 속한 개체(entity) 은유와 실체 은유를 제시하였다. 그중에서 가장 핵심적인 개념은 물리적 대상이나 물질(substance)이다. 이 개념은 우리가 추상적 개념을 이해하는 데 중요한 참조점이 된다. 즉 우리가 대상과 물질의 관점에서 추상적 개념을 이해할 때 그 추상적 개념을 실체적인 대상, 물질로 범주화할 수 있고 양화할 수도 있다. 인간의 감각으로 인식되기 어려운 추상적 개념은

사물로서 이해되는 것이다.

Evans(2006)에서는 사물 도식을 좀 더 구체화하여 논의하였다. 이에 따르면 사물 도식은 인상적·신체적 경험으로부터 생성된 도식이라고 할 수 있다. 그리고 사물의 특성 중에서 공통된 것을 일반화하여, 목표영역을 구체화하였다. 즉 사물의 색채, 무게, 모양 등 물리적 속성은 사물 도식을 통해 추상적 목표영역에 투사될 수 있는데, 이때 각각의 속성은 추상적 개념을 구조화하는 역할을 한다.

임지룡(2002)에서는 [시간]에 대한 개념화 양상을 구체적으로 다루었는데 특히 [시간]에 투사되는 공간, 사물, 자원 근원영역을 제시한 점이 주목할 만하다. 예를 들어 [시간은 자원이다], [시간은 돈이다]라는 은유 및 은유적 구조를 통해 [시간]이 개념화된다는 것이다. 실제로 '귀중한 시간', '시간을 아끼다', '시간을 낭비하다'와 같은 은유적 양상이 발견되는데, 이러한 [자원]에 대한 다양한 근원개념들을 이용하여 [연령]에 대한 자원화 양상 및 은유적 표현을 분석할 수 있다고 본다.

吉本一(2006가)에서는 추상적 [시간]에 대한 사물화 양상을 제시한 바가 있다. 구체적인 사물의 속성에 의해 근원개념 [크기], [양], [무게]가 도출된다고 주장하며, 목표영역 [시간]에 은유적 투사가 실현되는데 '큰달', '시간이 많다', '시간의 무게'와 같은 은유적 표현이 존재한다고 하였다. 그리고 [사물]의 [크기], [양], [무게]에 대해 은유적으로 부각되는 측면에 주목하였다. 吉本一(2006가)에서 언급된 [사물]에 대한 근원영역은 본 연구의 은유 분석에 매우 유용한 정보가 된다.

이선희(2010)에서는 [슬픔]과 [두려움]을 대상으로 하여 중국어의 은유적 양상을 살펴보았다. [두려움]은 [물건], [음식물], [실], [강물 · 바닷물] 등에 사상된다는 은유적 구조에 대해 검토하며, 중국어에서는 '带(가지다)', '埋(묻다)', '尝(맛보다)' 등의 인적 행위를 나타내는 표현이 사용할 수 있다고 밝혔다. 이처럼 [사물]은 추상적 개념을 인지하는 데 매우 다양한 근원개념을 제공해 줄 있다는 점을 참고할 가치가 있다.

이상에서 정리한 대로, 인간은 추상적 개념을 이해하기 위해 [사물]을 목표개념으로 사용하며, 특히 [시간] 역시 [사물]로 은유될 수 있다. 이 점에서 [연령] 또한 [사물]로 이해될 수 있을 가능성이 있다. 본 장에서는 먼저 [사물]의 [물리적 속성]을 살펴본 다음, [연령]에 투사되는 [사물] 하위개념 [음식물], [식물], [자원]으로 구분하여 제시하고자 한다. [사물]이 어떠한 방식으로 [연령]에 투사되고 어떠한 은유적 측면이 부각되는지를 살펴보도록 한다.

5.1. 물리적 속성

사물을 인식할 때는 흔히 대상물의 속성으로 이해한다. 사물은 우리가 직접 경험하여 구체성을 가지고 있는 대상이다. 임혜원(2006)에서는 [사물]의 은유적 확장 양상을 사물의 속성과 상태로 구분하여 제시하였는데, 사물의 속성은 다시 [수량], [무게], [온도], [명도], [밀도], [음식물]로 나누었다. 그리고 사물의 상태에 대해서는 고체와 액체로 구분하였다. 이를 참고하여 [연령]의 은유적 사물화 양상을 분석해 보자. 먼저 [연령]의 물리적 속성을 사물의 [수량], [크기], [무게]로 구분하여 살펴본다. [크기], [무게]는 척도 도식과 관련되는 개념이지만 본 장에서는 [사물]의 관점에서 바라보아 사물의 물리적 속성으로 삼고자 한다.

5.1.1. 수량

Lakoff & Johnson(1980)에서는 존재론적 은유를 제시하였다. 그중에 [개체]의 개념으로 [인플레이션]이라는 추상적 개념을 분석하였다. 근원 개념 [개체]는 '양화'(Quantifying)가[19] 가능하다는 속성을 가지고 있기 때문에 추상적 개념을 이해할 때는 실제적 경험에 대처하는 것이다.

[수량]은 사물의 속성과 관련이 있기 때문에 이 개념에 사용되는 표현은 '많다', '적다'라고 생각할 수 있다. [수량]으로 [연령]을 인지할 때에는 양적 개념으로 표현한다. 예문을 보면 다음과 같다.

(1) 많다 / 많아지다 / 적다 / 있다

가. 나이가 <u>많다/적다</u>

나. 나이가 <u>많아지다</u>

다. <u>나이도 좀 있고</u> 게다가 다른 곳에서 직장생활을 했다보니 새로운 직무에 뛰어들기가 쉽지 않았는데요.

(네이버 블로그, 2019.08.02.)

라. 지혜 <u>나이도 있고</u>, 어차피 지금 지혜의 집에서 살다시피 하고 있는데, 결혼식은 형식적인 거라고 생각합니다.

(서준혜, 『여자 나이 서른셋, 결혼은 늦었고 죽기엔 이르다』)

(1가)에서는 [수량]으로 나타나는 양적 표현인 '많다', '적다'를 보였다. (1나)에서는 '나이가 많아지다'라는 표현으로 나타난다. '나이가 많아지다'는 '양이 많아지다'의 의미로 간주되며 [수량]에 해당되는 표현으로 본다. [연령]의 수량을 이해하는 직관적 기관이 없기 때문에,

19 본 연구에서는 [개체]의 '양화'에 관련해서는 [수량]의 명칭으로 취한다.

[연령]을 표현하기 위해서는 사물에 대한 양적 표현을 이용하는 것으로 볼 수 있다. 즉, 사물의 양적 표현은 [연령]을 인지할 수 있는 직관적 경험을 제공해 준다.

(1다, 라)에서는 '나이도 좀 있다', '나이도 있다'라는 표현으로 나타난다. 예문에서는 '나이가 실제로 있거나 없다'라는 의미가 아니라 '나이가 많다'라는 의미로 이해된다. 즉 사물의 [수량]으로 은유적 투사 과정이 발생한다.

중국어에서는 [수량]은 [연령]으로 투사하는 것이 활발하지 않다. [연령]에 대한 양적 표현 '多(많다)', '少(적다)', '有点儿(조금)'을 사용하면 비문이 된다. 다만, 수량사와 함께 사용하여 '一把年纪(나이가 많다)'라는 표현이 가능하다. 구체적 예문을 보면 다음과 같다.

(2) 가. *年龄多(나이가 많다), *年龄少(나이가 적다), *年纪多(연세가 많다), *年纪少(연세가 적다)
나. *有点儿年龄(나이가 조금 있다), *有点儿年纪(연세가 조금 있다)
다. 一把年纪(한 줌의 나이 / 나이가 많다)

(2가)에서는 '年龄多/少(나이가 많다/적다)'라는 표현 사용이 어렵다는 것을 확인할 수 있다. 또한, (2나)에서 '有点儿年龄', '有点儿年纪'는 정확한 표현으로 보기 어렵다. '有点儿上年纪了'과 같은 문장으로 표현하면 정확한 문장으로 볼 수 있지만, 동적 양상이 있기 때문에 근원개념 [수량]으로 간주하지 않는다.

(2다)에서는 '一把年纪(많은 나이)'라는 관습적 표현으로 나타난다. 『中韓』에 의해 '많은 나이'를 의미한다. 실제로 직역으로 보면 '한 줌의

턱수염이 있는 나이'라는 뜻으로 주로 50세, 60세 이상의 나이를 이르는 표현이다. 예문에서의 '一把(한 줌)'은 중국어 수량사로 간주되며 [수량]에 해당되는 근원개념이다.

5.1.2. 크기

[크기]는 사물의 넓이나 부피의 정도를 가리킨다. 즉 사물의 속성에 의해 도출된 개념이다. [크기]를 나타내는 한국어의 표현에는 '크다', '작다'가 있는데, 이를 [연령]에 직접 적용하여 표현하는 것은 어색하다. 그러나 '크다'는 사람의 몸이 성장하였다는 사실에 대해 사용이 가능하다. 예를 들어, '못 본 사이 많이 컸네.'라는 문장이 가능하다. 이는 [연령 증가]에 관련이 있다고 생각할 수 있지만 밀접한 인과관계가 있다고 보기는 어렵다.

중국어 경우에는 [크기]에 대한 사용 양상을 볼 수 있다. 즉, 공간개념 [크기]로 [연령]을 이해하는 데에 은유적 투사가 발생한다. 구체적 예문을 제시하면 다음과 같다.

(3) 大 / 小 / 大龄

가. 年龄大(나이가 크다 / 나이가 많다), 年龄小(나이가 작다 / 나이가 적다), 岁数大(나이가 크다 / 나이가 많다), 岁数小(나이가 작다 / 나이가 적다) 年纪大(연세가 크다 / 나이가 많다), 年纪小(연세가 작다 / 나이가 적다)

나. 我比他大10岁(나는 그보다 10살 더 크다 / 많다)
他比我小10岁(그는 나보다 10살 더 작다 / 적다)

다. 你该是这个样子, 这里都是大龄青年, 你不要泄露了你的年龄……

(너는 이런 모습이어야 된다. 여기서는 모두 나이가 많은 청년들이다. 너는 너의 나이를 누설하지 마라.)

(安生, 『从黎明到黄昏』)

(3가)에서는 '나이가 많다/적다' 의미로 표현할 때 중국어 '年龄大(나이가 크다)', '年龄小(나이가 작다)'를 사용하는 것을 볼 수 있다. 즉, [크기]의 근원개념으로 선택하여 [연령]의 [수량]을 개념화한다. (3나)에서는 나이를 비교할 때 사용하는 표현이라고 볼 수 있다. 남의 나이가 자기 나이보다 많거나 적은 상황일 경우에 '比他大10岁(그보다 10살 크다/많다)', '比我小10岁(나보다 10살 작다/적다)'라는 문장을 사용할 수 있다. (3다)에서는 '大龄(큰 연령)'이라는 표현이 나타난다. 예문에서 나타난 '大龄青年(나이가 큰 청년/나이가 많은 청년)'은 '혼기를 놓친 젊은이', 혹은 '노총각'이라는 문화적 내포적 의미가 포함되어 있다. 『辞海』에서는 '大龄'이 '年龄大但未成婚的青年(나이가 크고 미혼인 청년)'라고 해석된다. 중국어에서는 '大龄'이라는 표현을 통해 근원개념 [크기]로 [연령]을 인지하고 있다는 것을 알 수 있다. 즉, 혼령과 관련이 있으며 상대적으로 나이가 많다. 이는 문화적인 관습적 표현으로 볼 수 있다.

5.1.3. 무게

[무게]는 물건이 무겁거나 가벼운 정도로 이해할 수 있다. 또한 '중량'이라고 표현하기도 한다. 일상생활에서 널리 사용하고 있는 중량을 나타내는 표현은 '무겁다', '가볍다' 등이 있다. 한국어에서 이러한 표현들은 [연령]에 적용하기가 어렵다.

반면 중국어 경우에는 은유적 투사가 가능하다. 구체적으로 '年纪轻(나이가 가볍다/나이가 젊다)'이라는 표현이 있다. 예문을 보면 다음과 같다.

(4) 轻

가. 年纪轻轻

(나이가 가볍다/나이가 젊다)

나. 年纪轻, 学历高的优秀人才。

(나이가 젊고 학력이 높은 우수 인재이다.)

위 (4)에서는 중국어 '轻'의 표현이 나타난다. 중국어 '轻'이라는 표현은 형용사로 해석이 되고 물건의 가벼운 정도를 나타낸다. 회화 구어체에서는 '年纪轻轻'으로 '나이가 젊다', '젊은 나이'를 의미한다. (4나)에서는 '年纪轻, 学历高的优秀人才'은 '나이가 젊고 학력이 높은 우수 인재'라는 의미로 볼 수 있다. 『说文解字』에서는 '轻'의 어원을 '轻便的车(가볍고 편리한 차)'이라고 제시하고 있다. 어원적 의미를 보면 '가볍다'라는 의미가 포함되어 있는데, 이는 사물 속성에 의한 [무게]를 근원개념으로 적용해 [연령]에 투사하는 것이 가능함을 보여주는 것이다.

위에서 한국어와 중국어 [연령]과 관련된 사물화 양상을 살펴보았다. 한국어와 중국어는 [사물]의 [물리적 속성]을 근원개념으로 하여 [연령]을 이해하는 데에 은유적 투사가 발생한다. [물리적 속성]에 따라 한국어와 중국어 [연령]에 대한 은유적 양상을 정리하면 다음 <표 17>과 같다.

〈표 17〉 [물리적 속성]에 대한 은유적 양상

분류 \ 언어	한국어	중국어
수량	많다, 적다, 많아지다, 있다	一把
크기	×	大, 小
무게	×	轻

위의 <표 17>에서는 한국어와 중국어 [물리적 속성]에 대한 은유적 양상을 확인할 수 있다. [사물]의 [물리적 속성]은 [수량], [크기], [무게]로 나누어 제시하였다.

한국어 경우 [수량]이 적용되고 '많다', '적다', '많아지다', '있다'라는 표현으로 나타난다. 그러나 [크기], [무게]에서는 은유적 투사가 이루어지기 어렵다. 중국어의 사물화 양상은 [수량], [크기], [무게]가 적용된다. 한국어에 비해 [수량]에서는 은유적 투사가 활발하지 않지만, '一把年纪'라는 관습적인 표현에서 투사가 발생함이 확인된다. 또한, [크기]에서는 '年龄大', '年龄小'과 같은 표현들이 있고, [무게]에서는 '年纪轻'으로 나타나는 관습적 표현을 볼 수 있다.

위에서 살펴보듯이, [수량], [크기], [무게]와 같은 개념들은 모두 사물과 관련이 있으며 사물에 대한 속성을 나타내는 개념이다. 이러한 근원개념은 [연령]을 이해하는 데 경험적 상관성을 제공해 준다.

5.2. 음식물

음식 개념에 대한 논의에서는 음식 및 음식물과 관련된 식재, 식기,

취식법, 요리법 등 근원개념을 인지적 시각으로 분석하였다. 한국어 음식과 관련된 관용표현, 속담에 대한 연구로는 강우순(1997), 고아라(2011), 김계연(2012), 린즈위(2013) 등이 있다. 음식 관련 어휘를 연구 대상으로 개념적 은유 이론을 적용해 진행하는 연구가 양나영(2011), 周青(2012), 푸위(2019) 등이 있다.

양나영(2011)에서는 음식 관련어를 대상으로 하여 세부적으로 '조리 관련어', '미 · 후각 관련어', '섭취 관련어'로 나누어 제시하였다. '미 · 후각 관련어'에서는 여덟 가지의 맛에 대한 표현을 선정하여 [시간은 음식물]이라는 은유를 제시하였다. 즉 근원개념 '맛'과 목표개념 '시간'이 투사 관계를 이룬다는 것이다. 한편 '섭취 관련어'에서는 '吃(먹다)'에 대해 '吃苦头(고생한다)'와 같은 은유적 양상이 나타나 [삶은 음식물이다]라는 은유가 도출된다는 것을 살펴보았다. 본 연구에서는 [연령] 또한 [음식]로 은유되는 양상을 보인다고 본다.

周青(2012)에서는 한국어와 중국어의 '먹다'류 동사를 대상으로 개념적 은유 양상을 살폈는데, 특히 '먹다'와 결합하는 목적어가 어떻게 실현되는지를 조사하여 이에 대한 목표영역을 정리하였다. 그중에서 [나이 드는 것은 먹는 것] 은유는 '먹다'류 동사의 '능동 상태성'으로 인지하고 있음을 밝혀냈다. 이 은유는 시간의 흐름에서 이해된다. '먹다'류 동사의 은유적 확장 양상은 모두 '먹다'류 동사의 행위성을 중심으로 인지하고 있다고 논의하였다.

중국에서 음식 개념으로 다루는 연구는 王冬梅 · 赵志强(2003), 鞠晶(2009), 朱巧云(2013), 李英兰(2017) 등이 있다.

王冬梅 · 赵志强(2003)에서는 중국어 음식 관련어를 중심으로 음식의 맛, 동작, 상태에 대한 은유적 양상을 검토하였다. 그중에 근원영역 [맛]에서는 중국어 '甜(달다)'는 목표영역 '外貌美好(외모가 아름답다)'

에 투사된다. 음식에 대한 상태에서는 음식의 숙성도를 근원개념으로 취하여 '熟悉(익숙하다)'와 같은 추상적 개념에 은유적 투사가 가능하다. 음식물의 [맛], [상태]를 근원개념으로 적용하여 추상적 개념을 인지할 수 있다는 것은 [음식물]에 대한 참고할 가치가 있다.

鞠晶(2009)에서는 중국어 음식 관련어를 대상으로 어떠한 목표영역에 투사되는지에 초점을 맞추어 연구하였다. 음식 개념 영역(음식 식기, 음식물, 요리법, 음식 맛 등)에서 추상적 목표영역으로 투사된 은유적 양상을 제시하였다. 음식 맛과 관련된 표현 '苦(쓰다)', '辣(맵다)', '甘/甜(달다)', '酸(쓰다)'은 [삶의 상태]를 목표영역으로 인지한다는 논의가 있었다. 이런 점에서는 음식의 [맛]은 [인생]으로 은유적 투사가 가능하다는 것은 의의가 있다.

[음식물]은 사람들이 먹고 마시는 것을 총칭하는 개념으로, 일상생활에서 흔히 접하는 존재이다. [연령]의 사물화 양상에서 [음식물]이 근원개념으로 작용할 수 있을 것으로 예상된다. 일상적으로 음식물을 섭취하고 음식물에 대한 맛을 경험한다. 이러한 구체적이고 신체적인 경험을 가지고 있기 때문에 [음식물]에 대한 은유적 양상을 살펴보도록 한다. 다음에는 [음식물]은 [섭취], [맛]으로 구분하여 제시하겠다.

5.2.1. 섭취

[연령]을 [음식물]로 개념화하여 언어적 표현으로 나타낸다. [연령]의 사물화 양상을 살펴보면 [연령 증가]는 [음식물]과 관련된 하위개념 [섭취]로 개념화된다. 한국어 관습적 표현인 '나이를 먹다'를 보면 알 수 있다. 이 표현은 일상적으로 널리 사용하고 있으며 [음식물]에 대한 은유적 인지과정이 드러난다. 예문을 보면 다음과 같다.

(5) 먹다

가. 그 총각이라뇨. 삼촌만 나이 먹고 남들은 세월 붙들어 매놓고 사는 줄 아시나 봐.

(박완서, 『미망』)

나. 작년 여름이니까 덕규가 다섯 살 먹던 해이다.

(이병주, 『행복어 사전』)

다. 나이 먹어 가면서 반갑지 않은 것은 비단 나이를 한 살 더 먹는다는 이유도 있겠지만 번잡하고 부담이 있는 데서 오는 지도 모른다.

(임동권, 『끈 떨어진 뒤웅박』)

(5)에서는 '나이를 먹다'라는 관습적 표현을 살펴보았다. 이는 [음식물]에 대한 은유적 양상으로 나타난다. '나이를 먹다'에서는 [연령]에 대해 관습적으로 [섭취]와 관련된 행동 범주에 속하는 '먹다'로 표현하였다. 『표준』을 따르면 여기서의 '먹다'는 '일정한 나이에 이르거나 나이를 더하다'라는 의미로 해석된다. 이는 [음식물]을 근원개념으로 선택하여 추상적 [연령 증가]를 이해하는 인지과정이다. 즉, 사람이 [연령 증가]를 직접적으로 지각하지 못하지만 [음식물]을 통해 이를 지각하는 것으로, 이는 [연령 증가]와 [음식물]의 신체적 경험 및 상관성을 보여준다고 할 수 있다.

중국어에서는 [섭취]에 관한 표현이 있지만 [연령]과 관련된 은유적 표현이 흔히 사용하지 않다. [연령]에 은유적 투사가 발생하기 어렵다.

5.2.2. 맛

음식의 속성 중에 또 하나는 [맛]이다. 일상생활에서 음식을 먹을 때는 음식의 맛을 생각하여 판단한다. 이러한 신체적 감각에 비롯하여 [음식물]에 대한 [맛]을 도출할 있다. [맛]은 [연령]에 투사되며 은유적 양상이 나타난다. 예문을 살펴보면 다음과 같다.

(6) 맛있다 / 감미하다 / 맛

가. 열매가 되어 잘 익어 가기에 더 맛있는 나이가 된다고 말이다. 맛있는 나이가 되니 멋있는 어른이 되어 있을 것이다.

(이경순 외, 『맛있다, 내 나이』)

나. 정작 그 청춘을 감미해볼 여유가 없는 바로 그 나이.

(문청, 〈아직 끝나지 않은 밤〉)

다. 중년의 멋과 맛은 절제와 격조에서 나온다. 그리고 진실에서 나온다.

(다음 블로그, 2019.09.01.)

라. 그렇게 달콤한 동년은 이미 지나갔다.

(네이버 블로그, 2008. 04. 28.)

위의 (6)에서는 [맛]과 관련된 은유적 양상을 살펴보았다. 음식의 [맛]으로 [연령]을 인지하는 것을 알 수 있다. (6가)에서는 '맛있는 나이'라는 표현이 나타난다. 맛을 볼 때 맛있다고 느낄 수 있고 또한 맛없다고 말할 수도 있다. 일상적인 경험을 통해 근원개념 [맛]의 실례들이 실현된다. (6나)에서는 '청춘을 감미하다'라는 표현이 있다. [청춘]은 [연령기]에 해당하는 개념이다. [청춘]을 머릿속에서 맛있는 음식으로 생각하거나 이러한 경험이 작용하기 때문에 '청춘을 감미하다'라고 표현할 수 있다. (6다)에서는 '중년의 맛'이라는 표현으로 나타난다. [중년]은 [연령]에 관한 [연령기]이며 마흔 살 안팎의 나이 혹은 그 시기로 이해한다. (6라)에서는 '달콤한 동년'이라는 표현이 나타난다. 이 표현에서는 '단 맛'을 이용해 추상적 개념인 [동년]을 표현한 것이다. 여기에서는 근원영역 [음식물]의 [맛]에서 목표영역 [연령기]로 투사가 발생한다.

중국어에서 [맛]에 의해 나타난 은유적 표현은 '酸甜苦辣(시고 달고 쓰고 매운 맛)', '滋味(맛)', '有味道(맛있다)' 등이 있다. 구체적 예문을 살펴보면 다음과 같다.

(7) 有味道 / 酸甜苦辣 / 滋味 / 甜蜜

가. 女人别怕, 四十岁才是女人一生中最有味道的年龄。

(여자여. 두려워 말라, 40세야말로 여자 일생에 가장 감칠맛 나는 나이다.)

(新浪女性, 2017.07.17.)

나. 酸甜苦辣的青春。

(시고 달고 쓰고 매운 청춘)

(光明热点, 2018.05.22.)

다. 细细品味, 还有那么一点点苦涩, 这不就是青春的滋味吗?

(천천히 음미하면 조금의 쓴맛과 떫은맛이 나지요. 이것이 청춘의 맛이 아닐까요?)

(BCC)

라. 我的甜蜜童年因为有人情味相佐, 每一滋味都牵引出我对长辈、乡亲们的怀念。

(나의 달콤한 어린 시절에 늘 인정이 함께 했기에 그 느낌이 고향 어르신, 친구들에 대한 나의 그리움을 자아낸다.)

(颜艾琳, 『A赢的地味』)

위의 (7)에서는 [맛]에 의해 나타난 표현들을 보였다. (7가)에서 [연령]은 [맛]으로 인지되고 '有味道(맛있다)'라고 생각하는 것이다. (7나, 다)에서 '青春(청춘)'은 [음식물]로 이해하기 때문에 '青春'이 맛이 있고 '酸甜苦辣'라는 표현이 가능하다. 이와 같은 경우에는 '青春的滋味(청춘의 맛)', '青春的味道(청춘의 맛)', '火辣的青春(불타고 매운 청춘)' 등 표현들도 사용이 가능하다. (7라)에서는 '童年(동년)'은 '甜蜜(달콤하다)'라는 형용사의 수식을 받을 수 있다. [음식물]의 근원영역에서 [연령기]의 목표영역으로 은유적 투사가 발생한다.

지금까지 음식물의 속성을 고려하여 음식물에 대한 [섭취], [맛]으로 구분하여 [연령]에 관한 은유적 양상을 살폈다. 이를 도표로 정리하면 다음 <표 18>과 같다.

〈표 18〉 [음식물]에 대한 은유적 양상

언어 / 개념	한국어	중국어
섭취	먹다	×
맛	감미하다, 맛, 맛있다, 달콤하다	有味道, 酸甜苦辣, 滋味, 甜蜜

<표 18>은 한국어와 중국어에서 [음식물]이 [연령]을 이해하는 방식에 어떤 방식으로 은유적으로 활용되는지를 보여준다. 한국어에서 [음식물]은 하위 개념인 [섭취]와 [맛]으로 구체화되며, 이들이 근원 영역이 되어 [연령]을 인지하는 데 활용된다. 한국어와 중국어 [음식물]에

대한 은유적 측면에서는 공통점이 많다는 것을 볼 수 있다. 특히 [섭취], [맛]의 측면에서도 은유적 부각이 이루어진다. 즉, [음식물]은 추상적 [연령], [연령기]를 개념화하여 근원개념으로 투사된다는 것이다.

5.3. 식물

식물 개념을 근원영역으로 다루는 연구는 주로 이범열(2015, 2018) 등이 있다. 이범열(2015)에서는 현대중국어의 식물 은유를 연구하였다. 은유적 개념의 생성에는 제약을 받는다고 제시하였다. 사람은 근원개념 ‘꽃’, ‘나무’, ‘풀’로 투사되는데 사람의 특성에 따라 근원영역에 부각시킨다. 특히 여자를 표현하는 경우에는 ‘싱싱함’과 ‘활기참’을 ‘꽃’의 특성으로 인지된다고 분석하였다. 이범열(2018)에서는 식물 은유에 초점을 맞추어 현대중국어의 은유적 양상을 제시하였다. 식물 은유에 관한 배경, 구성, 제약과 선택, 유형 및 사용 등 과제를 논의하였다. 식물 은유의 상위층위 은유적 개념은 [植物是人(식물은 사람이다)]이며 다양한 하위층위 은유적 개념을 가지게 된다고 하였다. 특히, ‘꽃’, ‘나무’의 은유적 표현을 사용해 사람의 연령별 특성을 나타낸다고 하였다. 식물 은유로 사람의 연령별 특성을 개념화하는 과정이 있다는 것을 밝혔다. 즉 [식물]은 [연령]에 대한 근원개념으로 실현될 수 있으며, 따라서 이 개념은 본 연구에서 유용하게 사용될 수 있다.

중국에서 식물 개념을 다루는 연구는 陈晦(2011, 2014), 陈映戎(2012), 金文植(2016) 등이 있다.

陈晦(2011, 2014)에서는 중국어와 영어와 관련된 식물 은유를 논의하였다. [植物是人(식물은 사람이다)] 은유에서는 중국어와 영어의 공통점과 차이점을 밝혔다. 중국어 식물 은유에서는 '特定时刻的状态(특정 기간에 있는 상태)', 또한 '人的表情和行为(사람의 표정, 행위)' 등의 근원영역을 부각시키는 현상을 제시하였다. 그러나 이 논문에서는 목표영역 [사람]이 은유적 투사 과정에서 부각된 부분을 세부적으로 분석하였지만, 근원영역이 [식물]로서 부각된 측면은 살펴보지 않았다.

陈映戎(2012)에서는 식물 은유를 대상으로 중국어와 영어의 목표영역을 분석하였다. 식물을 근원영역으로 사람의 유형, 외모, 품성, 행위, 심리적 상태, 인명에 대한 목표영역에 투사되며 추상적 사물 영역에서는 사물의 형태, 상태 등으로 투사된다고 하였다. 또한, 목표영역 사람의 유형에서는 여자의 외모나 상태임에 은유적 투사가 실현된다고 하였다.

金文植(2016)에서는 한국어의 꿈 표현을 목표영역으로 하여 식물이 어떠한 표현으로 개념화하고 있는지를 모색하였다. 식물 근원영역에서는 식물의 발아, 성장, 개화, 결실, 쇠퇴에 대한 과정으로 꿈에 대한 시작, 발전, 실현, 파멸 등 과정에 투사된다고 논의하였다. 꿈은 식물의 성장 과정과 같이 동적인 상태이며 식물의 각 성장하는 단계에 은유적으로 투사된다고 제시하였다. 여기서 식물의 성장 과정을 근원영역으로 간주하는 점에 주목할 만하다.

앞선 연구에서 언급하듯이, 식물은 생물계의 한 종류이며 일상생활에서 흔히 접하는 개념이다. 식물은 이동력이 없으며 체제가 비교적 간단한 생물로, 사물 개념으로 간주되며 다양한 은유적 실례들이 실현될 수 있다. 아울러 식물은 온도나 날씨에 따라 상태가 변화하기도 하고 성장 과정에 따라서 각자 상이하다. 한편 식물의 외적 형태를 보고 완숙도를 판단하기도 하는데, 식물의 완숙도에 따라 그것을 표현하는 개념이 존재한다. 즉 식물은 시간에 따라 성장하면서 형태가 달라지고 시기적 의의 역시 변하는데, 따라서 식물은 성장 과정에 의해 나타난 다양한 형태가 개념화되는 것이다. 이 점에서 [식물]은 [상태], [완숙도], [성장 과정]으로 구분하여 은유적 양상을 살펴볼 수 있다.

5.3.1. 상태

식물은 온도, 날씨 등의 요인에 의해 다양한 상태로 변한다. 언어적 표현에서는 식물의 상태를 기술하는 표현이 매우 다양한데 [식물 상태]로 [연령]을 인지한다는 것을 발견할 수 있다.

[식물 상태]는 [식물]에 대한 정적인 상태와 동적인 상태로 실현된다. 우리는 식물의 외적 형태를 보고 식물의 상태를 생각하고 판단하다. 이러한 경험에 의해 식물에 대한 다양한 언어적 표현이 실현되고 근원개념으로 도출된다. 그중에서 [연령]에 은유적 투사가 가능한 은유적 표현은 '싱싱하다', '생생하다'가 있다. 예문을 보면 다음과 같다.

(8) 싱싱하다 / 생생하다

가. 그녀의 이름은 데팔, 나이는 열여섯. 물오르는 봄날의 나무만큼이나 <u>싱싱한 나이</u>였다.

(한겨레21, 2005.05.20.)

나. 누가 보아도 <u>생생한 나이</u>와 모습만으로 기억되는 그때의 그를, 우리는 더 이상 그를 볼 수 없습니다.

(네이버 블로그, 2017.02.15.)

위의 (8)에서는 [식물 상태]의 은유적 양상을 살펴보았다. 여기에서는 '싱싱한 나이', '생생한 나이'로 표현이 가능하다. '싱싱하다', '생생하다'는 모두 '시들거나 상하지 아니하고 생기가 있다'(『표준』)를 의미한다. 이를 [연령]에 사용하는 것은 [연령]을 식물에 비추어, 왕성하고 생기 있는 나이나 그 시기를 표현하려 하는 것이다. 이때 [식물 상태]가 근원개념으로 적용하여 은유적 투사가 발생한다.

[식물 상태]는 주로 [식물]에 대한 정적인 상태로 실현되나, [식물]에 대한 동적인 상태가 실현되는 경우도 있다. 즉, 식물의 [상태]가 변하는 과정이 언어로 실현될 수도 있다. 꽃이 시간에 따라 피고 시들고 상태는 계속 변한다. 그리고 인지적으로 꽃에 대한 상태 변화를 느끼고 경험함으로써 이는 근원개념으로 형성된다. [식물 상태]에 나타난 표현들을 보면 다음과 같다.

(9) 피다 / 시들다

가. 어찌 된 게 수아는 갈수록 아름다워지고 있었다. 아마 꽃처럼 <u>활짝 피는 나이</u>가 되어서 더 그런 모양이다.

(홀로선별, 『더닝 포인트』)

나. 짙은 화장으로 <u>시들어가는 나이</u>를 감춘 그 여인이 검호의 귀에 밀어를 속삭이듯 말했다.

(진산, 『대사형 3권』)

위의 (9)에서는 [식물 상태]에 대한 은유적 양상이 발견된다. (9가)에서는 '활짝 피는 나이'라는 표현이 있다. 이 예문에서는 '수아가 활짝 피는 나이가 되었다'의 의미에서 수아는 꽃, 수아의 상태는 꽃의 상태임을 연상시킨다. 꽃의 [상태 변화]는 사람에 대한 상태로 은유적 투사가 발생한다고 볼 수 있다. 따라서 사람이 어떠한 [연령]에 있을 때 가지고 있는 특성을 [상태 변화]의 근원개념으로 인지한다.

(9나)에서는 '시들어 가는 나이'라는 표현이 확인된다. 꽃이 시들어 가는 [상태 변화]로 사람이 [연령]에 의해 나타난 특성을 인지하고 있음을 알 수 있다. 즉, '나이가 많다' 혹은 '늙음'을 상정할 수 있는 것이다. [식물]의 [상태]에 대한 경험은 구체적이고 지각적인 경험이기 때문이다.

다음, 중국어의 [식물 상태]에 대한 은유적 표현을 제시한다. 중국어에서도 [식물 상태]에 대한 은유적 양상을 확인할 수 있다. [식물 상태]에 의해 나타난 언어적 표현은 '鲜活(신선하다/싱싱하다)'이 있다. 구체적 예문을 살펴보면 다음과 같다.

(10) 鲜活

가. 很高兴遇见你，在你我都鲜活的年纪。

(만나서 반갑다. 우리 모두 신선한 나이에.)

(搜狐文化，2018.12.22.)

위의 (10)에 '鲜活'이라는 표현이 보인다. '鲜活的年纪(싱싱한 나이)'의 '鲜(신선하다)'은 신선한 식재에 사용하는 표현으로 볼 수 있다. '活'은 생기가 있거나 왕성한 활력이 있다고 이해할 수 있다. (10)은 모두 [식물 상태]를 근원개념으로 개념화하여 [연령]으로 투사된다.

(11) 含苞待放 / 饱满 / 娇艳欲滴

가. 同样，人生也如此，二十岁是个含苞待放的年龄……

(아울러, 인생도 그렇다. 스무 살은 꽃봉오리가 피려고 하는 나이다.)

(简书，2018.11.26.)

나. 青春是饱满的，代表着时代的精神，展示着时代的性格，孕育着

时代的希望。

(청춘은 옹골지다. 청춘은 시대적 정신, 시대적 성격을 대표하며, 시대의 희망을 배태한다.)

(吴学刚, 『真希望二十几岁就明白的事』)

다. 小丽今年18岁, 原本是鲜花盛开得娇艳欲滴的年龄……

(소려는 올해 18살, 원래는 싱싱한 꽃이 되어 흐드러지게 활짝 피어나는 나이인데......)

(李占强, 『花季奇妙感情透视』)

위의 (11)에서는 중국어 [식물 상태]에 대한 은유적 양상을 살펴보았다. [식물 상태]의 근원영역에서 [연령], 또는 [연령기]로 은유적 투사가 발생한다. (11가)에서는 '含苞待放'이라는 표현으로 나타난다. '含苞待放'은 '꽃봉오리가 터지려고 하는 상태'를 의미하며 추상적 개념을 이해하는 데에 동적인 이미지를 제공해 준다. (11나, 다)에서는 '饱满(포만하다)', '娇艳欲滴'이라는 표현이 있다. 모두 [식물 상태]와 관련된 표현이다. [청춘]이라는 [연령기], 또는 [연령]을 이해할 때는 [식물 상태]로 인지하고 있음을 알 수 있다.

위 예문에 의해 [식물 상태]를 근원영역으로 사람의 [연령]에 투사한다는 인지과정을 보였다. [식물 상태]는 추상적 목표개념을 이해하는 데 구체적인 경험을 제공해 준다.

식물의 동적 상태에서도 중국어 표현이 가능하다. 중국어 표현으로는 '盛开(활짝 피다)', '绽放(피다)', '凋零(시들다)'이 있다. 예문을 보면 다음과 같다.

(12) 盛开 / 绽放 / 凋零

가. 这个如梦幻般的女人, 年仅36岁, 应当是<u>鲜花盛开的年龄</u>……

(이 꿈과 같은 여인은 올해 36살 밖에 먹지 않은 꽃이 활짝 피는 나이인 것 같다......)

(戴涛, 『国际大案』)

나. 青年一代只有到基层去, 到艰苦的环境中去, 到祖国人们最需要的地方去, 才能让青春<u>绽放</u>出绚丽的光彩。

(청년 세대들은 가장 낮은 곳으로, 또 가장 고된 환경 속으로, 그리고 조국과 인민이 가장 필요로 하는 곳으로 가야 한다. 그래야만이 청춘으로 하여금 더욱 화려한 빛을 내뿜게 할 수 있다.)

(人民日报, 2003.07.23.)

다. 而吃"青春饭"的人透支了生命, 将全部的生命活力在短短的青春时代挥发干净, 一旦青春<u>凋零</u>, 人生暗淡的冬季便立即来临。

(그러나 '청춘밥'을 먹는 사람이 생명을 과도하게 소모하거나 생명 활력의 전부를 이 짧은 청춘 시대에 휘발시킨다면 청춘은 곧 시들고 인생의 어두운 겨울이 바로 올 것이다.)

(聂小丹, 『女人就要这样活』)

(12)에서는 [식물]에 대한 은유적 양상을 살펴보았다. '盛开', '绽放', '凋零'과 같은 표현이 있다. (12가)에서 '鲜花盛开的年龄'은 '꽃이 활짝 피는 나이'를 의미한다. [연령]은 '꽃이 피다'의 수식을 받고 있는데 꽃에 대한 [상태]로 인지하고 있다.

(12나)에서는 '青春绽放(청춘이 피다)'라는 표현으로 나타난다. (12다)에서는 '青春凋零(청춘이 시들다)'라는 표현이 있다. '청춘'은 꽃과

연관되어 꽃이 피고 시들어가는 과정과 같다. '청춘'도 활력이 넘치고 왕성한 시기가 있고 활력이 다 떨어지고 매진될 때가 있다. 여기에서는 [식물]의 [상태]로 은유적 투사가 이루어진다.

위에서 [상태]에 대한 은유적 양상을 살펴보았다. 이러한 언어적 표현들을 통해 [식물]에 대한 근원개념 및 은유적 범위를 검토하였다. 이는 추상적 개념 [연령]에 덧붙이는 사람의 특성을 이해하는 데 경험적 상관성을 제공해 준다.

5.3.2. 완숙도

식물의 속성 중 하나인 완숙도는 식물의 열매가 얼마나 익었는지를 판단하는 기준이 된다. 이는 우리가 일상생활에서 신체적 감각, 특히 시각과 촉각을 통해 직접 지각하고 경험한 결과 생성된 개념이다. [연령]은 이러한 [식물]의 하위 속성인 [완숙도]를 근원개념으로 인지하며, 이를 바탕으로 다양한 언어적 표현이 형성된다. 이에 대한 예문은 다음과 같다.

(13) 익다

가. 비록 익은 나이지만(60대 중반) 독서를 제대로 배우고 싶어 들어왔습니다.

(네이버 카페, 2015.06.07.)

나. 열다섯 때 김산을 처음 만났고 20살 때 재회를 했으며 이제 21세의 한창 무르익은 나이에 다시 마주 앉았다.

(이원호, 『고려혼 3』)

위의 (13)에서는 [완숙도] 개념에 대한 은유적 양상을 살펴보았다. (13가)에서는 [연령]에 대해 '익다'라는 표현으로 나타난다. 즉 [완숙도]로 인지하고 있다. 『표준』에 따르면 '익다'는 '고기나 채소, 곡식 따위의 날것이 뜨거운 열을 받아 그 성질과 맛이 달라지다'를 의미한다. 이 예문을 통해 [완숙도]가 근원영역에서 목표영역 [연령]으로 은유적 투사가 발생한다는 것을 알 수 있다. 이는 [식물]의 시각적 이미지로 나타나는데, [완숙도] 개념으로 적용된 은유적 표현이라고 생각할 수 있다.

(13나)에서는 '무르익은 나이'라는 표현으로 나타난다. '무르익다'는 '과일이나 곡식 따위가 충분히 익다'를 의미한다. 예문에서는 '무르익은 나이'는 사람의 연령이 유년을 넘어 어느 정도에 이르렀다는 것을 알 수 있다.

[완숙도]와 관련하여, '성숙하다', '여리다'와 같은 표현도 사용이 가능하다. 예문을 보면 다음과 같다.

(14) 성숙하다 / 여리다

가. 성숙한 나이에 위대한 책을 처음 읽는 건 더 어린 시절에 읽은 즐거움과는 다른 비상한 즐거움이다.

(문소영, 『명화독서』)

나. 은주에게는 소녀의 나이 열아홉 살이라는 여린 나이에 사랑이란......

(이정국, 『끝나지 않은 첫사랑』)

위의 (14가)에서는 '성숙하다'라는 표현이 나타난다. 이는 식물의 발육이 모두 이루어졌다는 의미로 볼 수 있다. '성숙한 나이'라고 표현은 상대방에 대한 연령 및 사회연령이 관계됨을 암시한다. 즉, 어느 정도 경험도 있고, 어른스럽게 행동하는 나이를 생각할 수 있다. (14나)도 마찬가지로, '여린 나이'의 표현이 있다. '성숙한 나이'와 반대로, 사람이 사회적 능력이나 경험이 부족한 나이를 생각할 수 있다. [식물]의 [완숙도]로 추상적 목표영역으로 은유적 투사가 실현된다.

[완숙도]에 대한 중국어 표현은 '成熟(성숙하다)', '稚嫩(여리다)'가 있다. 이에 대한 은유적 표현을 보면 다음과 같다.

(15) 成熟 / 稚嫩

가. 我在最成熟的年纪, 在我容颜未逝的年纪, 遇到的一个最爱的一个人。
(나의 가장 성숙한 나이에, 내 얼굴이 아직 아름다운 이 나이에, 나는 가장 사랑하는 한 사람을 만났다.)
(名言通, 2017.06.28.)

나. 半个小时后, 年年出现在酒吧门口, 素白的肌肤, 乌黑的瞳发, 和明显稚嫩的年纪, 一出现就吸引了很多目光。
(30분 후 연연은 술집 앞에 나타났다. 하얀 피부, 까만 눈과 머리, 그리고 또렷이 앳된 모습으로 나타나자마자 눈길을 끌었다.)
(叶迷, 『19岁, 再见』)

위의 (15)에서는 '成熟', '稚嫩'이라는 표현으로 나타난다. (15가)에서는 '成熟'이 뒤에 있는 [연령]인 '나이'를 수식하며 '성숙한 나이'의 의미를 보인다. (15나)에서는 '稚嫩'이 사람의 사회적 특성을 나타낸다. 이는 [식물]의 특성을 통해 [연령]에 대한 사람의 특성, 사회연령을 인지하고 있다.

5.3.3. 성장 과정

식물은 시간의 흐름에 따라 일정한 성장 과정을 거친다. 일반적으로 식물의 생장 과정은 발아기, 이유기(離乳期), 신장기, 개화기, 등숙기(登熟期) 등으로 구분된다. 추상적 개념을 인지할 때, 이와 같은 각 성장 단계에 해당하는 식물의 모습은 목표 개념의 이해를 돕는 은유적 근원 개념으로 작용한다. 이 은유적 투사 과정에서는 [성장 과정]이라는 개념적 측면이 부각되며, 이는 [연령]과 관련된 은유적 양상으로 나타난다. 즉, 식물이 발아하여 성장하고, 꽃을 피운 후 열매를 맺고, 결국 시들어가는 일련의 생장 과정은 인간의 생애 주기와 대응된다. 이를 통해 추상적인 [연령] 개념이 구체적으로 인지된다. 식물의 실제 성장 과정은 시각적·신체적으로 관찰 가능한 경험이기 때문에 체험적 상관성은 추상 개념을 이해하는 데 중요한 인지적 기반을 제공한다.

많은 문학 작품에서는 흔히 사람을 '꽃'으로 비유한다는 것을 볼 수 있다. '꽃'의 그 어떠한 특성이 갖고 있기 때문에 사람으로 적용된다. 이와 마찬가지로 '꽃봉오리', '새싹' 등 표현도 사람 및 사람의 특성을 대신 표현할 수 있으며 은유적 투사가 가능하다.

다음에는 [연령]으로 투사되는 [식물]의 [성장 과정]에 대한 은유적 범위, 즉 어떠한 근원개념들이 투사되는지를 살펴보고자 한다. 먼저, 개화기에 해당하는 표현을 살펴보겠다. 예문을 보면 다음과 같다.

(16) 꽃

가. 이제 스물여섯 꽃다운 나이에 말이다.

(박윤애, 『달콤하게 혹은 유치하게』)

위의 (16가)에서는 '꽃다운 나이'라는 표현이 나타난다. 청년이나 성년기에 근원개념 [꽃]을 적용하는 것은 보편적이다. 일상적으로 '꽃청춘', '꽃미남', '꽃중년', '꽃할배' 등의 표현을 사용하고 있다. [꽃]을 아름다운 형태로 경험하여 인식하고 [연령]에 대해, 젊고 활력이 왕성한 나이, 또는 그 젊은 시기로 연상할 수 있다. 이 외에도 '꽃'과 관련된 표현으로 '꽃봉오리'가 있다. 예문을 보면 다음과 같다.

(17) 꽃봉오리

가. 17살. 아직은 청춘이기 전, 꽃봉오리인 나이라고 한다.

(네이버 블로그, 2012.02.24.)

위의 (17)에서는 '꽃봉오리'라는 표현이 있다. 이는 [식물]의 [성장 과정]에 의해 [연령]에 투사되는 은유적 양상이라고 볼 수 있다. 꽃봉오리는 『표준』에서는 '망울만 맺히고 아직 피지 아니한 꽃'을 의미한다. 이는 꽃이 피기 전에 있는 시기에 해당되며 꽃의 상태를 나타낸다.

(18) 새순 / 새싹

가. 마음의 그림 속을 상상하며 이것은 새순의 나이겠지요.

(네이버 카페, 2009.03.16.)

나. 한창 나이인 지호와 자라나는 새싹 지설은, 마흔다섯 먹은 나에 대한 배려 따위는 전혀 없이 저리도 쌩쌩하게 날아다니는 중이었다.

(그린라이프, 『그 뒤, 그들은 어떻게 살았을까?』)

위의 (18)에서는 [성장 과정]에 대한 은유적 양상을 살펴보았다. (18

가)에서는 '새순의 나이'라는 표현이 나타난다. [새순]은 누구나 알고 있는 개념이며 이것은 사람에게 사용하게 되면 [새순]의 특성을 떠올린다. [새순]의 어떠한 특성에서 [연령]으로 투사되는 인지과정을 알 수 있다. [새순]이라는 근원개념은 '새로 돋아나는 순'의 특성에 의해 목표영역 [연령]으로 투사되는 것이다.

(18나)에서는 '새싹'이라는 표현이 나타나며 '새로 돋아나는 싹'이라는 의미이다. 두 표현은 모두 식물 성장 시기에 해당되는 초기를 생각할 수 있다. [연령기]로 보면 '어린 나이'로 여겨진다. [식물]의 [성장 과정]은 추상적 목표개념 [연령기]를 인지한다는 것을 알 수 있다.

한국어에는 '낙엽'이라는 표현이 사용되는데 이는 식물의 이미지를 근원개념으로 적용한 것이다. 이미지를 이용하여 형성된 영상 은유에서는 [연령]으로 투사될 수 있다. [낙엽]과 관련된 은유적 양상을 보면 다음과 같다.

(19) 낙엽

가. 난 내가 낙엽의 나이쯤 되었을 때 어떤 모습을 하고 있을까?

(네이버 블로그, 2008.12.07.)

위의 (19)에 한국어 '낙엽'이라는 표현이 있다. [낙엽]은 떨어지는 과정이 포함되므로 동적 이미지가 나타난다. 그러므로 여기 은유는 존재론적 은유가 아니며 영상 은유이다. 임지룡(2017: 152)에서는 방향도식을 제시한 바 있다. 이는 신체적 경험은 상향은 긍정적으로, 하향은 부정적으로 인지하는 등의 도식을 말한다. 이 방향 도식은 추상적 개념을 접할 때 겪는 심리 활동을 암시한다. [낙엽] 이미지를 이용해 목표영역으로 투사된다. [낙엽]이 잎이 말라서 떨어지는 이미지처럼 나이가 증가함에 따라 신체 상태도 쇠퇴한다는 은유적 의미를 나타낸다.

다음, 중국어 [식물]의 [성장 과정]에 대한 은유적 양상을 살펴본다. 중국어에서는 '花(꽃)', '桃花(복숭아꽃)', '青葱(푸른 파)'와 같은 표현으로 확인할 수 있다. 예문을 제시하면 다음과 같다.

(20) 花 / 桃花 / 青葱

가. 秋玲姐, 你真成了歌里唱的 : "十八的姑娘<u>一朵花</u>......"

(추령 누나, 누나는 진짜 노래에 나오는 '열여덟 살 처녀는 꽃 한 송이......')

(刘玉民,『骚动之秋』)

나. 二十多岁, 在我看来, 就是<u>花一样的年纪</u>。

(이십대의 나이, 내가 보기에는 꽃 같은 나이다.)

(简书, 2016.09.17.)

다. 十二岁那年, 少女初长成, 如一株刚刚伸展开来正要含苞待放的羞涩的<u>桃花</u>一样, 这本来是静待良人采摘的年龄……

(스무 살이 되던 해, 소녀는 드디어 성인이 되었다. 마치 막 피어오른 복숭아 꽃의 꽃봉오리 같았다. 이것은 그동안 기다려온, 무엇이든 할 수 있는 나이가 되었다는 것이다.....)

(赵春伊,『秦淮十里扬媚香』)

라. <u>青葱</u>年纪的女孩子, 浑身竟有绝不输男儿的率性。

(파릇파릇한 나이의 여자아이, 남자에게 절대로 지지 않는 의외의 모습이 있다.)

(殷洁龙, 徐忠,『最新国际反恐法律文件汇编』)

위의 (20)에는 '花'라는 표현이 있다. (20가, 나)에서는 '一朵花(꽃한 송이)'로 젊은 나이의 여자를 가리킨다. 노래 가사에서 보통 '一朵花'로 표현하지만 일상적으로 젊은 나이의 여성을 표현할 때 폭넓게 사용하고 있다. 이와 같은 표현에는 '女人花(여인 꽃)', '交际花(사교계의 꽃)' 등도 있다.

(20다)에서는 '桃花(복숭아꽃)'라는 표현이 있다. 일상생활에서 사용하는 관습성 정도가 매우 높은 표현이기 때문에 관습적 언어적 표현으로 간주된다. (20라)에서는 '青葱(푸른 파)'으로 나타난다. 이 표현은 젊은 나이의 사람을 이른다. [青葱]에 대한 색깔을 통해 식물 자체의 [성장 과정]을 확인할 수 있다. [青葱]의 은유적 투사 과정을 통해 [식물]의 [성장 과정]을 적용해 [연령]을 인지하고 있음을 알 수 있다.

중국어에서는 꽃이 피는 계절로 [연령]을 표현할 수 있다. 이는 '花季(꽃이 만발하는 계절)'라는 표현이 있는데, 그 예문을 보면 다음과 같다.

(21) 花季

가. 我的<u>花季</u>也在这如羽翼一般的试卷中绽放出别样的美丽与光彩。
(내 꽃 시절도 깃털과 같은 시험지에서 남다른 아름다움과 빛을 발할 것이다.)

(李菁, 『人的人生终将闪耀』)

위의 (21가)에는 '花季'라는 표현은 [연령기]로 나타난 개념이라고 볼 수 있다. 보통 16살 정도의 나이를 의미한다. 즉 '한창 젊은 나이'로 인지한다. '花季'는 꽃이 피는 시기를 의미하는데 여자애, 남자애 혹은 소녀, 소년 등의 표현 앞에 붙여 사용하기도 한다. 즉 '花季女孩', '花季少女', '花季少年' 등으로 사용이 가능하다. 따라서 [성장 과정]은 [연령기]로 투사하는 인지과정을 알 수 있다.

[성장 과정]에 따라 꽃은 다양한 형태로 나타난다. 즉 꽃이 성장하는 과정에 따라 꽃봉오리, 꽃망울 등의 형태로 나타나는데, 이는 모두 [연령]과 관련이 있으며 [연령]에 투사가 가능하다. 중국어도 동일하다. 중국어에는 '花骨朵(꽃봉오리)', '花蕾(꽃망울)'라는 표현이 있다. 예문을 보면 다음과 같다.

(22) 花骨朵 / 花蕾

가. 14岁, 正是一个女孩子嫩如花骨朵一样的年纪。
(14살, 여자애가 꽃봉오리 같은 나이다)
(高曼, 『妥协的力量』)

나. 可惜的是她短暂的生命就像她的名字所象征的意义一样, 只活到含苞待放的花蕾阶段就宣告凋零。
(아까운 것은 그녀의 짧은 생명은 그녀의 이름의 상징 의미와 같이 꽃망울을 막 터뜨릴 나이에 그만 지고 말았다.)
(陈秀瑞, 『文化与性别』)

위의 (22)에서는 '花骨朵', '花蕾'라는 표현이 있다. 이는 [성장 과정]에 대한 총체적 개념이다. '花骨朵', '花蕾'는 꽃 자체를 강조하는 것이 아니라 꽃이 [성장 과정]에 있다는 것에 초점을 맞춘 것이다. 즉, 꽃이 성장 과정에 어느 시기에 있는 것을 나타내는 것이다.

중국어에서는 '幼苗(새싹)', '嫩芽(새싹)'라는 표현이 있다. 예문을 보면 다음 (23)과 같다.

(23) 嫩芽 / 幼苗

가. 不过因为孟小冬的长相甜美, 小小年纪已经让人看到美人的底子, 可没有四五年的时间, 是催不熟这颗小嫩芽的。

(그런데 맹소동이 예쁘게 생겨서 어린 나이에도 미인의 본바탕을 보여주었다. 그런데 4, 5년 시간이 없다면 이 여린 새싹의 성장을 다그칠 수도 없는 노릇이다.)

(水鬼游魂, 『大世争锋』)

나. 中小学的教师同志们, 你们是我们中国二亿幼苗的园丁。

(중, 초등학교 교사 동료 여러분, 당신들은 우리 중국 2억 새싹들의 정원사이다.)

(冰心, 『冰心全集第七卷』)

(23가)에 '嫩芽(새싹)'이라는 표현이 있다. '嫩'은 '부드럽고 여리다'의 의미로 식물의 상태를 표현할 때에 사용이 가능하다. 사람에게 표현할 때에는 '어리다, 젊다'로 해석된다. 예문에서 나타난 '嫩芽'는 '嫩'의 의미를 포함해 나타난다. 성장 시기의 초기에 있는 생물을 '嫩芽'로 표현하고, 여린 새싹과 같이 '어린 아이'에 대한 상태를 알 수 있다. 새싹과 어린아이 간의 유사성이 있기 때문에 [성장 과정]은 근원개념으로 선택되어 투사된다.

(23나)에서는 '幼苗(새싹)'이라는 표현이 있다. 이 표현은 '어린아이'를 은유적으로 나타내는데 [성장 과정]에 의해 추상적 [연령기], 즉, '어린 나이'를 인지한다.

다음, 중국어의 '落叶(낙엽)'에 대한 은유적 양상을 살펴보겠다. 예문을 보면 다음과 같다.

(24) 落叶

가. 俗话说"落叶归根", 但即便没有到"落叶"的年纪, "归根"的心思何尝终断过。

("낙엽은 뿌리로 돌아간다."라는 속담이 있지만, '낙엽'의 나이가 되지 않아도 '뿌리'로 돌아가려는 마음은 끝이 없다.)

(每日头条, 2019.04.03.)

위의 (24)에서는 '落叶(낙엽)'이라는 식물과 관련된 표현을 확인할 수 있다. (24)는 모두 식물과 관련된 표현이지만, 전체 문장 맥락에서는 동적 이미지로 나타난다. 즉, [식물]로 은유적 투사가 이루어지지 않고 동반된 동적 영상으로 은유적 투사가 가능하다. '落叶'이라는 표현이 나타나는데 '落(떨어지다)'이라는 표현이 사용되었음을 볼 수 있다. 등숙기의 형태로 은유적 투사가 실현되는 것을 입증할 수 있다. 영상 이미지가 [연령기]인 [고령기]를 인지하는 데에 구체적 경험을 제공해 준다. 근원개념에서 [고령기]로 영상적 투사가 실현되며 '落叶'이 떨어지고 마지막 시기인 상태가 부각된 것을 알 수 있다.

본 절에서는 한국어와 중국어 [식물]에 관한 은유적 양상을 살펴보았다. [식물]은 다양한 실례들로 실현되며 [상태], [완숙도], [성장 과정]으로 구분할 수 있다. 한국어와 중국어 [식물]에 대한 은유적 양상을 정리하면 다음 <표 19>와 같다.

〈표 19〉 [식물]에 대한 은유적 양상

언어 / 개념	한국어	중국어
상태	싱싱하다, 생생하다, 피다, 시들다,	盛开, 绽放, 凋零, 饱满, 含苞待放, 娇艳欲滴
완숙도	익다, 무르익다, 성숙하다, 여리다	成熟, 稚嫩
성장 과정	꽃, 꽃봉오리, 새순, 새싹	花, 桃花, 青葱, 花季, 花骨朵, 花蕾, 幼苗, 嫩芽

위 <표 19>를 보면 한국어와 중국어 [연령]에 대한 사물화 양상을 확인할 수 있다. [식물]은 [상태], [완숙도], [성장 과정]으로 은유적 양상을 검토하였다. 한국어 경우에는 [상태]를 나타내는 '싱싱하다', '생생하다', '피다', '시들다'가 있다. [완숙도]를 나타내는 '익다', '무르익다', '성숙하다', '여리다'가 있다. [성장 과정]에서는 '꽃', '꽃봉오리', '새순', '새싹'이라는 표현이 있다.

중국어에서는 [상태]를 나타내는 '盛开', '绽放', '凋零', '饱满', '含苞待放', '娇艳欲滴'이 있다. [완숙도]를 나타내는 '成熟', '稚嫩'이 있다. [성장 과정]에서는 '桃花', '青葱', '花季', '花骨朵', '花蕾', '幼苗', '嫩芽'라는 표현으로 나타난다.

식물의 형태, 상태는 직접 지각하여 경험하는 대상이기 때문에, [식물]을 근원개념으로 선택하여 사람의 [연령], [연령기]에 나타난 특성이나 상태를 인지한다. [식물] 은유에 의해 일상생활에서 접하거나 경험한 것, 즉 식물의 [상태], [완숙도], [성장 과정]을 선택하고 추상적 개념을 이해한다. 목표영역 [연령]에 대해 인지하고 지각할 때는 다양한 직관적인 경험을 제공한다.

5.4. 자원

자원은 석유나 석탄과 같은 물질적 자원일 수도 있고, 바람, 비, 번개, 파도 등과 같은 에너지 자원으로도 인식될 수 있다. 이러한 자연자원 외에도 인력 자원, 기술 자원과 같이 사회적 자원도 존재한다. 여기에서는 이 가운데 물리적 자연 자원을 근원개념으로 삼는다.

일반적으로 추상적 개념을 이해할 때는 물리적인 [힘]을 매개로 하여 인지하는 경향이 있다. 여기서 말하는 [힘]은 중력, 자력, 전기력 등과 같이 자원의 일종으로 간주될 수 있는 물리적 에너지이다. 이러한 힘은 형태는 다양하지만 모두 일정한 영향을 미치며, 그 효과 또한 뚜렷하다. [힘]이 근원개념으로 사용되는 이유는 다양한 물리적 현상이 실제 생활에 실질적이고 강력한 영향을 미치기 때문이다.

임지룡(2002)에서는 '공간', '사물', '자원' 등 근원영역을 선택하여 실현되는, 시간에 대한 은유적 양상을 살펴보았다. 그중에 자원은 매우 중요한 근원개념으로 간주하였으며 [시간은 자원/돈이다]라는 은유를 주목하였다. 이 은유에서 [시간]은 [자원]이나 [돈]이라는 목표영역에 의해 개념화된다. 이 은유에 대한 시간 표현들은 다음과 같이 네 가지 측면으로 나뉜다.

(25) [자원/돈]과 관련된 시간 표현

가. 자원이나 돈처럼 시간을 의식하는 양상

나. 자원이나 돈처럼 획득하는 양상

다. 자원이나 돈처럼 시간을 소유하는 양상

라. 자원이나 돈처럼 시간을 사용하는 양상

吉本一(2006가)에서는 시간의 자원화 양상을 구체적으로 제시하였다. 시간의 내포적인 개념 요소들을 조사하고 정리하였다. 즉, '시간의 가치', '시간의 산출 · 준비', '시간의 소요', '시간의 수득과 상실', '시간의 주고 받음', '시간의 소비', '시간의 절약 · 관리'로 분류하여 분석하였다. 시간을 이해하는 데 있어서 자원 근원개념을 통해 풍부한 은유적 투사가 발생한다.

양태연(2006)에서는 [젊음]을 연구대상으로 하여 이에 대한 은유적 양상을 분석하였다. [젊음]은 지향적 은유에 대한 논의는 타당하지 않아 보인다. 예를 들어, [젊음은 위], [젊음은 앞]과 관련된 은유가 존재한다고 제시하였지만 이는 [이동하는 물체]나 [이동하는 사물]로 해석하는 것이 더 합리적인 것으로 본다. 또한, [젊음은 자원]이라는 은유에서는 근원영역과 목표영역 개념요소들 간의 대응관계에 논리성이 부족하다고 여겨진다. [자원]은 근원영역에서 '자원의 상태', '자원의 작용', '자원의 양'. '자원의 효과' 네 가지로 분류하였다. [젊음]은 목표영역에서 [건강한 안색], [밝은 표정], [활동으로 인한 신체의 발열] 등과 같은 개념 요소들을 제시하였다. 이와 같은 개념은 구체적이고 실질적 개념요소로 나타내는데 추상적인 목표개념으로 간주하기에는 어렵다고 여겨진다.

Lakoff & Johnson(1999, 임지룡 외 역 2002: 241-242)에서는 [시간은 자원이다(TIME IS A RESOURCE)]라는 은유를 제시하였다. 서구문화에서는 [시간]을 인지할 때 [자원]이나 [돈]으로 개념화된다고 지적하였다. 다양한 예문으로 [시간은 자원이다]라는 은유를 입증하였다. 또한 '자원 도식'과 도식을 구성하는 시나리오를 구체적으로 분석하였다. 자원의 도식 요소들은 '자원의 사용자', '많은 자원을 필요로 하는 목적', '자원의 가치', '목적의 가치'로 네 가지로 나뉘어졌다. 이 도식은 [시간]을 이해하는 데에 인지적 메커니즘을 제공해 준다. 또한, 자원 도식의 개념요소를 [자원], [자원의 사용자], [많은 자원을 필요로 하는 목적], [자원의 가치], [목적의 가치]로 구분하고, 정의된 개념들을 다음과 같이 풀이하였다.

(26) 자원 도식과 관련해서 정의된 개념들

- 실제 지출액 : 사용된 자원의 양

· 이상적 지출액 : 사용될 수 있었던 최소 자원의 양
· 부족 : 어떤 사람의 모든 목적을 달성하기 위해 충분한 자원의 결핍
· 효율 : 실제 지출액에 대한 이상적 지출액의 비율
· 낭비 : 실제 지출액과 이상적 지출액 사이의 차이
· 저축 : 실제 지출액, 그리고 다르게 사용되었을 더 많은 지출액 사이의 차이
· 가격 : 실제 지출액의 가치
· (목적의) 가치성 : 목적의 가치가 요구되는 자원의 가치를 능가하는 정도

(Lakoff & Johnson 1999, 임지룡 외 역 2002: 241-242)

위와 같이 자원 도식이 주어진 개념 요소들을 살펴보았다. 이는 [시간]을 인지하고 인해할 때 직접적인 경험적 상관성을 제공한다. 위의 내용을 참고해서 [연령]은 자원 근원개념으로 적용하여 개념화하게 되는 것을 추론할 수 있다고 본다. 즉, [연령]을 이해할 때 [연령]과 연관성이 있는 근원개념 [자원]을 사용할 수 있는 것으로 예상된다.

이상의 논의를 토대로, 자원에 대한 개념요소에 의한 [자원]에 대한 은유적 양상을 살펴보고자 한다. 즉 [자원]은 구체적 [사물]이기 때문에 [사물]로서의 [자원의 속성], [자원의 사용], [자원의 가치]로 [연령]에 대한 자원화 양상을 살펴보겠다.

5.4.1. 속성

자원의 속성은 자원의 특징이나 성질을 가리킨다. 자원은 다양한

특징과 성질을 갖고 있기 때문에 자원의 속성이 은유 양상에서 중요하게 고려된다. 구체적으로 보면 자원은 '광채', '열도', '가연성'과 같은 속성이 존재한다. 이들은 [연령] 및 하위개념 [연령기]를 인지할 때 자원 속성으로 다양하게 개념화된다는 것을 예측할 수 있다. 이에 대한 구체적 은유적 양상을 아래와 같이 살펴보겠다.

1) 광채

[광채]는 [빛]과 관련되는 개념이다. 즉 아름답고 화려한 빛이라고 생각할 수 있다. 빛은 지구에서 가장 중요한 자원이라고 해도 과언이 아니다. 빛이 있기 때문에 생물이 자라고 인류 사회가 발전해 왔다. 또한, 일상적으로 '빛나다'라는 표현은 긍정적인 의미로 인지된다. [빛]의 개념은 많은 형용사에 의해 실현되는데, 주로 색채와 명암과 관련된 표현들이 나타난다. [연령]이 [광채]와 관련하여 실현된 예는 다음과 같다.

(27) 눈부시다 / 빛나다 / 화려하다

가. 다시 말하지만 여자 나이 마흔은 실로 <u>눈부신 나이</u>다.

(신달자, 『신달자 수필선집』)

나. 그리하여 이 나이는 <u>빛나는 나이</u>인가 아니면 빛바랜 나이인가. 알 수 없다.

(윤후명, 『알함브라 궁전의 추억』)

다. 그 <u>화려한 청춘</u>이 내게도 있었을까. 아쉬운 마음에서겠지.

(이시형, 이희수, 『인생 내공』)

위의 (27)은 모두 자원의 [광채]로 나타난 표현이다. 광채를 내는 물체이기 때문에 색채나 색깔로 나타내는 표상이 다양하다는 것을 알 수 있다. '눈부시다', '빛나다', '화려하다'와[20] 같은 표현들을 확인할 수 있다. 예문에서 나타난 표현들을 자세히 살펴보면 밝은 색, 빛나는 광채를 생각할 수 있다. 그 사람의 [연령]과 관련된 특성을 인지하는 과정에서는 [광채] 근원개념이 적용되며 은유적 투사가 발생한다.

다음, 자원 [광채]와 관련된 중국어 표현을 살펴본다. 예문들을 보면 다음과 같다.

(28) 闪闪发光 / 灿烂 / 光芒四射 / 辉煌 / 灰暗 / 黯然无光 / 闪亮

가. 闪闪发光的年纪

(반짝반짝 빛나는 나이)

(新浪, 2019.04.21.)

나. 在最灿烂的年纪, 绽放出属于你的光彩。

(가장 빛나는 나이에 너만 빛을 뿜어내라.)

(新浪, 2019.01.30.)

다. 每个人都有自己的青春。但是, 并不是每个人的青春都闪闪发光的。有的光芒四射, 灿烂辉煌, 有的却灰暗平庸, 黯然无光。

(사람마다 자기의 청춘이 있다. 그러나 모든 이의 청춘이 다 빛나는 것이 아니다. 어떤 이는 빛이 사방에 비치도록 눈부시고 어떤 이는 어둡고 평범하며 광채가 없다.)

(焦雨, 『青春怎样才能焕发光芒』)

라. 为了给孩子留下闪亮的青春, 再累我都甘愿！

(아이에게 반짝이는 청춘을 남겨주기 위해 아무리 힘들어

20 '화려하다'는 『표준』에 따라 '환하게 빛나며 곱고 아름답다'를 기본 의미로 본다. 이에 따라 '화려하다'는 [광채]에 속하며, 따라서 [빛]과 관련이 있는 것으로 볼 수 있다.

도 기꺼이 받아들이리라!)

(杨传峰, 『孩子, 我和你们同一国』)

위의 (28)에서는 자원 [광채]와 관련되는 중국어 표현들을 보였다. (28가, 나)에서는 '闪闪发光的年纪(반짝반짝 빛나는 나이)', '灿烂的年纪(빛나는 나이)'와 같은 표현이 있다. 예문은 문어체 표현이기 때문에 '年龄'으로 사용하지 않았으며 문어체 표현 '年纪'으로 나타난 것을 볼 수 있다. 여기의 '闪闪发光的年纪', '灿烂的年纪'을 통해 관습적으로 젊은 나이, 혹은 젊은 시기에 있다는 것을 인지한다. [광채]의 은유적 투사가 발생하기 때문에 [광채]와 [연령]의 특성 간의 상관성을 연결시킨다.

(28다)는 [청춘]에 대한 예문이다. [청춘]은 '光芒四射(빛이 사방에 비치다)', '灿烂辉煌(눈부시다)'과 같은 표현으로 나타난다. 청춘이 빛날 수도 있고 찬란할 수 있다. 또는, '灰暗平庸(어둡고 평범하다)', '黯然无光(광채가 없다)'으로 [청춘]이 빛이 안 나고 어둡고 광택이 없을 수도 있다. 여기에서는 [청춘]의 특성은 광택이나 색채를 가지고 있다는 것을 알 수 있다.

(28라)에서는 '闪亮(반짝이다)'이라는 형용사를 사용하여 '청춘'에 수식하여 표현하였다. 이러한 밝은 광채와 다채로운 색채에 대한 표현을 통해 [청춘]의 특성을 인지하는 과정을 확인할 수 있다.

2) 열도

자원의 [열도(热度)]는 속성으로 볼 수 있다. [열도]는 일상생활에서 신체로 감지 · 지각할 수 있는 기본적 물리적 현상이다. [연령]이 인지되면 자원의 [열도]로 개념화한다. 구체적 은유적 양상을 제시하면 다음과 같다.

(29) 뜨겁다 / 피 끓는다

가. 대세배우 박서준 "적당히 뜨거운 나이에 한국형 히어로물 맡아 행운"

(네이버 블로그, 2019.07.28.)

나. 뜨거운 청춘이지만, 판사복을 입으면 냉정한 '영감'이 된다.

(손호영, 『손호영의 로하우 LOW HOW』)

다. 보통의 이종족 기준으로 본다면, 카무르 후작은 이제 막 스무 살 전후의 한참 피 끓는 젊은 나이였다.

(커피와 함께, 『내 나이 90살에 회귀라니!』)

라. 그러니 피 끓는 청춘인 승겸이 욕구불만을 호소할 만도 했다.

(최은경, 『청춘무곡 2』)

위의 (29)에는 '뜨겁다', '피 끓다'와 같은 표현이 있다. 이러한 표현들은 [열도]로 나타나는 표현이라고 볼 수 있다. '뜨겁다', '피 끓다'는 온도가 높거나 물이 끓어오르는 상태를 나타낸다. 따라서 '젊은 나이'를 이해할 때는 [열도]에 대한 은유적 표현을 사용하여 인지하고 있음을 알 수 있다.

또한, (29가)에서 '뜨거운 나이'로 표현하는 것은 어떤 일에 대해 적당한 나이, 그 일에 대한 왕성한 기력을 갖고 있다고 해석할 수 있다. [열도] 근원개념으로 활용하여 [연령]으로 은유적 투사가 발생한다.

중국어에서 [열도]로 적용되는 표현들을 조사하였다. 구체적 예문을 보면 다음과 같다.

(30) 热血 / 沸腾 / 炽热 / 滚烫

가. 人生不设限，在最热血沸腾的年纪，为自己计划一个秘境越野之行吧！

(인생은 한계는 없다. 가장 피 끓는 나이에 자기를 위해 비경 속, 야외 여행을 계획하라!)

(搜狐, 2018.04.04)

나. 本该炽热的年龄，却让日子过得不痛不痒……

(뜨거운 나이이어야 되는데 미적지근 평범하게 지내고 있다......)

(微博, 2018.02.01)

다. 滚烫的青春炙手可热，可我们如何对待，被痛苦侵噬，还是在烈火中永生？

(뜨거운 청춘은 손을 델 만큼 뜨겁다, 이 시기를 우리는 어떻게 대할 것인가? 고통에 짓눌려 힘들어 할 것인가, 아니면 타오르는 불길 속에서 영생할 것인가?)

(杨晔, 『生命里的世外桃源』)

라. 文艺范的秋妹妹则登上隔壁的"藏娇阁"，摇身变成待字闺中的小姐，在低垂的香帘下，拿起冰冷的绣针织着炽热的青春。

(문예 스타일인 추 여동생이 옆의 '장교각'으로 올라갔다. 갑자기 규방 아가씨가 되어 길게 늘어뜨린 커튼 밑에서 차가운 수놓이 바늘을 들고 뜨거운 청춘을 수놓아가기 시작했다.)

(华西都市报, 2019.07.16)

마. 一件海魂衫，蓝白条纹，就是一场热血青春。

(한 장의 세일러 셔츠, 파랑과 흰색 줄무늬, 이것이 바로 피 끓는 청춘이다.)

(红肚兜儿, 『旧物是好物 2』)

위의 (30)에서는 '热血(열혈)', '热血沸腾(피 끓는다)', '炽热(뜨겁다)', '滚烫(뜨겁다)'과 같은 표현들을 확인할 수 있다. [자원]의 [열도]로 이용하여 추상적 [연령]에 대한 특성을 인지하는 것을 볼 수 있다. [피]를 근원개념으로 사용하고 피 끓는 상태, 피의 온도와 관련된 '열혈' 상태는 은유적으로 투사되며 부각된다. [열도]는 '젊은 나이', 또한 '젊은 나이'에 대한 왕성한 상태를 이해하는 데 물리적 근원개념을 제공해 준다.

3) 가연성

[자원]은 불에 탈 수 있는 성질을 갖고 있다. 이는 [자원]의 물리적 속성으로 볼 수 있다. 불에 타는 물질이 발광, 발열하기 때문에 그에 대한 온도, 색채를 직접 느끼고 체험할 수 있는 것이다. 언어적 표현에서는 청춘이나 젊음을 이야기할 때는 흔히 '불타다', '불태우다' 등의 표현과 함께 사용한다. 따라서 [가연성]에 의해 근원개념 [불]이 도출될 수 있다. [연령]으로 투사되는 인지과정에서는 [불]에 대한 여러 가지 은유적 측면이 부각된다. 구체적 예문을 보면 다음과 같다.

(31) 불타다 / 불같다
    가. 불타는 청춘
    나. 불타는 스무 살 초반에 연애도 해야 하고 친구도 만나야 한다.

(스포츠 조선, 2012.03.20.)

위의 (31)에서는 [가연성]에 대한 은유적 양상을 살펴보았다. '불타다'라는 표현이 나타난다. 특히 (31가)에서는 '불타다'는 [청춘]에 대한 특성을 나타낸다. [청춘]은 가장 활력이 넘치는 시기라서 왕성한 기력을 가지고 있다. 불타는 이미지는 젊은 나이에 있는 왕성한 기력을 생각할 수 있는데 구체적 근원개념으로 적용된다.

위에서 살펴보듯이, 모두 [불]과 관련이 있는 것을 알 수 있다. [불]은 근원개념으로 나타나며 은유적 투사 과정에서는 경험적 상관성을 제공하고 있다. [불]은 매우 다양한 은유적 표현으로 실례화되기 때문에 근원개념으로 투사될 때는 [불]의 은유적 측면이 부각된다.

중국어의 경우에는 [자원]의 [가연성]이 어떤 식으로 적용되는지를 살펴보겠다. 예문을 보면 다음과 같다.

(32) 燃烧 / 点燃

가. 当她回想起弟弟哀悯的问话时，忆起那段如炽焰<u>燃烧</u>的青春时光，不知是怎样的心情。

(그녀는 남동생이 애처롭게 물었던 말에, 활활 타오르던 불 같았던 청춘 시절을 떠올리며, 자신도 알 수 없는 감정이 밀려왔다.)

(江天雪意, 『她认出了风景』)

나. 90后，一个<u>燃烧</u>的年纪

(90년대생, 불타는 나이다)

(简书, 2017.03.13.)

다. 烟花易冷，人事易分，在我这种不易被<u>点燃</u>的年纪遇见你，只愿我能在路过 你的经年里，你始终能够温暖如初……

(불꽃은 쉽게 식고, 사람 인연은 쉽게 헤어진다. 불을 붙기 어려운 나이에 당신을 만나, 오직 바라는 것이 있다면 내가 당신을 거쳐가는 몇 해 동안, 당신의 포근함이(관심이) 한

결같길 바랄 뿐이오......)

(新浪博客, 2016.02.06.)

위의 (32가, 나)에서는 '燃烧(불태우다)'라는 표현을 확인할 수 있다. (32가)에서는 '燃烧的青春时光(불타는 청춘 시절)'이라는 표현이 있다. [불]은 사물 개념으로 작용하여 목표영역 [청춘]으로 투사된다. (32나)에서는 '燃烧的年纪(붙타는 나이)'라고 표현하였다. '燃烧'는 [불]과 관련이 있어서 높은 열도, 넘치는 에너지로 생각된다. '燃烧的年纪'에서는 그 나이가 왕성한 상태임을 알 수 있다. [불]에 대한 특성과 [연령]에 나타난 특성 간에 유사성을 연결해준다.

(32다)에서는 '点燃(불을 붙이다)'이라는 표현이 있다. 이 표현은 사건 구조를 가지고 있는 행동 범주에 속하는 개념이다. '点燃'이라는 표현을 통해서 [자원]의 [가연성]에 의한 은유적 투사가 발생한 것을 알 수 있다.

5.4.2. 사용

[자원]은 [사물]의 하위개념이기 때문에 [사용]이라는 개념이 도출될 수 있다. 누구나 사물을 사용할 수 있다. 또한 사물은 귀한 자원이기 때문에 제대로 사용하지 않으면 허비되고 낭비하게 된다. [자원]은 [돈]을 사용하는 것과 같이 [사용]에 대한 은유적 표현을 찾아볼 수 있다. [사용] 근원개념에 대해 주로 '소비하다', '낭비하다'와 같은 표현으로 나타난다. 이러한 은유적 표현을 통해 [연령]으로 투사되는 과정이 확인되고, 또한 [자원]의 은유적 측면이 부각되면서 [연령]과 관련된 특징을 인지하는 것을 알 수 있다.

[자원]은 사용하는 개념에 의해 '소비하다', '낭비하다'라는 표현으로 도출될 수 있다. 이러한 구체적 은유적 표현을 사용하여 [연령기]에 대한 어떠한 특징을 부각시키며 더 구체적으로 개념화된다. 예문을 보면 다음과 같다.

(33) 낭비하다 / 소비하다

가. 그 신이 해준 거라곤 이 지옥 같은 구석에 처박아 꽃 같은 나이를 낭비하게 한 것뿐임에도 말이다.

(곽진아, 『시그너스』)

나. 무엇보다 책 따위를 읽으며 하늘이라도 날아오를 것 같은 나이를 낭비하고 싶지 않다고 생각하던 1990년대 초반 여름이었다.

(YES 블로그, 2011.06.30.)

다. 그렇게 청춘을 소비하다 보면 언젠가 일생의 주제를 찾아낼 수 있을 거라고.

(도인호, 『청춘의 낙서들』)

라. 처음에는 병동에서 보낸 그 시간을 그저 청춘을 낭비하고 날려버린 시간이라고 생각했어요.

(김현진, 『당신의 스무 살을 사랑하라』)

위의 (33)에서는 [자원]의 [사용]에 대한 은유적 양상을 살펴보았다. (33가, 나)에서는 '꽃 같은 나이', '날아오를 것 같은 나이'를 '낭비하다'의 표현을 볼 수 있다. 여기의 '나이'는 단지 수치의 의미로 이해되는 것이 아니라 시기나 시간의 개념으로 은유적 투사가 발생한다. 일생의 어떠한 시기, 즉 [연령기]에 해당된 개념으로 볼 수 있다. 따라서 그

‘나이를 낭비하다’는 것은 그 나이에 대한 시기, 시간을 낭비한다는 은유적 의미로 해석된다.

(33다, 라)에서는 목표개념 [청춘]에 대해 ‘소비하다’, ‘낭비하다’라는 표현이 매우 다양하게 나타난다. 이러한 표현들은 중요한 [자원]을 사용하는 것을 뜻한다. [자원]이 근원개념으로 추상적 개념 [청춘]으로 투사 과정이 발생한다. 청춘 시기의 소중한 시간이 낭비된다는 은유적 의미로 이해할 수 있다.

위의 ‘낭비하다’, ‘소비하다’의 표현을 통해 특정한 구체적 근원개념 [자원]의 [사용]으로 추상적 개념 [청춘]에 투사가 일어난 것을 확인할 수 있다.

중국어에는 ‘消磨(소모하다)’, ‘耗费(소비하다)’, ‘浪费(낭비하다)’와 같은 표현이 있다. 예문을 보면 다음과 같다.

(34) 消磨 / 耗费 / 浪费

가. 当我看到你的童年被消磨在无尽的学习和作业里……我真的不知道我的决定是否正确？

(너의 어린 시절이 끝없는 공부와 숙제로 소모되는 것을 볼 때면...... 나는 정말 내 결정이 옳은지 모르겠다.)

나. 你是战场上的英雄，是参加尖刀班的英雄，你就不应该一心只想着找个国营 单位，去捧铁饭碗，消磨青春。

(자네는 전쟁터의 영웅이자, 선봉대에서 활약했던 영웅인데 꼭 그렇게 국영기업만을 염두에 두고 철밥통을 들 생각으로 청춘을 소모하지 말아야지.)

(许祚禄, 『在迷茫中追寻』)

다. 留在那里就是耗费青春，对自己未来的发展是很不利的。

(거기에 남아 있으면 청춘을 허비하는 것이다. 자신의 미래발전에 있어 좋을 것이 없다.)

(张明辉, 『人力资源管理从入门到精通』)

라. "我不想再这么耗下去了, 浪费青春, 浪费时间。"

("나는 더 이상 이런 식으로 시간을 낭비하고 싶지 않다. 청춘과 시간을 낭비하는 것이다.")

(贾飞, 『中国式青春』)

마. 一个人孤芳自赏也好, 说习惯单身也好, 只是总觉得白白浪费了这么好的年纪。

(혼자서 자기 만족하는 것도 좋고 혼자인 생활에 익숙해지는 것도 좋은데, 다만 이렇게 좋은 나이를 헛되이 낭비하고 있다는 생각이 든다.)

(新浪博客, 2014.02.17.)

위의 (34)에서는 '消磨(소모하다)', '耗费(소비하다)', '浪费(낭비하다)'라는 표현을 확인할 수 있다. (34가, 나)에서는 '消磨'는 '소모하다'로 의미하는데 '磨'는 어원적으로 보면 '맷돌로 갈다'의 뜻으로 이해된다. 즉, 시간이 오래 걸려 사용되고 소비된다는 의미로 볼 수 있다. '消磨'는 '磨'의 의미에서 더하여 확장의미로 '의지 · 정력 등을 소모하다', 또한 '시간 등을 헛되이 보내다'라는 해석이 가능하다. 그러므로 '消磨青春'은 '청춘의 시간이나 정력을 소모하다'의 의미로 해석할 수 있다. 여기에서는 [자원]을 소모하는 것과 같이 [동년], [청춘]은 귀한 시기, 시간으로 인지하여 투사가 이루어진 것이다.

(34다)에는 '耗费'라는 표현이 있다. '耗'는 중국어에서는 '소모하다', '소비하다'의 의미를 알 수 있다. (34라, 마)에서는 '浪费'라는 표현

이 발견되는데, '浪費'는 어떤 것을 헤프게 쓰다는 의미로 해석도며 '낭비하다'의 의미이다. 더 구체적으로 보면 인력, 재물, 시간 등 중요한 자원을 아낌없이 쓰다는 의미이다. 즉 재물 따위를 헛되이 헤프게 쓰는 것을 의미하는데, 이러한 표현이 [연령]에 사용되는 양상을 보인다는 점이 주목할 만하다.

위의 (34나~라)에서는 모두 [청춘]에 대한 은유적 표현이며 [자원] 근원영역에서 [연령기]로 투사되는 인지과정이 이루어진다. 또한, [청춘]의 그 나이, 시기는 귀중한 [자원]으로 인지하고 있음을 알 수 있다.

5.4.3. 가치

[자원]은 가치가 있는 [사물]로 생각할 수 있다. 또한, [가치]는 [사물]에 대한 중요성을 나타낸다. 어떠한 [연령] 혹은 [연령기]에 대해 생각하여 판단할 때는 [가치]가 있다거나 그 [가치]에 맞게 행동해야 한다는 관습적인 사고방식이 있을 것이다. [연령], [연령기]로 투사되는 과정에서는 [가치]에 대한 표현은 '나잇값', '나이가 아깝다', '귀한 나이', '투자하다' 등의 표현들을 확인할 수 있다. [가치]는 [자원]이 은유적 투사하는 과정에서 부각된 은유적 측면이며 근원개념으로 [가치]와 관련된 표현들이 도출될 수 있다. 다음, [가치]에 대한 구체적 은유적 표현을 살펴보겠다.

[자원]은 [돈]과 같이 생각할 수 있고 [돈]은 가치가 있다고 할 수 있다. [돈]의 '값'은 셀 수 있고 계산할 수 있는 구체적 개념이라고 볼 수 있다. [자원]의 [가치]를 이용해서 원하는 결과물을 산출할 수도 있다. '나잇값', '나이의 가치', '황금 나이' 등의 표현으로 사용되고 있다. 구체적 예문들을 보면 다음과 같다.

(35) 값 / 값어치 / 치

가. 제발 나잇값 좀 해라.

(『표준』)

나. 그만큼 나이 들어가지만 그 값어치는 새로운 것이 주는 것보다 더 값어치 있는 나이입니다.

(네이버 블로그, 2013.06.05.)

다. 많은 변화들이 있지만 그중에서도 나이의 가치가 점점 떨어지는 것이 눈에 띄네요.

(티스토리, 2008.02.28.)

라. 지금은 그렇게 빛나지 않았던 것 같은 스무 살의 가치는 조금 먼 후에야 알 수 있을 것 같다.

(브런치, 2019.11.02.)

마. 중년의 가치를 새로운 기회로 보는 이가 많다.

(김준호, 『중년을 위한 창업의 정석』)

위의 (35가)에는 '나잇값'이라는 관습적 표현이 있다. 이 표현은 '나이'와 '값'이 합쳐진 합성어의 형태로, [연령]은 [돈]으로 적용해 '값' 표현으로 함께 사용되고 있다. '나잇값'은 관습적 표현으로 일상생활에서 널리 사용하는데 『표준』에서는 '나이에 어울리는 말과 행동을 낮잡아 이르는 말'이라는 의미로 해석된다.

(35나)에서는 '값어치 있는 나이'라는 표현이 있다. '값어치'는 『표준』에 따르면 '일정한 값에 해당하는 분량이나 가치'를 의미한다. 여기에서는 '나이'에 대해 '값어치 있다'고 하는 것은 [돈]은 근원영역에서 목표영역 [연령기]로 은유적 투사가 이루어진 것이다.

(35다)에서는 '나이의 가치가 점점 떨어지는 것'으로 나타난다. 사람

들이 일상적으로 상대방의 나이에 의해 그 나이에 대한 어떠한 [가치]를 판단한다. 관습적으로 그 나이에 대한 사회적 효과나 태도 등이 기대되기도 한다.

(35라)에서는 '스무 살의 가치'라는 표현이 있는데 문장 맥락으로는 '스무 살은 빛나는 나이'라는 관습적인 생각을 알 수 있다. (35마)에서는 '중년의 가치'라는 표현이 있다. [연령]의 [가치]는 은유적으로 그 나이에 할 일, 가져야 할 태도 등과 관련이 있다고 본다. [중년]은 관습적으로 사람이 어느 정도 철이 들고 성숙한 나이로 본다. '중년의 가치'를 통해 그 나이에 대한 시기에 할 수 있는 것도 많고 가치가 있는 삶을 생각할 수 있다. 여기에서도 [자원] 근원영역이 목표영역 [연령기]로 투사된 인지과정을 보인다.

[금]이라는 사물 범주 개념이 [연령]으로 투사되기도 한다. 예를 들어 '황금 나이', '황금 연령' 등의 표현이 나타난다. 예문을 보면 다음과 같다.

(36) 황금

가. "더불어 살 줄 알고 유혹에 빠지지 않는 60~75세가 황금 나이"

(백세시대, 2015.02.13.)

나. 노년은 제 2의 인생, 황금 연령의 세대다

(중앙시사매거진, 2014.06.17)

위의 (36)에는 '황금 나이', '황금 연령'이라는 표현이 있다. 이는 [금]이 근원개념으로 목표영역 [연령]에서 투사된 은유적 양상이다. 백과사전적 지식, 즉 관습적 지식에 비추었을 때, [금]은 귀한 금속이며 많은 가치가 있는 [자원]이다. [금]에 대한 귀중한 속성을 근원영역으로 선택하여 [연령]에 대한 [가치], 즉 [황금]과 같이 귀한 시기로 은유적 투사가 이루어진 것이다.

다음, 중국어에 대한 은유적 양상을 살펴보도록 한다. 중국어의 경우에는 '价值(가치)', '值钱(값어치가 있다)', '黄金(황금)'이라는 표현들을 볼 수 있다. 예문을 제시하면 다음과 같다.

(37) 价值 / 值钱 / 黄金

가. 人生最有价值的年纪, 恐怕就是20出头这一段黄金时段。

(인생에서 가장 가치 있는 시기는, 아마도 20대 초반의 황금 시기일 것이다.)

(简书, 2016.01.19.)

나. 在20多岁的时候, 想赚钱没有错, 只是在这个最有价值的年龄段, 我们不应该把赚钱当成唯一的目标。

(20대 시기에 돈을 벌고 싶어 하는 것이 틀린 건 아니지만, 가장 가치있는 이 나이 대에 우리가 돈 버는 것을 유일한 목표로 삼지는 말아야 한다.)

(林伟宸, 『20不惑, 30不悔』)

다. 对于女生而言, 很多人都认为女生在貌美如花的年龄是最值钱的年龄, 但事实并非如此……

(여학생은, 많은 사람들이 여학생은 꽃다운 나이가 가장 값진 나이라고 생각하는데, 그러나 사실은 그렇지 않다......)

(腾讯, 2016.03.25.)

라. 60岁-80岁是人生的黄金年龄, 献给处于黄金年龄的你 !

(60세~80세는 인생의 황금 나이이다. 황금 나이에 있는 당

신에게 바친다!)

(搜狐, 2017.06.14.)

위의 (37)에서는 [자원]의 [가치]에 대한 은유적 양상을 살펴보았다. (37가)에서는 '最有价值的年纪(가장 가치가 있는 나이)'라는 표현으로 나타난다. [가치]의 근원개념이 투사된 양상으로 보였다. (37나)에서는 '最有价值的年龄段(가장 가치가 있는 연령기)'이라는 표현이 있다. [가치]는 [연령기]로 투사가 발생한다는 것을 알 수 있다.

(37다)에서는 '最值钱的年龄(가장 값어치가 있는 나이)'이라는 표현이 나타난다. 여기서의 '值钱'이라는 표현은 [돈]과 관련된 표현이다. [돈]을 근원개념으로 취하여 [연령]의 추상적 목표영역으로 투사하는 인지과정을 볼 수 있다.

(37라)에서는 '黄金年龄(황금 연령)'은 '황금 나이', 즉 '나이'는 황금같이 소중하다는 의미로 사용되었다. '황금 연령'을 표현할 때에는 관습적으로 그 어떠한 일을 할 때 제일 좋은 시기라는 의미로 생각할 수 있다.

위 (37)에 나타난 은유적 양상을 통해 [연령]을 인지하는데 [가치]가 개념적으로 적용한다는 것을 알 수 있다.

[연령]을 [자원]의 [가치]로 인지할 때, 이는 [가치]의 귀중함과 연관된다. 다시 말해 [연령]의 [가치]를 인지하는 데 [자원]의 개념이 적용된다. 이 은유적 투사 과정에서는 [자원]의 일부 은유적 측면이 부각된다. 예문을 보면 다음과 같다.

(38) 귀하다 / 귀중하다

가. 평생 한번밖에 찾아오지 않는 <u>귀한 나이</u>에 돈으로 살 수

없는 귀한 경험을 쌓았다.

(동아닷컴, 2019.06.16.)

나. 20대에는 모든 것에 도전할 수 있고 경험할 수 있는 귀중한 나이이기 때문이다.

(성균관대학교 오거서, 2010.02.09.)

위의 (38가)에서는 [연령]에 '귀하다'라는 표현을 덧붙여 나타난다. '나이'는 '귀하다'의 수식을 받는다. '귀한 나이'라는 표현을 사용할 때 그 나이의 시간이나 시기는 '귀하다', '중요하다'라고 생각할 수 있다. 여기에서는 근원개념 [자원]의 귀중한 특징이 [연령]에 투사된다. (38나)처럼 '귀중하다'라는 표현도 사용이 가능하다. [자원]의 귀중한 측면이 부각되어 20대라는 [연령기]에 투사된다.

중국어에서 [자원]의 '귀중함'을 나타내는 표현은 '珍贵(진귀하다)', '宝贵(귀중하다)', '珍宝(진보)'가 있다. 예문을 보면 다음과 같다.

(39) 宝贵 / 珍贵

가. 每个人都有宝贵的20岁, 特别对于女孩子, 20是一个特别的数字。
(모든 사람에게 소중한 스무 살이 있다. 특히 여자들에게 스무 살은 더욱 특별한 숫자이다.)

(新浪博客, 2006.07.23.)

나. 当我们相遇时, 正是黄金一般珍贵的年龄……
(그때 우리가 만났을 때가 바로 황금같이 소중한 나이였다......)

(周经经, 『超级墨镜』)

다. 50岁是美好人生又一个新的开始, 是非常珍贵的年龄阶段。
(쉰 살은 아름다운 인생의 또 다른 시작이자, 매우 소중한

나이대이기도 하다.)

(360doc, 2015.07.29.)

라. 青春是珍贵的, 它是人生最美的花朵, 是不耐久藏的珍宝……
(청춘은 귀중하다. 인생에 가장 아름다운 꽃이고 오랫동안 보유할 수도 없는 보물이다.)

(吴学刚, 『真希望二十几岁就明白的事』)

위의 (39가)에는 '宝贵的20岁(귀중한 20살)'라는 표현이 있다. '宝贵'는 '귀중하다'를 의미하며, [자원]의 귀중한 속성을 나타낸다. (39나)에서는 '珍贵的年龄(귀중한 나이)'이라는 표현으로 나타난다. 여기의 '나이'는 귀중한 [자원]과 같이 소중하게 여겨진다.

(39다)에는 '珍贵的年龄阶段(귀중한 연령기)'이라는 표현이 있다. [자원]의 귀중하다는 측면이 부각되며 [연령기]로 투사된다. 예문을 문맥적으로 보면 50세는 귀한 [자원]이며 그 [연령기]에 대한 귀중한 특성을 은유적으로 인지하고 있음을 알 수 있다.

(39라)에는 '不耐久藏的珍宝(오랫동안 보유할 수도 없는 보물)'라는 표현이 있다. 여기의 '珍宝(보물)'라는 표현은 사물 범주에 속한 개념이고 [청춘]으로 투사된다. 즉, [청춘]은 그만큼 귀중한 특성이 있다는 것을 알 수 있다.

관습적으로, 누군가 [자원]을 가지고 있으면 제대로 사용해야 한다고 여겨진다. 만약 이러한 귀중한 [자원]을 제대로 사용하지 않았다면 '아깝다'라고 생각한다. 이는 [자원]에 대해 지각하여 형성된 관습적 개념이다. 한국어 경우에서는 '나이가 아깝다'라는 관습적 표현이 있다. 예문을 보면 다음과 같다.

(40) 아깝다 / 아끼다

가. 매일 나가서는 술에 취하여 들어오기도 하고, 나이가 아깝게 새 양복을 찢어 가지고 들어오는 때는 있었다.

(염상섭, 『만제전』)

나. 새파랗게 젊은 사람이 죽다니 나이가 아깝다.

(『표준』)

다. 세태가 그렇게 흐른다고 몰아붙이기에는 청춘이 너무 아깝다.

(경남매일, 2017.08.10.)

라. 나는 스스로의 나이를 아껴주고 보다듬어 줄 것이다.

(티스토리, 2008.07.28)

위의 (40)에서는 '나이가 아깝다'라는 관용표현이 사용되었다. 『표준』에 따르면 이때의 '아깝다'는 '하는 짓이나 말이 그 나이에 어울리지 아니하게 유치하다'라는 뜻으로 해석된다. (40가)에서는 예문의 문맥으로 보면 화자가 상대방의 연령, 신체적 정보를 관찰하여 판단한 것으로 보인다. 즉, 문장 주어인 대상이 그 나이에 어울리지 않은 행동을 했다는 것을 알 수 있다. 여기의 [연령]은 '사회 연령'에 해당된 개념이며 사람의 사회적 능력과 연관된다.

(40나)에서는 젊은 사람이 죽었다는 사실을 전달하였다. '나이가 아깝다'는 사람이 일찍 죽거나 어떤 불행을 당한 상황에서도 사용할 수 있다. 화자의 안타까운 기분을 나타내기도 한다. (40다)에서는 [청춘]에 사용하다는 것을 볼 수 있다. '청춘이 아깝다'는 청춘 시기, 즉 젊은 시기에 잘 보내야 되는데 그만큼 시간을 낭비하였기 때문에 아깝다고 표현한 것으로 보인다.

(40라)에서는 '나이를 아끼다'와 같은 표현이 나타난다. 여기의 [나

이]는 귀한 [자원]과 같이 아껴서 써야 한다는 것으로 생각할 수 있다. [나이]는 그 나이에 해당되는 시기에 중요한 가치가 있다는 것이다. [자원]은 [연령]에 은유적 투사가 실현되기 때문에 '나이를 아끼다'라는 표현이 일상적으로 사용될 수 있다.

중국어 경우에는 '나이가 아깝다'라는 관습적 표현으로 사용하기가 어렵고 [청춘]에 대해서는 '可惜(아깝다)', '珍惜(이끼다)'이라는 표현을 찾아볼 수 있다. 예문을 보면 다음과 같다.

(41) 珍惜 / 可惜

가. 只有青春一去不复返, 让我们珍惜青春, 让我们珍惜时光。
(청춘만은 한 번 가면 다시 돌아오지 않는다. 우리 모두 청춘을 아끼고 시간을 아끼자.)
(李泽钺, 『最常见的花季心语』)

나. 可惜这段青春, 对于下乡时都是十六七岁的女知青们来说, 只是一部还没来得及打开就合上了的书。
(이 청춘은 아깝다. 시골에 내려갈 때 겨우 열여섯, 일곱 살이었던 여자 지식 청년들에게 이 청춘은 단지 펼쳐볼 겨를도 없이 덮어버린 책이나 다름없다.)
(杜鸿林, 『魂断梦醒：中国知青上山下乡风云纪实』)

위의 (41가)에서는 한국어와 달리 [연령]에 직접 표현하는 것은 어렵고 [청춘]에 '珍惜(아끼다)'라는 표현으로 나타난다. '아끼다', '아깝다'의 의미로 생각할 수 있다. [청춘]을 [자원]으로 인지하여 [청춘]에는 중요한 것을 아껴야 된다는 것을 알 수 있다. 여기에서는 [청춘]은 그만큼 중요한 시기이며 아껴야 된다는 관습적 지식이 나타난다. (41나)에는 '可惜(아깝다)'이라는 표현으로 나타난다. [자원]을 제대로 활용하지 않으면 '아깝다'라는 표현이 사용될 수 있다.

본 절에서는 한국어와 중국어의 [자원]에 관한 은유적 양상을 살펴보았다. [자원]은 다양한 은유적 측면이 부각되며 [속성], [사용], [가치]로 구분할 수 있다. 한국어와 중국어 [자원]에 대한 은유적 양상을 정리하면 다음 <표 20>과 같다.

〈표 20〉 [자원]에 대한 은유적 양상

근원개념	한국어	중국어
속성	눈부시다, 빛나다, 화려하다	闪闪发光, 灿烂, 光芒四射, 辉煌, 灰暗, 黯然无光, 闪亮
	뜨겁다, 피 끓는다	热血, 沸腾, 炽热, 滚烫
	불, 불타다, 불 붙이다	燃烧, 点燃
사용	낭비하다, 소비하다,	消磨, 耗费, 浪费
가치	니잇값, 가치, 값어치, 황금	价值, 值钱, 黄金
	귀하다, 귀중하다	宝贵, 珍贵, 珍宝
	아끼다, 아깝다	珍惜, 可惜

위의 <표 20>에서는 한국어와 중국어에서 [자원]의 사물화 양상과 관련된 은유적 표현들을 확인할 수 있다. 이는 구체적으로 [자원]의 [속성], [사용], [가치]에 대한 은유적 인식을 보여주는 실례들이다. 사람들은 일상생활에서 [자원]의 물리적 속성과 특징을 직접 지각하고 경험함으로써, 이를 추상 개념인 [연령]을 이해하는 데 필요한 근원개념으로 삼는다. 즉, 자원 도식을 기반으로 하여 일상적으로 접하는 자원의 특성이 [연령]이라는 추상적 개념을 인지하는 방식으로 전이된다. 이러한 은유적 투사 과정에서 [자원]은 목표영역인 [연령]을 이해하는 데 유용한 경험적 상관성을 제공한다.

5.5. 소결

본 장에서는 한국어와 중국어의 [사물] 개념에 대한 은유적 양상을 살펴보았다. [사물]에 대한 은유적 투사 과정에서는 [사물]의 특성으로 적용되며 목표영역 [연령]으로 투사되는 것을 제시하였다. [사물]의 일반적, 보편적인 속성에서는 [수량], [크기], [무게]로 [물리적 속성]으로 구분하여 검토하였다. 즉. [사물]이 목표영역으로 투사되는데 [물리적 속성]으로 개념화한다.

[사물]의 근원영역, 은유적 범위를 더 세부적으로 분석하였다. 먼저 [사물]의 하위개념인 [음식물], [식물]을 살펴보았다. 각자 개별적인 특징을 갖고 있지만, [음식물]은 [섭취], [맛]으로 은유적 투사되며 [식물]은 [상태], [완숙도], [성장 과정]으로 나누어 제시하였다. 또한, [사물]의 하위개념인 [자원]은 [연령]으로 은유적 투사가 가능함을 보였다. [자원]의 은유적 범위에서는 [속성], [사용], [가치]에 대한 은유적 측면이 부각되고 목표영역 [연령기]로 투사됨을 밝혔다.

한국어와 중국어 [사물]의 은유적 범위가 보편성을 지니지만, 은유적 투사 과정에서는 각자 부각되는 은유적 측면이 차이성도 적지 않다. 따라서 한국어와 중국어의 [사물] 은유적 투사 과정에서는 보편성과 특수성이 함께 존재한다.

5.5.1. 사물 개념에 대한 인지적 보편성

[사물]은 사회생활에서 가장 구체적이면서 기초적인 개념이기 때문에 목표영역 [연령]을 인지하는 데 매우 다양한 근원개념들을 제공해 준다. [사물]에 대한 개념화 방식, 은유적 측면을 정리하면 다음 <표

21>과 같다.

〈표 21〉 [연령]의 사물화 양상과 개념화 방식

근원개념	하위개념		
음식물	섭취	맛	
식물	상태	완숙도	성장 과정
자원	속성	사용	가치

위 <표 21>에서는 [사물]에 대한 사물화 양상을 살펴보았다. [사물]은 다양한 하위개념 및 은유적 측면으로 나타난다. [사물]은 은유적 투사가 발생할 때 이루어지는 개념화 방식이라고 할 수 있다. 하나의 목표영역을 인지하여 이해할 때는 여러 개의 근원영역이 필요하다. [사물]은 목표영역 [연령]으로 투사하는 과정에 [음식물], [식물], [자원]으로 생성된다. 또한, [사물]의 하위개념은 다양한 방식으로 실례화하고 있다는 것을 알 수 있다.

구체적인 사물 실체 개념에서는 [음식물], [식물]이 있다. [음식물]과 관련된 개념에서는 [섭취], [맛]으로 나타난다. [식물]과 관련된 개념은 [상태], [완숙도], [성장 과정]으로 나타난다. [연령] 및 하위개념 [연령기]를 인지할 때는 [자원] 근원영역을 이용한다는 것을 알 수 있다. 자원 도식에 의해 [자원]의 다양한 근원영역이 구축되며 [자원]에 대한 [속성], [사용], [가치]로 은유적 투사가 가능하다.

이상에서 볼 수 있듯이, 근원영역에서 추상적 목표영역으로 투사하는 과정에 [사물]로 적용하여 [연령]을 인지한다. 실제로 목표영역 [연령]을 이해하는 데에 적용되는 것은 [사물] 개념에 대한 정교화된 하위개념들이다. 즉, 사물에 대한 실례화된 다양한 부속적인 속성, 특징이다. 사물화 양상과 관련된 인지기제를 제시하면 다음 <그림 8>과 같다.

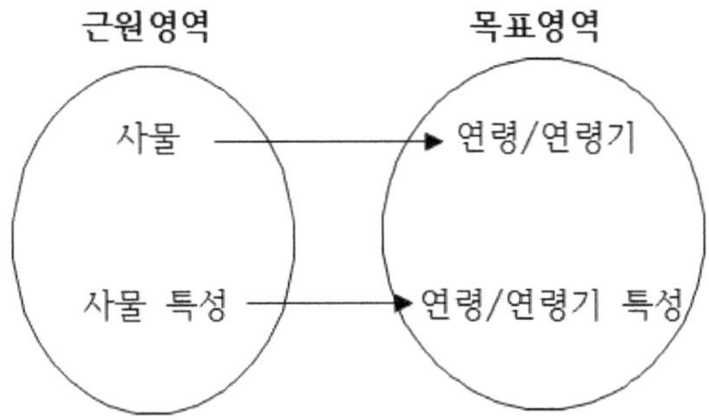

〈그림 8〉 사물화 개념과 관련된 인지적 메커니즘

위의 <그림 8>에서는 근원영역 [사물]에서 목표영역 [연령] 및 하위 개념 [연령기]로 투사하는 인지과정을 확인할 수 있다. [사물]에 대한 은유적 실례들을 통해 한국어와 중국어의 사물화 양상에 대한 내재적인 인지기제를 도출할 수 있다. 즉 [연령], [연령기]를 [사물]로 인지하는 과정에서는 근원영역 [사물]의 여러 가지 특성에서 목표영역 [연령], [연령기]에 나타난 사람의 특성으로 투사하는 것을 알 수 있다. [사물]의 특성은 다양한 은유적 측면으로 부각된다.

5.5.2. 사물 개념에 대한 인지적 특수성

은유적 투사가 부분적으로 일어나는 것은 투사 과정의 가장 큰 특성 중의 하나다. 은유는 근원영역에서 다양한 근원개념이 있지만, 개념요소 간에 부분적으로 은유적 투사가 발생한다. 이러한 부분적 투사 과정 중에서 한국어와 중국어 은유적 양상에 대한 인지적 특수성을 발견할 수 있다. 한국어와 중국어 [사물]에 대한 인지적 특수성을 정리하면 다음 <표 22>와 같다.

〈표 22〉 [사물]에 대한 인지적 특수성

근원영역	하위개념	부각된 측면	한국어	중국어
물리적 속성	수량	수효와 분량	많다, 적다, 있다	×
		한 줌의 양	×	一把
	크기	사물의 큰 정도	×	大, 小
	무게	사물의 무거운 정도	×	轻
음식물	섭취	음식을 배 속에 들여보내다	먹다	×
식물	성장 과정	발아기	새순	△
		신장기	△	青葱
자원	가치	물건에 매겨진 금액	나이값, 값어치	△

위의 <표 22>에서는 한국어와 중국어의 [사물]에 대한 인지적 특수성을 확인할 수 있다. 근원영역에서 목표영역 [연령]으로 투사되는데 근원영역에 대한 모든 근원개념 요소들이 투사가 발생한 것이 아니라 부분적으로 은유적 투사가 실현된다. 은유적 투사가 실현되면 단일방향적인 대응관계가 이루어진다. 즉 [자원]에 대한 특성은 [연령]의 특성으로 투사가 발생한다.

[사물]에 의해 [연령 범위]를 인지하는 과정에서는 더 세부적으로 살펴볼 수 있다. [물리적 속성]에서는 목표영역 [연령 범위]로 투사된다. [물리적 속성]에 대한 하위개념은 [수량], [크기], [무게]로 나타난다. 그중에 한국어의 경우는 사물의 [수량] 개념으로 인지하는데, [크기], [무게]에서는 은유적 투사가 일어나지 않는다. 중국어에서는 [연령 범위]를 인지할 때는 [물리적 속성]으로 다양한 은유적 투사가[21] 가능하

21 Ungerer & Schmid(1996, 임지룡 · 김동환 역 2010: 184)에서는 풍부한 투사, 빈약한

지만, [크기]에서는 '一把年纪'와 같은 관습적인 표현으로 실현되는데 은유적 투사에 대한 다양성이 결핍된다.

[사물]에 대한 은유 양상은 언어적으로 보편적인 경향이 크며, 인지적 특수성을 반영하는 부분은 크지 않다. 다만 [음식물], [식물], [자원]에 대한 은유적 투사 과정에서는 부각된 측면에 미세한 차이가 있다.

[음식물]에서는 음식의 [섭취], [맛]으로 하위개념으로 구분된다. 또한, 근원영역 [음식물]에 대해 다양한 방식으로 실례화하고 있다. [음식물]의 [섭취]는 목표영역 [연령 증가]로 투사되는 현상이 주목된다. [음식물]에 대한 동적인 개념으로 실현되며 한국어에서는 '나이를 먹다'와 같은 관습적 표현으로 나타난다. 중국어 경우에는 [섭취]로 은유적 투사가 일상적으로 실현되기 어렵다.

또한, [맛]은 [음식물]의 구체적 속성으로 정교화된 개념이다. 이 두 근원개념은 목표영역 [연령기], 즉, [연령]에 대한 하위영역으로 투사된다. [맛]과 같은 [음식물]의 속성에 의해 [연령기]를 이해하는 인지과정을 알 수 있다.

근원영역 [식물]에서는 [성장 과정]의 은유적 범위에서 특수성을 볼 수 있다. 같은 발아기에 속한 식물은 한국어에서는 [새순]이 은유적 투사가 가능한데 중국어 경우에는 [연령기]로 은유적 투사가 어렵다. 또한, 중국어에서는 신장기에 속한 [青葱]은 은유적 투사가 가능하지만 한국어에서는 은유적 투사가 흔히 발생하지 않는다고 본다.

근원영역 [자원]은 자원의 속성, 또한 자원에 대한 여러 특성에 의해 다양한 방식으로 실현화하고 있다. 다양한 은유적 양상 중에는 특수성을 지닌 근원영역이 발견된다. 목표영역 [연령기]로 투사될 때는 근원개념의 은유적 측면 [가치]로 부각된다. [가치]에 대한 구체적 은유적

투사를 제시한 바가 있다.

양상은 '나잇값', '값어치'가 있다. 이 표현에 대한 은유적 투사 과정에서는 '물건에 매겨진 금액'이라는 측면이 부각된다. [값]의 측면에서는 '나잇값'이라는 표현이 나타나는데 관습성 정도가 매우 높은 관습적 표현이다. '어울리는 말과 행동'에 대한 관습적 지식이 포함되어 있기 때문에 [값]과 같은 부각된 측면은 중국어 경우에 은유적 투사가 매우 어려워 보인다.

06

이동 개념의 은유적 양상

본 장에서는 [연령] 개념에 대한 은유 중 특히 '이동' 개념에 기반한 은유 양상을 고찰하고자 한다. 여기서 '이동'은 시간의 경과를 참조점에 따라 지각하는 방식이 변화하는 현상을 의미하며, 이는 추상적 개념인 연령을 이해하는 중요한 인지 도식으로 작용한다. 이동 개념과 관련하여 주로 '경로 도식(path schema)'과 '여행 도식(journey schema)'이 활용되며, 본 연구에서는 이들 도식을 바탕으로 한 은유적 표현 양상을 분석의 중심에 둔다.

이동 개념을 이론적으로 정립하고 연령 개념과의 관련성을 논의한 주요 선행연구로는 임지룡(2002), 임혜원(2002), 최지훈(2007), 김해연(2011), 김기수(2016), 임태성(2018) 등이 있으며, 본 장의 논의는 이들 연구를 토대로 이루어진다.

임지룡(2002)에서는 시간의 인지모형을 이용하여 한국어 [시간]에 대한 은유적 양상을 분석하였다. '시간이 움직이고 관찰자가 정지해 있는 경우'에는 '시간이 오다/다가오다/돌아오다' 등의 표현이 가능하며 '관찰자가 움직이고 시간이 정지해 있는 경우'에는 '시간이 오다/들어오다/지나오다' 등의 표현이 은유적 투사가 발생한다고 밝혀냈다. 아울러 [시간]에 대한 양면성은 '전경-배경', 참조점에 의해 이해되기 때문에, 어떠한 부분이 움직이는지에 따라 해석이 달라진다고 주장하였다. 시간에 대한 인지모형으로 분석하는 방법은 [연령]에도 적용될 수 있다고 본다.

임혜원(2002)에서는 한국어 대화 자료를 토대로 하여 이동 은유의 양상을 살펴보았다. 한국어 대화에서는 추상적인 대상의 상태 변화 등에 대해 구체적인 대상의 이동으로 개념화한다고 하였다. 특히 이동 은유 중에서 이동 방향에 따른 은유 양상을 보였는데, '웃고 넘어가자', '이호선으로 딱 넘어가면은'과 같은 예문을 통해 이러한 상황, 사건 등을 시점으로 하며 이 시점을 지나 다른 곳으로 이동하고 있음을 밝혀냈다. 이에 따르면 방향이 있는 이동 및 은유적 구조에서는 시점이 중요하고, 이 시점에 따라 이동의 은유적 양상이 차이점을 지니게 된다고 할 수 있다.

김해연(2011)에서는 어휘 '가깝다'의 사전적 정의와 용법을 제시한 다음, 세종말뭉치 코퍼스를 이용하여 '가깝다'에 대한 통계적 자료를 조사하였다. '가깝다'에 대한 표현 양상을 분석하여 더 나아가 통사적 의미와 용례를 제시하였다. '가깝다'는 근원개념 [거리]로 인지할 수 있으며 목표영역 [시간], [수량], [사회적 관계], [추상적 상태]로 투사가 실현된다고 보았다. 즉, 한국어 '가깝다'는 실제의 물리적 거리 이외에 심리적 거리에 대한 은유적 투사도 풍부함을 밝힌 것이다. 이와 같은 [거리]의 근원개념은 본 연구의 [연령]을 분석하는 데 유용한 근원개념으로 활용할 수 있다.

임태성(2018)에서는 이동 은유에 대해 논의하였다. 실제이동, 실제이동의 확장으로 나누어 제시하였다. 실제이동은 직접 이동, 이동 대상의 관찰 및 회상을 말하며 실제이동의 확장은 추상적 확장([시간은 이동이다], [인생은 여행이다], [사랑은 이동])과 가상적 확장의 유형으로 나타난다. 그러나 추상적 확장과 가상적 확장 양상을 보면 분명하게 구분되는 기준이 모호하다고 본다. 개념화자 심리적 요소가 영향을 주기 때문에 문맥으로 판단하기가 다소 어려움이 있다고 여긴다.

한편, 한국에서 이동 개념으로 [여행]을 다루는 연구들을 찾아볼 수 있다. 일상생활에서 흔히 접할 수 있는 근원영역 [여행], [길] 등을 영상도식으로 개념화하여 목표영역 [인생], [시간] 등에 투사된 양상을 살펴본 연구들이다. 목표개념 [인생], [여행]으로 다루는 논문은 노진서(2009), 박정운(2001), 김고은(2012), 전혜영(2014), 한정(2015) 등이 있다.

전혜영(2014)에서는 [인생은 여행] 은유에 대해 '은유적 구조화는 부분적이다.'라는 것을 강조하였다. [여행]은 [여정], [길] 등의 근원개념으로 나타나는 은유적 양상을 제시하였다. [길]에 대한 근원영역에서는 '교육자의 길', '지름길', '굴곡진 길' 등과 같은 [길]의 다양한 유형으로 나누어 은유적 표현들이 나타나며, 이들은 목표영역 [인생]으로 투사된다. 그중에 [궤도], [갈림길] 등을 근원개념으로 제시하였는데 이러한 근원개념은 [여행]에 의해 생성되며 다양한 은유적 양상이 도출된다는 점에서 참고할 가치가 있다.

중국에서는 이동 도식을 활용해 인생을 목표개념으로 다루는 연구는 秦程程(2013), 帖伊(2016) 등이 있다. [여행]의 근원영역은 어떠한 목표영역으로 적용되는지에 대해 논의하였다.

秦程程(2013)에서는 인생 목표영역을 대상으로 하여 개념적 은유 이론을 통해 분석하였다. 인생에 대한 구조적 은유에서는 [路(길)]을 근원개념으로 선정하여 투사된 목표영역을 살펴보았다. 특히 '道路起

点(길의 출발점)', '道路终点(길의 종점)'은 [인생의 시작]과 [인생의 종료]에 투사된 양상을 보였다. 여행의 [길]을 활용하여 목표영역을 인지하는 과정에서는 [길]에 대한 다양한 은유적 측면을 부각시킨다. [길]은 매우 풍부한 은유적 투사가 가능하다는 점을 본 연구에서 활용할 수 있다.

帖伊(2016)에서는 인생 은유와 관련된 표현을 코퍼스를 통해 조사하였다. 목표영역 인생에 투사된 다양한 근원영역을 '교통', '경제', '교육' 등의 유형별로 분류하여 분석하였다. 그중에 '数量域(수량 영역)'에서는 수량 및 수학적 개념을 목표영역에 투사될 수 있다고 논의하였다. '轨迹(궤도)', '坐标(좌표)' 같은 은유적 표현이 가능하다. 또한, 여행 도식을 적용하여 '交通运输域(교통 운송 영역)'에서도 [인생]에 관한 [方向(방향)], [起点(시작점)], [高峰(절정)] 등의 은유적 양상이 나타나며 은유적 투사가 가능하다고 논의하였다. [인생]에 대한 근원영역을 참고하고 본 연구의 [연령]에 적용되는 근원개념들을 제공해 줄 수 있다.

위의 논의를 통해 이동 개념은 우리가 일상적으로 추상적 개념을 인지하는 데 널리 적용되는 개념이라고 할 수 있다. [연령]은 인간의 성장 과정과 함께 증가한다. 인간의 신체적 경험에 의해 [연령 증가]를 이해하는 데 경로도식으로 작용하고 있다. 따라서 본 장에서는 시간의 인지적 모형을 바탕으로 하여 [연령]을 근원개념 경로도식으로 분석하고자 한다. [연령]에 관한 이동 개념을 살펴보고자 한다. [연령 증가]를 중심으로 이 추상적 개념이 어떠한 은유적 방식으로 인지되는지를 논의할 것이다. [연령 증가]를 분석하기 위해 이동 개념과 관련된 이론 및 연구 방법을 도입한다. 즉, 이동의 개념, 이동에 관한 인지적 모형, 경로 도식을 이용하여 [연령]에 대한 은유적 양상을 분석하고자 한다.

[연령]을 경로 도식으로 어떤 은유적 측면이 부각되는지 살펴보기

위해 근원개념 [여행]을 도입할 수 있다. [연령 증가]에 관해서는 경로 도식으로 인지하는데, '출발점 – 경로 – 종점' 경로 도식으로 분석할 때는 참조점은 있다. 이 참조점은 어디에 두는지에 따라 은유적 양상이 다르게 나타난다. 따라서 본 장에서는 [연령]을 중심으로 시간의 인지적 모형을 적용해 근원개념들을 도출된다. 경로 도식에 의해 [여행]의 하위개념 [여행자], [여행의 지점], [여행 도중의 장애물], [여행의 거리], [여행의 길]이 생성될 수 있다. [여행]에 대한 인지과정을 은유적 함의의 방식으로 추리한다. 따라서 한국어와 중국어의 이동 개념에 대한 투사 과정에서는 부각시킨 은유적 측면을 통해 은유적 양상의 보편성과 특수성을 제시한다.

6.1. 여행자

[여행]은 주로 경로 도식에 의해 은유의 구조가 구축된다. 경로 도식은 '출발점 – 경로 – 종점'의 도식구조를 이르는 것으로, 추상적 [연령]을 이해할 때는 여행 도식으로 개념화될 것으로 예상된다. 이 은유는 [인생은 여행]의 개념 구조를 이어받고 계승한다.[22] 한편 [여행]의 개념 요소 중에는 [여행자]가 포함된다. 여행자는 여정에서 이동하는 주체를 말한다. [연령]은 [인생] 은유의 개념 구조를 계승하기 때문에 [연령은 이동하는 여행자이다]라는 은유가 도출된다고 볼 수 있다.

[연령은 이동하는 여행자이다]는 [인생은 여행이다]에 연관된 개념 요소로 구성된 하위은유이다. 우리가 [연령 증가]를 인지할 때는 더

22 Lakoff(1993)에서는 은유의 층위를 구분하였다. 하위의 은유적 투사가 상위층위에 있는 은유적 투사를 이어받는다(inherit). 한국어에서는 이를 '계승하다'라고 한다.

구체적 근원개념인 [여행자]로써 인지된다. 즉, [이동하는 여행자]는 [연령 증가]에 은유적 투사가 실현된다.

시간의 인지모형 이론을 이용하여 [연령]에 대한 개념화 구조가 도출될 수 있다. 즉, 이동적 [연령]을 참조점으로 하여 이동적 [연령]에 대한 인지모형을 나타낼 수 있다. [연령]에 관한 인지적 모형을 살펴보면 다음 <그림 9>와 같다.

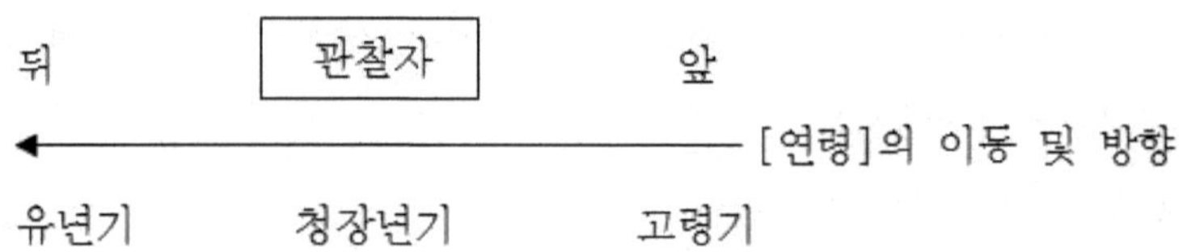

〈그림 9〉 ICM[23] 1 : [연령]의 이동적 인지모형[24]

<그림 9>는 [연령 증가]에 대해 개념화된 인지모형이다. 이 모형에서 관찰자는 고정된 위치에 있으며, [연령]은 관찰자를 향해 다가오는 방향으로 이동하며 경과하는 과정을 나타낸다. 이러한 인지적 구조는 시간의 흐름 속에서 연령이 점차 축적되고 경험되는 과정을 시각적으로 표현한 것이다. [연령은 이동하는 여행자이다]라는 은유적 개념화가 도출될 수 있다. 이 은유는 [연령]이 일정한 경로를 따라 이동하는 주체로 인식된다는 점에서 시간과 인생에 대한 인간의 경험적 이해를 반영한다.

여기의 [연령]은 하위개념 [연령기]의 은유적 범위를 포함한다. [연

23 ICM : Lakoff(1987:68)에서는 '이상적 인지 모형(idealized cognitive model : ICM)'에 대한 개념을 제시하였다. 이는 지식을 조직화한 모형이다. 본 연구에서는 이상적 인지 모형을 ICM로 표시한다.

24 그림의 화살표는 [연령]의 이동 및 이동의 방향을 의미한다.

령기]를 인지할 때는 [인생]과 관련이 있다고 볼 수 있다. [연령]은 이동하는 방향이 앞에서 뒤로 가는 방향이다. 관찰자 앞의 [연령]은 관찰자에게 다가오고 관찰자를 지나친다. 또한 과거의 [연령]은 관찰자 뒤에 있으며, 관찰자로부터 멀어져 더 뒤로 이동한다.

이동적 [연령]의 인지모형에 따라 [연령]이 [여행자]로 인지되며 은유적 투사가 실현된다. [여행자]는 참조점이 되고 관찰자는 정적이며 [지점]이 된다. [여행자]는 동적인 상태로 [지점]을 경과한다. 이동적 [연령]의 인지모형에 대한 언어적 표현은 매우 다양하고 목표개념 [연령]을 인지하는 데 많은 실례들을 제공할 수 있다.

(1) 다가오다 / 닥쳐오다 / 맞이하다 / 가다

가. 중년의 나이는 천천히 다가오지 않습니다. 어느 날 갑자기 닥쳐옵니다.

(송정림, 『내 인생의 화양연화』)

나. 물론 우리까지도 나이를 먹을 것이고 노년을 맞이할 것임을 인정해야 한다. 그리고 다가올 노년을 위해 마음의 준비를 해야 한다.

(임채영, 『성공하는 어린이로 키워주는 탈무드』)

다. 모두에게 나이가 있다. 가버린 나이는 곧 남아있을 기억이 된다.

(한국산문, 2014.11.21.)

위의 (1)에서는 [연령]에 대해 '다가오다', '닥쳐오다', '맞이하다'와 같은 표현들을 사용하였다. 이러한 표현들은 모두 행동 범주로 나타나며 관찰자와 [연령]의 관계를 나타낸다. (1가)의 '다가오다', '닥쳐오다'

는 『표준』에 의하면 '어떤 대상이 있는 쪽으로 더 가까이 옮기어 오다', '어떤 대상 따위가 가까이 다다라 오다'라는 의미를 볼 수 있다. [연령]인 [여행자]는 동적이며 관찰자가 있는 쪽으로 이동하는 것을 알 수 있다.

(1나)에는 '맞이하다'라는 표현이 있다. '맞이하다'는 『표준』에서는 '오는 것을 맞다'를 의미한다. 관찰자가 정적인 위치에 있으며 [연령]이 관찰자 쪽으로 다가오는 이동을 한다. 특히 '맞이하다'라는 표현은 [연령]이 관찰자에게 오는 것을 입증할 수 있다. 이때에 관찰자는 고정되어 있다.

(1다)에는 '가버리다'라는 표현이 있다. 이러한 표현들을 통해 [연령]이 이동하며 관찰자를 경과하여 관찰자 뒤쪽인 과거로 이동하는 것을 알 수 있다. 이때에 관찰자는 고정되어 있으며 [연령]은 앞쪽의 미래에서 다가오고 뒤쪽의 과거로 이동하는 [여행자]이다.

중국어에서 [연령 증가]는 이동적 [연령]의 인지모형에 의해 구체적 은유적 양상이 도출된다. 예문을 보면 다음과 같다.

(2) 逝去 / 去 / 过去 / 到来 / 迎接

가. 致敬, 那些<u>逝去</u>的青春。

(떠나간 그 청춘들에 경의를 표한다.)

(新华网, 2017.05.03.)

나. 因为我知道, 二十岁已经<u>一去不复返</u>了, 三十岁、四十岁也将会<u>一去不复返</u>的。

(스무 살은 이미 가버려 다시 돌아오지 않고 서른 살, 마흔 살도 한번 가면 다시 오지 않는다는 것을 내가 알기에.)

(刘占军, 『感谢生活』)

다. 我的20岁早已过去, 不忍回头望

(내 스무 살은 이미 갔다. 차마 돌아보지 못하겠다.)

(豆瓣, 2012.11.08.)

라. 不得不承认的一件事, 是自己老了, 忽然觉得自己的中年要到来了。

(인정해야 한 일은 내가 늙었다는 것이다. 갑자기 나의 중년이 곧 올 것이라는 느낌이 들었다.)

(简书, 2018.01.30.)

마. 努力改变自己, 迎接30岁的到来。

(노력하여 나 자신을 변화시킨다. 다가오는 30세를 맞이한다.)

(天涯, 2018.04.18.)

위의 (2)에는 중국어 표현 '逝去(지나가다)', '过去(과거)', '一去不复返(한 번 가서 돌아오지 않는다)', '到来(다가오다)', '迎接(맞이하다)'라는 표현들이 있다. (2가)의 '逝去'라는 표현은 한국어 '지나다'의 의미로 볼 수 있다. 물이나 액체가 흘러가는 것처럼 시간이 지나간다. 지나간 일에 대해 흔히 사용하는 표현인데 [연령]을 이해할 때에도 사용이 가능하다는 것이 입증된다.

위의 (2나)에서는 '一去不复返'이라는 표현이 두 번 나타난다. '가고 돌아오지 않는다'의 의미로 볼 수 있다. [연령]은 관찰자를 경과하여 과거로 가고 다시 돌아오지 않다고 생각할 수 있다. (2다)에는 '20岁早已过去(20살 이미 갔다)'라는 표현이 있다. 스무 살이 이미 지나갔다. '不忍回头望(차마 돌아보지 못하다)'으로 표현하는데 뒤돌아보는 것을 차마 할 수 없다고 한다. 이 예문에서 [연령]은 이미 관찰자를 경과하고 관찰자를 참조점으로 하여 뒤에 있는 위치임을 확인할 수 있다. (2라)에는 '到来'의 표현은 [연령]이 '도착하여 올 것이다'며 (2마)에서도 '迎

接'이라는 표현을 사용하고 [연령]이 '오는 것을 맞이한다'고 생각할 수 있다. 위 예문을 통해 관찰자는 고정되어 있고 [연령]은 이동하는 [여행자]라는 인지과정을 알 수 있다.

6.2. 지점

[연령]은 [인생]의 하위개념으로 간주되며 [인생] 은유의 개념 구조를 계승한다. 그러므로 [인생은 여행이다]에서는 [연령은 여행이다]이라는 은유가 가능하다고 볼 수 있다. 본 절에서는 [여행]의 개념 요소 [지점]이 어떠한 은유적 표현으로 [연령]에 투사되는지를 살펴본다. [연령은 여행이다]에서는 은유적 함의의 추론을 통해서 [여행]에 대한 개념 요소인 [지점]이 [연령]에 투사된다고 입증할 수 있다. [연령은 지점이다]에 대한 추론 과정을 보면 다음 (3)과 같다.

(3) [연령은 지점이다]에 대한 은유적 함의

1) [여행]에 대한 비은유적 함의
우리가 여행을 할 때 많은 지점이 생성된다.
[지점은 도착할 수 있다]
→ 그러므로 우리가 여행을 할 때 도착할 수 있는 지점이 생성된다.

2) ([여행]에 근거한) [연령]에 대한 은유적 함의
[연령은 여행이다]
우리가 여행을 할 때 도착하는 지점이 생성된다.

→ 그러므로 우리가 [연령]을 이해할 때 도착할 수 있는 지점이 생성된다.

위의 (3)에서는 [연령은 지점이다]에 대한 은유적 함의 추론 과정을 살펴보았다. 이 추론 과정을 통해 [연령은 지점이다]라는 은유를 도출할 수 있고 이에 대한 은유적 구조를 생성할 수 있다. 종합적으로 정리하면 [연령은 지점이다]라는 은유를 확인할 수 있다.

[연령은 지점이다]는 [인생은 여행이다]에 연관된 개념요소로 구성된 하위은유이다. [연령]을 생각하고 이해할 때에는 더 구체적 근원개념인 [여행의 지점]으로 인지한다. 이 [지점]은 [이정표]와 같은 개념으로 생각할 수 있다. [지점]은 도달할 수 있고 지날 수도 있다. [지점]에 대한 언어적 표현은 매우 다양하고 목표개념을 인지하는 데 많은 실례들을 제공할 수 있다.

시간의 인지모형 이론을 이용하여 [연령]에 대한 개념화 구조가 도출될 수 있다. 즉, 이동적 관찰자를 참조점으로 하여 이동적 관찰자에 대한 인지모형을 나타낼 수 있다. 이를 그림으로 보면 다음 <그림 10>과 같다.

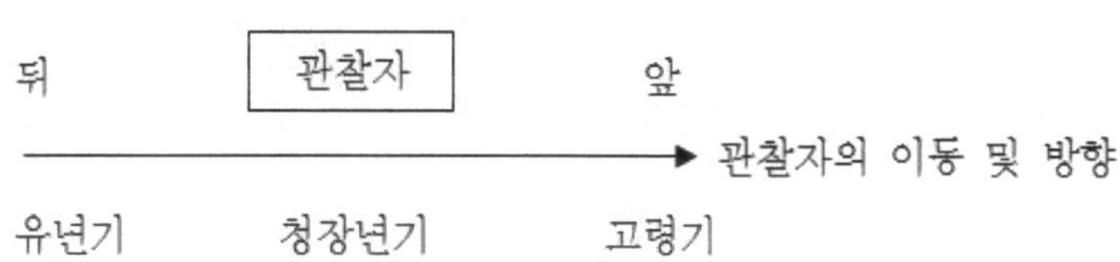

〈그림 10〉 ICM 2 : 이동적 관찰자 중심의 인지모형[25]

25 제3장에서 제시했던 [연령기]의 기준을 도입하여, 시간축에서 [유년기], [청장년기], [고령기]로 표시한다.

<그림 10>은 [연령 증가]에 대해 관찰자를 참조점으로 하여 개념화한 인지적 모형을 제시한다. 이 모형에서는 관찰자가 시간 축을 따라 이동하는 동적인 존재로 설정된다. [연령]은 상대적으로 정적인 위치에 놓여 있다. 즉, 관찰자는 이미 지나온 [연령]으로부터 앞으로 다가올 미래의 [연령]을 향해 이동한다. 이러한 구조는 연령을 고정된 시점이나 시기로 간주하고, 관찰자가 이를 순차적으로 통과하거나 나아가는 것으로 개념화하는 방식이다. 여기서 [연령]은 단순한 숫자적 나이를 의미할 뿐만 아니라, 특정한 [연령기]를 나타내는 시기적 범주로 이해된다. 그러므로 [연령 증가]에 대한 인지는 이동하는 관찰자 중심의 인지 모형에 의해 은유적으로 투사되는 것이다.

한국어에서는 [여행의 지점]에 대해 '도달하다', '이르다', '지나다', '건너다'와 같은 표현을 사용할 수 있다. 이러한 표현을 사용하는 것은 [연령은 지점]에 언어적 증거로 간주할 수 있다. 이에 대한 은유적 양상을 살펴보면 다음과 같다.

(4) 도달하다

가. 남자에게 상처를 받고, 연습하는 것을 반복하다보면 어느새 30대라는 나이에 도달해 버리고 만다.

(박민혁, 『늑대 공략집』)

나. 어느 정도 나이에 도달하면 그냥 포기하고 살아야 할 것들이 은연중에 많다.

(윤철호, 『에이징 마인드』)

(5) 이르다

가. 또 다른 공통점은 생을 두고 많은 여자와 사랑을 나누었으며, 특히 노년에 이르러 젊고 아름다운 여자와 결혼했다는

점이다.

(김형경, 『오늘의 남자』)

나. 일반적으로 유권자들은 중년에 이르기까지 연령이 높아짐에 따라 높은 투표 참여 경향을 보이다가 노년이 되면서부터 투표 참여 경향은 급격히 쇠퇴한다는 것이다.

(이남영(1993), 『한국의 선거』)

(6) 지나다

가. 그러니까 1990년대 중반이고 그의 나이도 중년을 지나고 있을 때였다.

(동남 기획(2001), 『시와 사상』)

(7) 건너다

가. 스무 살을 건너는 8가지 이야기

(정윤희, 『스무 살을 건너는 8가지 이야기』)

나. 또 어떤 날은 커가는 딸과 어린 막내에게 미안해지기도 하는 것은 마흔을 건너느라 그러는 것일까......

(네이버 블로그, 2017.08.03.)

위의 (4, 5)에서는 '도달하다', '이르다'라는 표현이 있다. 두 표현은 은유적 함의로 보면 '목적지에 도달하다/이르다', 혹은 '지점에 도달하다/이르다'라고 이해할 수 있다. 『표준』에 따르면 '도달하다'는 '목적한 곳이나 수준에 다다르다'라는 의미이며, '이르다'는 '어떤 장소나 시간에 닿다'라는 의미로 해석된다.

(6)에서는 '지나다'라는 표현이 있다. '지나다'는 『표준』을 따르면 '어디를 거치어 가거나 오거나 하다'라는 의미로 해석된다. 또한, '어떤

시기나 한도를 넘다'에 대한 확장된 은유적 의미로 볼 수 있다. 예문에서는 '중년을 지나고 있다'라는 것은 목표개념 [중년]에 근원개념 [여행의 지점]으로 적용해 은유적 투사가 발생한 것이다.

(7)에서는 '건너다'라는 표현이 나타난다. 『표준』에 따르면 '건너다'는 '무엇을 사이에 두고 한편에서 맞은편으로 가다'를 의미한다. (15)에서는 '스무 살을 건너다', '마흔을 건너다'라는 표현이 나타난다. 여기에서는 스무 살, 마흔에 대한 [연령]은 [여행의 지점]으로 인지하고 있음을 알 수 있다.

[연령]은 [시간], [인생]과 긴밀한 관련이 있다. [연령은 이동하는 사물]에서는 관찰자는 고정되어 있는 [지점]으로 이동한다. 세부적으로 은유적 구조를 보면 [연령 증가]는 [여행의 지점]을 도달하고 경과하는 인지과정으로 볼 수 있다. 이때는 기본 층위에 있는 특정한 구체적 개념 [여행]에서 추상적 개념 [연령]으로 은유적 투사가 발생한다. 위 예문을 통해 [연령은 지점]이라는 은유가 입증된다.

한국어의 경우에는 또한 '접어들다', '들어서다', '돌입하다, 돌아가다'라는 표현이 가능하다.[26] 여기의 은유적 표현은 [지점], 즉 [목적지]에 도달한다는 것을 볼 수 있다. 이는 여행 도중의 이정표 개념으로 [연령]을 인지하고 있다. 예문을 보면 다음과 같다.

26 [여행의 지점]에 관한 은유적 표현들은 이동도식 원리를 이용하여 근원개념 [지점]에 초점을 맞추어 제시한다. 일부 표현들은 공간 개념과 관련이 있는데, [여행의 지점] 및 [목적지] 근원개념에 도출될 수 있는 표현을 취하여 분석할 수 있다. 이러한 은유적 표현들은 이동도식 원리에 적용되며 이동에 초점을 맞추는 것이다. 즉, 이동성에 주목하는 것이라 할 수 있다. 이는 [여행] 은유 및 근원개념 [여행의 지점]에 대한 은유적 표현을 선정하는 기준이 된다.

(8) 접어들다

가. 그저 중년의 나이에 접어들다 보니 남자의 젊음에까지 질투를 느끼나 보다 생각할 뿐이었다.

(한결, 『블루 먼데이 알코올』)

나. 중년으로 접어든 윤광오는 여전히 건강해 보였고 점잖은 신사였다.

(박경리, 『토지』)

다. 그러나 나이가 들어 노년에 접어들다 보니 걱정이 생기기 시작했다.

(최화성, 『유랑, 이후』)

(9) 들어서다

가. 마흔 줄에 들어서다 보니 뭐니 뭐니 해도 건강을 먼저 챙기게 되는데요.

(네이버 블로그, 2016.01.14.)

나. 내 나이가 벌써 육십 줄에 들어서다니.

(『표준』)

(10) 돌입하다

가. 그러나 서른은 얼마 전까지만 해도 중년에 돌입하는 상징성을 지닌 나이였지요.

(송정림, 『내 인생의 화양연화』)

(11) 돌아가다

가. 만일 내가 다시 스무 살로 돌아간다면, 난 과감히 교대를

중퇴하고 내 길을 갈 거야.

(이지성, 『스무 살, 절대 지지 않기를』)

위의 (8, 9)에서는 '접어들다', '들어서다'라는 표현이 있다. 모두 '들다'라는 표현과 관련이 있다. '들다'는 『어원』에서는 '들어가다'의 '入'과 관련이 있다고 제시하였다. 위 표현에서는 '진입'이라는 의미로 나타나며 이는 중심적인 어휘개념이라고 할 수 있다. 즉, 어떤 목적지나 지점에 들어간다는 어휘개념이다.

(8)에서는 '중년에 접어들다', '노년에 접어들다'라는 표현이 있다. 여기의 '중년', '노년'은 [연령기]에 해당되며 환유적으로[27] '중년의 나이', '노년의 나이'로 생각할 수 있다. 나이가 증가하는 것은 [여행의 지점]에 진입한다는 개념으로 인지한다.

(9)에서는 '들어서다'라는 표현이 있는데 '어떤 곳에 자리 잡고 서다'와 '어떤 상태나 시기가 시작된다'라는 의미로 해석된다. '접어들다'와 달리 '어떤 시가가 시작된다'라는 의미이며 [지점]에 도달하고 거기에서 출발한다는 개념이 나타난다.

(10)에서는 '돌입하다'라는 표현으로 나타난다. 한자어 돌입(突入)에는 '갑자기'라는 의미가 드러난다. '시간의 짧음'이라는 개념이 나타나기 때문에 '중년에 돌입하다'라는 것은 '생각보다 빠르게 중년의 나이가 되었다'라는 것을 생각할 수 있다.

(11)에서는 '돌아가다'라는 표현으로 나타난다. '스무 살'로 다시 '돌아가다'는 것은 여행 도중에 앞으로 가고 있는 상태에서 뒤로 간다

27 환유는 한 영역 안의 인접성(contiguity)에 의해 형성된 비유의 한 종류이다. 환유적 개념은 인간의 경험에 토대를 두고 있다. 환유적 개념이 보편적으로 물리적, 인과적 연상을 갖고 있다. 대표적인 환유는 [부분으로 전체를 대신함], [생산자로 생산품을 대신함], [장소로 기관을 대신함] 등이 있다.

는 것을 생각할 수 있다. '스무 살'은 이미 지나간 [지점]이었으며 다시 그 [지점]에 돌아간다는 것이다. 따라서 '스무 살'의 [연령]은 [여행의 지점]으로 인지하고 있다.

위에서 [지점]에 대한 다양한 실례들을 살펴보았다. [지점]에 대해 또 하나의 중요한 특징이 있다. 즉, [지점]은 방향이 있다. 따라서 [지점]의 방향에 의해 은유적 실례들이 나타난다. 한국어의 경우에는 '향하다'라는 표현이 있다. 이에 대한 은유적 양상을 보면 다음과 같다.

(12) 향하다

가. 스스로 쉰을 넘어 예순을 향하고 있지만...... '신세계 상륙'을 생각해볼만 하다.

(백만기 블로그, 2018.09.07)

위의 (12)에서는 '예순을 향하다'라는 표현으로 나타난다. [연령]은 여행의 [지점]으로 이해되며 예순 살로 이동을 시작한다는 것을 알 수 있다. 지금은 '쉰'이라는 [연령]을 넘어 또 다른 목적지인 '예순'으로 가고 있다. 관찰자가 동적이며 목적지 [연령]으로 이동하고 있기 때문에 [지점]이 생성된다.

위에서 한국어 [여행의 지점]에 대한 은유적 양상을 살펴보았다. [지점]에 대한 근원개념이 은유적 투사 과정에서 다양한 측면이 부각된다는 것을 알 수 있다.

다음, [지점]에 대한 중국어의 은유적 양상을 제시하겠다. 중국어의 경우에는 '过', '到', '进入' 등의 표현들이 있다. 먼저, '过', '走过'에 대해 살펴보겠다.

(13) 过 / 走过

가. 过了30岁，人生就没有退路了！

(30살 지나면 인생은 되돌아가는 길이 없다!)

(新浪, 2017.11.30.)

나. 如果你已经过了20岁, 但还不到25岁的话, 你必须找到除了爱情之外, 能够 使你用双脚坚强站在大地上的东西。

(이미 20살 지나고 아직 25살이 되지 않았다면 반드시 사랑 이외에 너의 양발이 굳게 땅 위에 설 수 있는 그 무엇을 찾아내야 한다.)

(新浪博客, 2009.08.02.)

다. 走过青春, 有人学会妥协, 放弃了梦想, 而王朔始终没有背叛自己和自己的梦想。

(청춘을 보내면서 어떤 사람은 타협을 배우고 꿈을 포기한다. 그러나 왕석은 지금까지 자기와 자기의 꿈을 배신한 적 없다.)

(吴晓, 『与我们青春有关的记忆』)

위의 (13)에서는 중국어 '过(지나다)', '走过(지나가다)'라는 표현이 있다. '过'는 『中中韓』에서는 '지나다', '거치다', '경과하다'의 의미가 있다. (13가, 나)에서는 나이 서른 살, 스무 살에 경과한다는 개념으로 볼 수 있다. (13다)에서는 '走过'라는 표현이 나타나는데 '거치다', '경과하다'의 의미로 생각할 수 있다. [청춘]은 '청춘 시기'로 개념화된다. 따라서 '走过青春(청춘에 지나다)'은 '청춘 시기'에 대한 [연령기]를 경과한다는 것으로 이해할 수 있다.

[여행의 지점]에서는 한국어 '도달하다', '이르다'와 같은 표현이 나

타나는데 중국어에 대한 은유적 표현도 유사한 방식으로 나타난다. 예문을 보면 다음과 같다.

(14) 到 / 走到 / 回到 / 重返

가. 在北上广深一线城市, 男人不到30岁就结婚似乎是一件很平常的事……

(북경, 상해, 광주, 심천 등 제일선 도시에서는 남자가 30살 되기 전에 결혼하는 것이 아주 평범한 일인 것 같다.)

(凤凰, 2017.03.27.)

나. 人能在世间走一走, 而且还能走到老年, 实在应该珍惜。

(사람이 이 세상에 와서 잠깐 걷다가 또한 노년까지 갈 수 있는 것은 정말로 소중한 것이다.)

(老槐, 『酒话』)

다. 五十岁应算作中年一族, 人到中年仅是人生之中途。

(50세는 중년에 속한다. 중년에 이르렀다는 것은 인생이 아직 한창 때라는 것이다.)

(老槐, 『酒话』)

라. 佟丽娅一大早晒美照, 34岁的她仿佛又回到了20岁。

(동려아는 이른 아침부터 예쁜 사진을 올렸다. 34살의 그녀는 마치 20살로 돌아간 듯하다.)

(新浪博客, 2018.09.01.)

마. 比尔·盖茨在华盛顿经济俱乐部的一次活动上, 被问及如果重返20岁从哈佛大学辍学创业, 会涉足什么领域。

(빌 게이츠는 워싱턴 경제 클럽의 활동에서 '만약에 20살로 돌아가, 하버드 대학교를 중퇴하고 창업을 한다면 어떤

분야에 발을 들여놓겠는가'라는 질문을 받았다.)

(快科技, 2019.06.25.)

(14)에는 '到(도착하다)', '走到(걸어서 도착한다)', '回到(되돌아가다)', '重返(되돌아오다)'이라는 표현이 있다. (14가~다)의 중심적인 어휘개념은 '到'인데, 『中韓』에 따르면 '도착하다, 도달하다, 이르다'라는 의미로 해석된다. 여기에는 '어떤 목적지, 지점'에 도착한다는 개념으로 적용하여 [연령]을 인지하고 있다. (14라, 마)에서는 '回到', '重返'이라는 표현이다. 두 표현은 '어떤 지점에 돌아오고 도착하다'라는 의미로 해석된다. '回到/重返20岁(20살로 돌아간다)'는 표현을 통해 [지점]에 대한 근원개념으로 적용해 [연령]을 인지하는 것을 알 수 있다.

다음, 중국어 [지점]에 대한 '进入(진입하다)', '走进(들어가다)', '迈入(발을 들이다)', '步入(들어가다)'에 대한 은유적 표현을 살펴보겠다. 예문을 보이면 다음과 같다.

(15) 进入 / 走进 / 迈入 / 步入

가. 因为母亲在<u>进入</u>老年之前, 有一个"更年期", 在生理上有程度不同的不适感……父母<u>进入</u>老年后, 有其暮年的心理特征, 显得有些"啰嗦"……

(노년에 들어가기 전에 어머니에게는 '갱년기'가 있다. 생리적으로 어느 정도의 불안감이 있다...... 부모님이 노년에 들어간 후에는 이 시기의 심리적 특징이 나타나며 말도 다소 많아진다.)

(张凌松, 『做人必须防备的9种人』)

나. 人都是不知不觉地从孩童走到少年，从少年走进青年，又从青年迈入中年，然后从中年步入到老年的行列。

(사람은 자기도 모르게 어린이에서 소년으로 소년에서 청년으로 또한, 청년에서 중년으로, 그리고 중년에서 노년의 행렬로 진입한다.)

(老槐, 『酒话』)

다. 这一切都让刚刚步入30岁的我第一次感到了前所未有的压力……

(이 모든 것은 이제 막 30살이 된 나로 하여금 전례 없던 스트레스를 받게 하였다.)

(央视网, 2019.05.10)

(15)에는 중국어 표현 '进入', '走进', '迈入', '步入'이라는 표현이 있다. 여기의 중심적 어휘개념은 '进', '入'이다. 『现代』에서는 '进', '入'은 '진입하다'라는 개념에 해당된다. 위의 (15)에서는 '进入老年(노년에 진입하다)', '走进青年(청년에 들어가다)', '迈入中年(중년에 들어가다)', '步入老年(노년에 들어가다)', '步入30岁(30세에 들어가다)'의 표현을 통해 구체적 근원개념 [여행의 지점]이 [연령]에 투사하는 인지과정을 알 수 있다.

중국어의 은유적 표현은 또한 [지점]에 대한 하위개념 [목적지]로 도출된다. '走向(......로 걸어가다)', '奔(......로 달려가다)'이라는 표현이 나타난다. 예문을 보면 다음과 같다.

(16) 走向 / 奔

가. 当我们一天天地走向老年，我们是否在心里有种惶恐和畏惧?

(우리가 하루하루 노년을 향해 걸어가고 있을 때, 우리의

마음속에 두려움과 불안이 있지는 않는지?)

(简书, 2018.05.08.)

나. 三十多年前的杨老师便已是该奔五十的年龄，身体略胖，面色红润。

(삼십여 년 전의 양 선생님은 이미 쉰을 바라보는 연세가 되셨다. 몸도 좀 퉁퉁해지시고 얼굴도 불그스름하셨다.)

(肖仁福,『权规则』)

위의 (16가)에서는 중국어 ‘走向’이라는 표현이 나타난다. ‘走向老年’은 ‘노년을 향하여 걸어간다’는 것을 의미한다. ‘向’은 ‘걸어가다’의 방향을 나타낸다. 관찰자는 노년 시기인 [연령]으로 이동하는 것을 볼 수 있다. 추상적 노년 시기에 들어간다는 것을 근원개념 [지점]으로 인지하고 있음을 알 수 있다. [지점]의 은유적 측면이 [연령]으로 투사하는 인지과정에서 부각된다. (16나)에서는 중국어 ‘奔’이 실현되었는데, 이 문장의 ‘奔’은 어떠한 목적지를 향해 달려가는 것을 의미한다. 이 표현이 [연령]에 함께 사용되면 어떠한 나이에 가까워진다는 관습적 의미를 나타내게 된다.

6.3. 장애물

[연령]을 인지할 때는 [여행]으로 투사되는데 [여행]에 대한 하위개념 [장애물]을 생각할 수 있다. 즉 여행하는 도중에 장애물을 접할 수 있으며 그 장애물을 넘어가기도 한다는 과정을 떠올릴 수 있는 것이다. 이러한 신체적 경험이 있기 때문에 [여행 도중의 장애물]에 대한 근원

개념을 도출할 수 있다고 여겨진다. [여행 도중의 장애물]은 은유적 함의로 추론할 수 있다. 추론 과정을 보면 다음 (17)과 같다.

(17) [연령은 여행 도중의 장애물]에 대한 은유적 함의

1) [여행]에 대한 비은유적 함의

우리가 여행 도중에 많은 장애물이 생성된다.

[장애물은 넘어갈 수 있다]

→ 그러므로 우리가 여행 도중에 넘어가는 장애물이 생성된다.

2) ([여행]에 근거한) [연령]에 대한 은유적 함의

[연령은 여행이다]

우리가 여행 도중에 넘어가는 장애물이 생성된다.

→ 그러므로 우리가 [연령]을 이해할 때 넘어가는 장애물이 생성된다.

위의 (17)과 같은 은유적 함의로 추론하고 [연령은 여행 도중의 장애물]이라는 은유가 도출된다. 한국어 표현에서는 '나이 서른 살 넘다', '서른 살 넘기다'와 같은 언어적 표현으로 확인할 수 있다. [장애물]로 [연령 증가]를 인지하는데 중대한 변화가 일어나거나 중요한 연령기에 시작한다는 의미도 포함된다. 즉 [장애물]이 새 연령기의 시작을 인지할 때 은유적으로 부각되는 것이다. 이는 도식으로 제시하면 다음 <그림 11>과 같다.

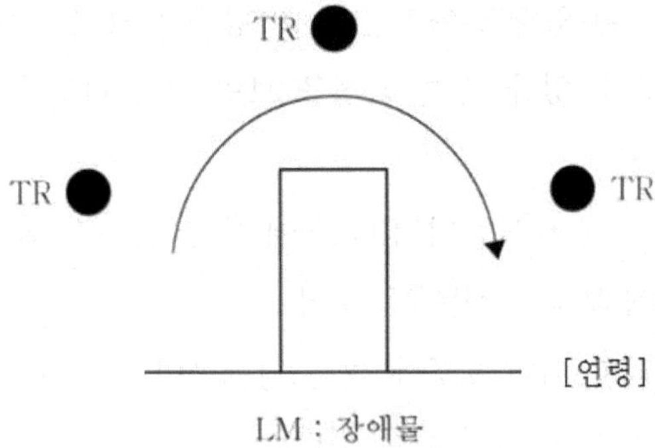

〈그림 11〉 [연령은 여행 도중의 장애물]의 영상도식

<그림 11>은 [장애물]에 대한 영상 도식을 통해 [연령기]의 개념화를 설명하고자 한다. 그림에 나타난 수평 직선은 [연령]에 해당하는 시간 축으로, 이는 일정한 [연령기]를 의미하는 것으로 간주된다. 이 도식에서 지표(landmark, LM)인 [장애물]은 근원개념으로 특정한 [연령기]의 전환점 또는 중요한 시기로 은유적으로 투사된다. 한편, 탄도체(trajector, TR)는 관찰자에 해당하며, 이 곡선 궤적은 탄도체가 [장애물]을 넘어가는 과정을 나타낸다. 이에 따라 [연령기]의 흐름은 '장애물 넘어가기 전', '장애물 지점에 있다', '장애물을 넘어간 후'로 나누어질 수 있다. 이러한 구조를 통해 [장애물]은 [연령]의 경과 과정에서 중요한 시점을 상징하는 은유적 개념으로 작용한다. 그 세부적인 은유적 양상은 다음과 같이 정리될 수 있다.

(18) 넘다 / 넘기다 / 넘어가다 / 넘어서다 / 뛰어넘다

가. "나이가 60이 <u>넘다 보니</u> 낮에만 좀 더 편하게 일을 하기 위해 타다 프리미엄을 신청했다"며...... 설명했다.

(서울경제, 2019.07.20.)

나. 그렇게 40대, 50대를 그럭저럭 넘기다 보면 죽을 때까지 자신이 하고 싶은 일을 모를 수도 있다.

(임은주, 『레드카드 주는 여자』)

다. 중년, 장년, 노년으로 넘어가면서 건망증은 심각한 문제로 다가온다.

(조선일보생활미디어, 『이코노미플러스』)

라. 나이가 쉰 살만 넘어서면 주름살이 많아지고 머리카락이 하얗게 변하게 되는 것이지만……

(백상, 『화산문하』)

마. 초딩 1학년짜리 남자애와 스무 살쯤 된 모자라는 청년이 나이를 뛰어넘 어 우정을 나눈다는 내용의 동화책에 나왔다.

(이금이, 『청춘기담』)

위의 (18)에서는 한국어 '넘다', '넘기다', '넘어가다', '넘어서다', '뛰어넘다'와 같은 표현들이 있다. 여기에서는 가장 중심적인 표현은 '넘다'라는 표현이다. 『표준』에서는 이를 '일정한 시간, 시기, 범위 따위에서 벗어나 지나다'라고 풀이하는데, 그 의미를 보면 목표개념 [연령]에 사용할 수 있다. 또한 '높은 부분의 위를 지나가다'라는 의미를 지니는데, 이는 근원개념 [장애물]과 관련된다. 동사 '넘다'는 '사건 구조'로 구성되고 동작, 행위 등 사건적 요소를 포함한다. 나머지 표현인 '넘기다', '넘어가다', '넘어서다', '뛰어넘다'도 '넘다'에 관련이 있어 [연령은 여행 도중의 장애물] 은유에 근원개념으로 개념화된다.

한국어 [장애물]에 대한 근원개념 중에 [문턱]이라는 개념이 있다. [문턱]과 관련된 언어적 표현은 흔히 '가다', '들어서다' 등의 동사와 함께 사용하는 양상을 보인다. 예문을 보면 다음과 같다.

(19) 문턱

가. “네가 마흔이면 난 쉰 문턱에 가 있어. 네가 쉰이면 난 환갑 노인에 가깝고.”

(이현수, 『장미나무 식기장』)

나. 만 서른의 나이에 교수로 임용된 이후부터 이순의 문턱에 들어선 지금까지 마주한 잊고 싶지 않은, 잊어서는 안 될 순간들을 기록했다.

(베리타스 알파, 2019.07.29.)

(19가)에는 ‘쉰 문턱에 가 있어’라는 표현이 나타난다. 이는 ‘쉰 살에 가까워지고 곧 쉰 살이 된다’라는 의미를 알 수 있다. [장애물]에 대한 ‘장애물 넘어가기 전’의 단계에 해당된다. 또한, (19나)에서는 ‘이순의 문턱에 들어선 지금’이라는 것은 ‘예순 살이 된 지금’이라고 할 수 있다. ‘이순’은 환유적으로 ‘예순 살’을 의미한다. [연령]은 ‘장애물 지점에 있다’는 단계에 해당된다. 여기의 ‘문턱’은 [장애물] 근원개념으로 적용하여 형성된 은유적 표현으로 볼 수 있다.

[장애물] 근원개념에 의해 더 세부적인 은유적 실례들을 발견할 수 있다. 구체적 근원개념 [고비], [고개], [언덕]과 같은 총체적 개념들이 있다. 예문을 보면 다음과 같다.

(20) 고비 / 고개

가. 서른이란 고비에서 각오를 다져보는 건 어떨까

(네이버 블로그, 2010.06.09.)

나. 그런 생각 없이 서른 고개를 넘어섰다면 반성해야 한다.

(이권우, 『여행자의 서재』)

(21) 언덕

가. 길 잃은 서른이란 언덕 위에서 마음 속 한 겹의 철판을 더 깔아본다.

(브런치, 2018.10.09.)

나. 중년을 넘어선 언덕 위에서 뒤돌아보며......

(네이버 블로그, 2018.12.01.)

위의 (20, 21)에서는 근원개념 [장애물]로 나타난 은유적 양상이 발견된다. (20가)에는 '고비'라는 표현이 있다. '고비'는 산의 맨 꼭대기인 절정이라는 의미이다. 또한 '고개'라는 표현이 있는데 '산이나 언덕을 넘어 다니도록 길이 나 있는 비탈진 곳'이라는 의미이다. (21)에는 '언덕'이라는 표현이 있다. 서른이라는 나이는 일상적으로 매우 중요한 나이로 여겨진다. 관습적으로 서른 살을 지나면 또 새로운 인생의 시작이나 인생에 대한 다른 단계로 들어간다고 생각되는 것이다. 위 예문은 [장애물]에 의해 생성된 근원개념의 실례라고 볼 수 있다. 이러한 은유적 양상은 [연령]을 인지할 때 구체적인 근원개념 [장애물]로 투사되는 인지과정을 가리킨다.

한편 중국어에는 '障碍(장애)', '坎(고개)', '关(관문)', '门槛(문턱)', '困(어떤 곤경에 빠지다)'과 같은 표현이 있다. 이러한 표현들은 총체적 개념으로 사용하는 표현이다. 총체적 개념과 동시에 행동 범주에 포함되는 동사들이 나타난다. 예문을 보면 다음과 같다.

(22) 障碍 / 坎 / 关口

跨越 / 跨过 / 过 / 站在 / 闯过 / 越过

가. 你们的执著, 让我看到了爱情不但可以成为跨越年龄障碍的奇

迹，更是抛弃 责任和担当的理由。

(너희들의 집착은 나에게 사랑은 나이의 장애물을 뛰어넘을 수 있는 기적일 뿐만 아니라 책임과 담당을 포기할 수 있는 이유가 될 수 있음을 보여주었다.)

(编辑部，『法治与社会』)

나. 男人如何跨过30这道坎？

(남자는 30살이라는 고개를 어떻게 넘어가야 하나?)

(新浪博客，2009.07.01.)

다. 过了35岁这道坎，如何坦然面对变老

(35살의 고개를 넘어서 어떻게 편안하고 당당하게 늙어감을 마주할 것인가?)

(豆瓣，2016.05.12.)

라. 站在30岁的关口，我也来思考一下人生。

(30살이 고비에 서서 나도 인생을 한번 생각해 본다.)

(豆瓣，2017.03.18.)

마. 由此，民间便有个说法：即人们要"闯过七十三，越过八十四"。其实就是说，到了八十四岁，您活到了天年的七折，很多人没过八十四岁这个坎儿。

(이로 인해, 민간에 이런 말이 있다. 즉, 사람은 "73살을 뚫고 나가 84살 고개를 넘어야 한다." 다시 말하자면 84살까지 되면 천명의 3할 정도 살았다는 것이다. 그러나 많은 사람들이 84살의 고개를 넘지는 못했다.)

(每日头条，2018.07.04.)

위의 (22)에서는 중국어 표현 '障碍(장애물)', '坎(고개)', '关口(관문)'가 있다. '障碍'는 [장애물]과 관련이 있으며 '坎', '关口'라는 표현도 여행 도중에 경과하는 [장애물]로 적용된다. 이러한 총체적 개념으로 사용하는 것은 중국어 어휘의 특징과 은유적 사고방식에 의해 생성되기 때문이다.

또한, '障碍(장애)', '坎(고개)', '关口(관문)' 앞에서 함께 사용한 동사들을 보였다. 위에서는 '跨越(뛰어넘다)', '跨过(뛰어넘다, 건너다)', '站(서다)', '过(지나다)', '闯过(돌파하다, 뚫고 나가다)', '越过(넘다)'와 같은 동사들이 나타난다. 이들은 모두 뒤에 있는 '障碍(장애)', '坎(고개)', '关口(관문)'라는 명사와 함께 사용하여야 명백한 은유적 양상으로 이루어진다. 이러한 행동 범주에 속한 동사 표현을 통해 근원개념 [장애물]에 대한 은유적 측면이 부각된다는 것을 알 수 있다. 또한 이 [연령]에 대한 중요성 및 사회적 관습적인 사고방식을 나타낸다.

(22마)에서는 '闯过', '越过'라는 표현을 보였는데, '闯过七十三, 越过八十四(73살을 돌파해야 되고 84살을 넘겨야 한다)'는 일상적으로 사용하고 있는 관습적 표현이다. 즉, 73세와 84세는 인생에 있는 매우 중요한 시점이라고 생각할 수 있다. 여기에서는 [인생]에서 이 [연령]을 [여행 도중의 장애물]로 인지하고 있으며 [장애물]에 대한 여러 은유적 측면이 부각된 것을 확인할 수 있다.

다음, 중국어 근원개념 [문턱]에 대한 은유적 양상을 살펴보겠다. '门槛(문턱)'이라는 표현으로 사용하는데 이와 관련된 동사 표현도 함께 나타난다. 예문을 보면 다음과 같다.

(23) 门槛

走到 / 站在 / 踏入 / 迈入 / 迈过 / 跨进 / 跨过

가. 不知道走了多少弯路, 在稀里糊涂或者盲目忙碌中<u>走到</u>了30岁的<u>门槛</u>……

(얼마나 많은 길을 우회했는지 알지 못 한 채, 어리둥절 속에 또는 맹목적인 분주함 속에 서른 살의 문턱까지 걸어 왔다.)

(凡志喜, 『20岁后, 拿什么与别人拉开距离』)

나. 站在30岁的门槛, 我们不该彷徨, 我们也不必恐慌……

(서른 살의 문턱에 서 있다. 우리는 방황할 필요도, 두려워 할 필요도 없다.)

(新浪博客, 2011.01.31.)

다. 90后的我们也即将踏入30岁的门槛。

(90년생인 우리도 서른 살의 문턱에 곧 들어선다.)

(网易, 2019.02.14.)

라. 我觉得多年的努力付之东流, 即将迈入30岁门槛的我突然变得一无所有了。

(여러 해의 노력이 허사로 돌아간 듯하다. 서른 살의 문턱에 막 들어서면서 나는 갑자기 빈털터리가 되었다.)

(央视网, 2019.05.10.)

마. 可一旦迈过了30这个门槛, 人生好像立刻进入中年人状态……

(서른 살의 문턱은 넘어서면 인생은 마치 바로 중년의 상태로 진입하는 것 같다.)

(简书, 2016.05.30.)

바. 我"一不小心", 便跨进了50岁的门槛, 成了一名名副其实的糟老头子。

(아차, 하는 사이에 나는 쉰 살의 문턱을 넘어섰다. 명실상부한 늙다리가 되었다.)

(新浪博客, 2016.12.17.)

사. 即将跨过35岁门槛的你，如何避免中年危机？

(곧 서른 다섯 살의 문턱을 넘어서는 너는, 어떻게 중년의 위기를 피할 수 있을까?)

(搜狐, 2019.04.28.)

위의 (23)에는 '门槛(문턱)'이라는 표현이 있다. 이 표현은 중국어 은유적 양상에서 널리 사용하고 있는 표현이다. 이는 한국어 '문턱'에 해당하는 표현인데 [장애물]로 인지하고 있다. 위의 '障碍(장애)', '坎(고개)', '关(관문)'에서 살펴보듯이, 이 명사가 앞에서 대응된 동사가 있어야 은유적 투사가 이루어진다. '门槛' 앞에서 사용하는 동사는 '走到(걸어가다)', '站在(서다)', '踏入(들어가다)', '迈入(발을 내딛다, 진입하다)', '迈过(넘어서다)', '跨进(들어서다)', '跨过(넘어서다)'가 있다. 이러한 표현들은 모두 '넘다'와 관련이 있으며 동작, 행위가 있어서 행동 범주에 속하는 개념이다. 또한, (23다, 라, 사)에서 볼 수 있듯이, '即将(곧)'이라는 표현이 나타난다. 이는 장애물을 넘어가는 과정에 '장애물 넘어가기 전'의 단계로 인지하는 것을 알 수 있다.

위에서는 '30岁(서른 살)', '35岁(서른 다섯 살)', '50岁(쉰 살)' 같은 [연령] 표현을 사용하였다. 일정한 문맥 속에서 [연령]을 이해할 때는 [장애물] 근원개념을 적용하여 매우 중요한 [연령]으로 인지하고 있음을 볼 수 있다. 또한 인생에 가장 중요한 시점으로 생각된다. 이 중요한 [연령]을 은유적으로 인지할 때는 [연령은 여행 도중의 장애물]에 의해 은유적 투사가 작용한다.

한편 중국어에서는 특수한 은유적 양상이 발견된다. 바로 [곤경]이라는 근원개념이다. 구체적 예문을 보면 다음과 같다.

(24) 困

가. 四十岁也好, 五十岁也好, 只要怀着一颗积极向上的心, 就不会被年龄所困。
(마흔 살도 좋고 쉰 살도 좋다. 긍정적인 마음만을 가지고 있으면 나이의 곤경에 빠지지는 않을 것이다.)
(廖唯珍, 『甜蜜100%』)

위의 (24)에는 '困(곤경에 빠지다)'이라는 표현이 있다. 이 표현은 문형 구조 '被……所困'(어떠한 곤경에 빠지다), '困在……里(어떠한 곤경에 있다)'로 형식적으로 나타난다. '곤경에 빠지다'라는 것은 [장애물]로 이해할 수 있다. 여기에서는 '困境(곤경)'이라는 어휘개념이 도출된다. 여기의 '곤경'은 [장애물]로 이해되는 하위개념이라고 할 수 있다.

위에서는 중국어에 대한 다양한 은유적 양상을 살펴보았다. [여행] 근원영역에 대한 이동 도식을 다양한 방식으로 실례화하고 있다. 또한, [연령은 여행 도중의 장애물]과 관련된 중국어 은유적 양상에서는 총체적 개념에 중점을 두고 있다는 것을 볼 수 있다. 구체적 사물 범주로 기초를 하여 행동 범주 개념으로 은유가 구축된다.

6.4. 거리

[연령은 여행이다]를 통해 근원개념 [여행]에 대한 다양한 실례들이 나타나는데 [여행]이 정교화된 개념 중에서 [거리]라는 개념은 살펴볼 필요가 있다. 여행의 경로에는 거리의 개념이 존재하고 그 거리에 대한 '멂'과 '가까움'이 인식된다. [거리]에 대한 신체적 경험이 있기 때문에

[연령은 여행]에 대한 은유적 함의로 [연령 증가는 지점의 거리]가 도출된다. [연령 증가는 지점의 거리]에 대한 추론 과정을 보면 다음과 같다.

(25) [연령 증가는 지점의 거리]에 대한 은유적 함의

1) [여행]에 대한 비은유적 함의

우리가 여행을 할 때 많은 지점이 생성된다.

[지점 간에 거리가 있다]

→ 그러므로 우리가 여행을 할 때 지점 간의 거리가 생성된다.

2) ([여행]에 근거한) [연령]에 대한 은유적 함의

[연령은 여행이다]

우리가 여행을 할 때 지점 간의 거리가 생성된다.

→ 그러므로 우리가 [연령]을 이해할 때 지점 간의 거리가 생성된다.

위의 (25)에서는 [연령 증가는 지점의 거리]에 대한 은유적 함의 추론 과정을 살펴보았다. 이 과정을 통해 [연령 증가는 지점의 거리]라는 은유적 구조가 구축된다. [연령 증가]라는 추상적 개념을 이해할 때는 구체적이고 구조적인 [거리] 개념이 고려된다. 즉, [지점 간의 거리]는 [연령 증가]를 이해할 때 더 구체적인 개념적 구조를 제공해 준다.

[연령 증가는 지점 간의 거리] 은유를 입증하기 위해서는 경로도식에 대한 부차적인 지식이 필요하다. 경로 영상도식에는 부차적인 영상도식이 있다. Johnson(1987, 노양진 역 2000: 126)에서는 경로 도식에 대한 부차적인 영상도식을 다음과 같이 제시하였다.

(26) 경로 도식에 대한 인지모형

가. 힘

나. 과정

다. 앞-뒤

라. 가까움-멂

마. 순환

바. 수직성

위의 (26)은 경로도식에 대한 인지모형이다. 이 중 (26라)에서는 원근 관계를 나타내는 '가까움-멂' 영상도식이 확인된다. '가까움-멂' 영상도식은 내적인 구조를 가지고 있다. 은유적 투사 과정에서는 영상도식의 활성화를 이루는 내적인 구조적 요소가 요구된다. '가까움-멂' 영상도식의 구조적 요소를 살펴보면 다음과 같다.

(27) '가까움-멂' 영상도식의 구조적 요소[28]

· 둘이나 그 이상의 실체, 그중 하나는 보통 다른 실체에 대한 참조점 역할을 한다.

· 경로.

· 두 실체 사이의 어떤 거리(만약 거리가 매우 짧으면 가까움 영상도식이 환기된다. 반면에, 거리가 멀면 멂 영상도식이 예증된다.)

위의 (27)에서는 '가까움-멂' 영상도식에 대한 구조적 요소를 알 수 있다. 첫째, 둘 이상의 실체가 있으며 그중 하나는 참조점의 역할을

28 M. Sandra Peña(2003, 임지룡 · 김동환 역 2006: 274)에서 제시한 내용을 인용함.

한다. 즉, 한 실체가 정해져 있고 나머지 한 실체가 이동하고 있다. 실체가 동적, 정적 상태가 존재한다. 둘째, 경로가 필요하다. [여행]은 근원개념으로 적용하여 '출발점-끝점'이나 '근원지-행선지'와 같은 개념요소가 작용하기 때문에 경로가 필요하다. 셋째, '가까움-멂' 영상도식이 세부적으로 두 가지 유형이 환기된다. 두 실체의 거리에 따라 하나는 '가까움' 영상도식, 하나는 '멂' 영상도식이 있다는 것을 알 수 있다.

그렇다면 한국어 '가까움-멂' 영상도식에 대한 은유적 양상을 살펴보겠다. 예문을 보면 다음과 같다.

(28) 가깝다

가. 주민등록상의 나이는 서른에 <u>가깝지만</u> 정신연령은 고 2에 멈춰 있었다.

(한상운, 『무심한 듯 시크하게 범죄의 시대』)

나. "서른 줄에 <u>가까워지다</u> 보면 다들 한 번씩 경험하는 거 아니겠냐? 다들 그렇게 어른이 되는 거지……"

(김유빈, 『마탑의 사냥개』)

다. 그렇게 중년에 <u>가까운</u> 나이가 내게 오니 문득 어머니가 그립다...

(다음 블로그, 2011.06.20.)

라. 또 저도 나이가 60 넘어 70이 <u>가까워지다</u> 보니 머리 끝에서 발 끝까지 안 아픈 곳이 없었는데, 요즘은 참 이 세상도 살기 좋구나 하는 생각이 듭니다.

(윤철경, 『성인병 뛰어넘기』)

위의 (28)에서는 '가깝다'의 은유적 양상을 보였다. (28가, 나)에서는 '일정한 나이에 가깝다'라는 문형으로 나타난다. 문맥에서의 주체는 관찰자가 서른 살로 이동하는 것을 알 수 있다. 관찰자는 동적이고 [연령]은 정적인 상태를 볼 수 있다. (28다)에서는 관찰자가 '중년'의 나이로 이동하고 있음을 알 수 있다. (28라)에서는 '70이 가까워지다' 라는 표현으로 나타난다. '70'은 문장의 주체이기 때문에 [연령]이 동적이며 관찰자는 정적인 상태이다. 여기에는 [연령]이 관찰자 쪽으로 이동하는 인지과정을 알 수 있다.

(29) 멀다

가. 오십에 가까운 나이든, 한참 멀어진 나이든, 아직은 죽음과 먼 날이라고 여겨진 어느 한낮에 문득 유서를 쓰는 건 누구나 한 번쯤 해보고 싶은 일일 수 있을 거였다.

(김인숙, 『단 하루의 영원한 밤』)

나. 서른 즈음에 참 멀다 느꼈는데 와보니 가까운 시간이었구나.

(브런치 블로그, 2017.12.01.)

위의 (29)에서는 '멂' 영상도식에 대한 은유적 양상을 확인할 수 있다. (29가)에서는 '멀어지다'라는 표현이 있다. '오십에 한참 멀어진 나이'에서는 '오십'이라는 [연령]은 정적이고 관찰자는 동적이다. 여기의 '오십'은 이정표와 같은 일정한 목적지로 생각할 수 있다. (29나)에서는 '멀다'로 표현하는데 관찰자가 동적이고 서른 나이에 거리가 있다. '멀다' 표현 뒤에 있는 '와보니'를 사용하였는데 관찰자가 동적인 상태로 목적지(서른 살)로 이동한 것을 알 수 있다.

다음, [연령 증가는 지점의 거리]에 대한 중국어 은유적 양상을 살펴보겠다. 중국어 경우에는 '远(멀다)', '近(가깝다)'으로 나타난다. 예문을 보면 다음과 같다.

(30) 远 / 近

가. 25岁, 离20岁很远, 离30岁很近。

(스물 다섯 살, 스무 살과는 멀고 서른 살에 가깝다.)

(项枫, 『25岁, 离20岁很远, 离30岁很近』)

나. 当我即将步入而立之年的时候, 二十岁似乎离我很远又很近……

(곧 이립의 나이에 들어서면서 스무 살은 나에게 아주 멀기도 하고 가깝게도 느껴졌다.)

(刘占军, 『感谢生活』)

위의 (30)에서는 '远(멀다)', '近(가깝다)' 같은 형용사로 나타난 것을 확인할 수 있다. '远(멀다)', '近(가깝다)'은 [거리]로 인지하고 있다. 더불어, '远(멀다)', '近(가깝다)' 앞에 '离'와 함께 사용이 가능하다. 예문에서는 '离'을 제외하면 비문이 된다. '离'는 『中韓』에서 '......로부터', '......에서'의 공간적 개념으로 해석되고 있다. 다시 정리하면, '离……近/远' 문형 구조에 의해 [거리]의 근원개념이 [연령 증가]로 투사된다는 것을 알 수 있다.

[지점의 거리]에서는 또한 '临近(인근)', '靠近(가까이 다가가다)', '接近(접근하다)'이라는 표현이 있다. 예문을 보면 다음과 같다.

(31) 临近 / 靠近 / 接近

가. 照虚岁的算法, 我今年正好六十岁, 临近老年了。

(세는 나이로 계산하면 나는 올해 예순 살이다. 노년에 가까워졌다.)

(赖瑞和, 『杜甫的五城』)

나. 就算黄氏比他小20岁左右, 也是靠近50岁的人了, 美人迟暮矣。
(황씨가 그보다 스무 살 정도 어리다고 치더라도 50세에 가까운 사람이다. 미인도 늙어졌다.)

(编辑部, 『书与人』)

다. 回忆起自己走过的人生道路, 参加高考考进大学是人生最关键最重要的转折点, 这时自己已接近30岁了。
(걸어온 인생길을 뒤돌아보니, 대학 입학 시험을 치르고 대학에 진학한 것은 인생의 가장 중요한 전환점이었다. 이때 이미 서른 살에 가까웠다.)

(方宝璋, 『人生的回忆与思考』)

위의 (31)에서는 '临近', '靠近', '接近'이라는 표현이 있다. 여기에서는 '近(가깝다)'이라는 표현이 중심적인 어휘개념이다. '临近', '靠近', '接近'은 행위가 발생하기 때문에 행동 범주에 속한 개념이다. 위의 언어적 표현을 통해 관찰자가 [연령]으로 주동적으로 다가가는 과정을 볼 수 있다. 즉 [연령]을 참조점으로 하여 관찰자는 동적이며 목적지인 [연령]으로 이동하고 있다. 따라서 [연령 증가]에 대한 인지과정에서 [지점의 거리]가 [연령]으로 은유적 투사가 발생한다.

6.5. 길

[여행] 근원영역에 대한 다양한 실례들 중 하위개념 [길]이 있다. 즉, [여행]에 의해 [길]이 도출될 수 있다. [길]은 다양한 유형과 방향성을 가지고 있기 때문에 길은 미로로 변할 수 있고, 길의 방향을 잃을 수도 있다. [길]은 추상적 개념 [연령]을 이해할 때 구체적인 개념 구조

를 제공한다.

[연령은 여행]에 대한 은유적 함의로 [연령은 길] 은유가 도출될 수 있다. [연령은 길]의 추론 과정을 정리하면 다음과 같다.

(32) [연령은 여행의 길]에 대한 은유적 함의

1) [여행]에 대한 비은유적 함의

우리가 여행할 때 많은 길이 생성된다.

2) ([여행]에 근거한) [연령]에 대한 은유적 함의

[연령은 여행이다]

우리가 여행할 때 많은 길이 생성된다

→ 그러므로 우리가 [연령]을 이해할 때 많은 길이 생성된다.

위의 (32)에서는 [연령은 길]에 대한 은유적 함의 추론 과정을 살펴보았다. 추상적 개념인 [연령]을 이해할 때는 [여행 도중의 길]이라는 은유적 구조가 구축되고 생성된다. [여행의 길]은 [연령]을 인지하는 데 구체적인 개념적 구조를 제공해 준다.

[길]은 다양한 유형이 있고 또한 방향도 있다. 여행할 때에는 어떠한 길을 선택하는지, 또한 어느 방향으로 가는지에 대해 고민하고 결정해야 된다. 이러한 [길]에 대한 백과사전적 지식을 통해, [길]을 근원개념으로 취하여 [연령]으로 투사한다. 다음에는 [길]에 대해 길의 유형, 길의 방향으로 구분하여 제시한다.

백과사전적 지식에 의거하여 [길]이 다양한 유형이 있다는 것을 알 수 있다. 목표개념 [연령]으로 적용할 수 있는 [길]의 언어적 표현은 '길', '샛길', '길목', '길목', '갈림길', '분기점', '분수령'과 같은 표현들

이 있다. 이러한 표현들을 통해 총체 층위 은유 [연령은 길]에 대해 다양한 방식으로 실례화하고 있다는 것을 알 수 있다. [연령은 길]의 은유적 양상을 살펴보면 다음과 같다.

(33) 길목 / 갈림길

가. 안온한 행복이 기다리고 있을 것만 같던 서른 살의 길목에서 우리는 저마다 내부의 그림자와 맞닥뜨렸던 것이다.

(YES 블로그, 2014.04.17.)

나. 서른 한 살의 갈림길... 우연히 발견한 천국

(중앙일보, 2015.06.13.)

위의 (33)에는 '길목', '갈림길'이라는 표현이 있다. (33가)에는 '길목'이라는 표현으로 나타나며 '큰길에서 좁은 길로 들어가는 어귀'를 의미한다. '길목'은 이동 도식으로 적용된다. (33나)에는 '갈림길'이라는 표현이 나타난다. '갈림길'은 [연령]을 인지할 때 구체적인 근원개념으로 작용된다.

위의 '길목', '갈림길'은 목표개념 [연령]을 이해하는 데 근원개념으로 투사된다. (33)에서 살펴보았듯이, '서른 살', '서른 한 살'은 사람에게는 매우 중요한 시기라고 볼 수 있다. 이는 관습적 경험이나 백과사전적 지식으로 산출된 결과물이다. '길목', '갈림길'에 있을 때는 길을 선택해야 되는 상황이다. 즉, [여행 의 길]이 근원개념으로 '길을 선택하다'의 행위 범주에 있는 개념이 도출된다. 그러므로 '선택해야 하는 길'과 '인생 미래에 대해 방향을 선택해야 되는 나이나 시기', 이 두 개념요소 간의 은유적 투사가 이루어진다. [연령은 길] 은유를 통해 인생에서 중요한 [연령]을 이해하는 데 [길]에 대한 체계적인 구조로 인지하고 있음을 알 수 있다.

한국어 [길]에 대한 은유적 양상은 또한 [분기점], [분수령]이라는 하위개념으로 나타난다. 예문을 보면 다음과 같다.

(34) 분기점 / 분수령

가. 나이 50이 인생의 중요한 분기점이 되는 이유는 두 가지이다.

(백만기 블로그, 2018.09.07.)

나. "마흔 살이란 분수령을 넘음으로써, 다시 말해서 한 단계 더 나이를 먹음으로써, 그 이전까지 불가능했던 일들이 가능하게 될지도 모른다."

(이영미, 『마녀체력』)

위의 (34)에는 '분기점', '분수령'이라는 표현이 있다. 이는 [연령]에 대한 중요한 시점을 강조한다. 또한 '분기점', '분수령'은 '앞과 뒤'의 두 부분으로 갈려져 있기 때문에 [연령]에 대한 과거와 미래가 서로 다르고 지금은 과거에 비해 변화가 일어난다는 것을 생각할 수 있다. (34가)에서는 '나이 50'이 인생의 분기점으로 나타나며 50의 나이 이전과 이후는 매우 다르다는 것을 강조하게 된다. (34나)에서는 마흔 살은 [분수령] 근원개념으로 인지하고 있다. 즉, 마흔 살 이전과 마흔 살 이후는 다르다는 것을 알 수 있다. [연령]은 인생에 대해 평가해줄 수 있는 '시점'으로 볼 수 있다.

여행자는 여행 도중에 행진하는 길의 방향을 잃을 수도 있다. 가령, 열차 여행할 때는 열차가 궤도를 벗어날 수 있다. 여기에는 [궤도]에 대한 근원개념이 도출될 수 있다. 즉, [궤도]에 길을 잃을 수 있고 정확한 노선에 벗어나기도 한다. 이러한 관습적 지식에 의해 추상적인 [연령]을 개념화한다. 다음, [궤도]에 대한 은유적 양상을 보면 다음과 같다.

(35) 벗어나다

가. 이미 연기력이 뛰어나단 건 다들 알고 있었는데 이런 식으로 나이를 벗어난 연기까지 가능하단 걸 알고선 다시 한 번 더 유상준으로 인해 세상이 들썩이는 것이다.

(만선, 『나는 작가다』)

(35)에는 '나이를 벗어난 연기'라는 표현으로 나타난다. [연령]은 정상적인 궤도를 벗어난다. '나이를 벗어난 연기'는 '그 나이에 초월한 연기'라고 해석할 수 있다. 관찰자가 일정한 목적지로 이동하는 것은 [여행의 길]에 대한 하위개념 [궤도]로 개념화된다. 여기에서는 [궤도]에 대한 은유적 측면 [노선]이 [연령]을 이해하는 인지과정에서 부각된다는 것을 알 수 있다.

다음, [길]의 유형에 대한 중국어 은유적 양상을 살펴보겠다. 중국어 경우에는 '交叉路口', '分岔路口', '岔路口(길목/갈림길)', '分水岭(분수령)'과 같은 다양한 실례들이 있다. 예문을 보면 다음과 같다.

(36) 交叉路口 / 分岔路口 / 岔路口

가. 如果你很幸运的, 提早在高中时代决定自己的人生路, 目标的终点会指引你如何过30岁的这些交叉路口。

(만약에 너에게 행운이 있다면, 고등학교 시절에 미리 인생의 길을 결정하고 나면 목적지가 너에게 서른 살의 교차로를 어떻게 넘어가야 할지 방법을 알려줄 것이다.)

(CMoney, 2016.03.18.)

나. 30岁, 是女人最关键的分岔路口。

(서른 살, 여자의 가장 중요한 갈림길.)

(搜酷母婴, 2018.12.03.)

다. 站在35岁的岔路口，我想和30岁的你谈谈。

(서른 다섯 살의 갈림길에 서서 나는 서른 살의 너와 이야기를 나누고 싶다.)

(简书，2016.09.29.)

위의 (36)에는 '交叉路口(교차로)', '分岔路口(분기점)', '岔路口(길목/갈림길)'라는 표현이 있다. [길]에 대해 정교화된 개념으로 나타난 구체적 실례들이다. 교차로, 갈림길 같은 길에 도착할 때는 길을 다시 선택해야 되는 상황이다. 사람의 인생은 시기별로 구성되며 일정한 나이, 가령 30이나 35살이 될 때에 매우 중요한 시점이라고 생각한다. 이 시점에서는 결정을 해야 되고 미래에 대해 중요한 영향을 줄 수 있다.

다음, 중국어 표현 '分水岭(분수령)'에 대한 은유적 양상을 살펴보겠다. 예문을 보면 다음과 같다.

(37) 分水岭

가. 随着年龄逼近35岁—职场中对于女性年龄的潜在分水岭，她开始意识到自己渐渐失去竞争力。

(나이 서른 다섯 살—직장에 존재하는 여성 나이에 대한 잠재적 분수령, 그녀는 자신이 경쟁력을 점점 잃어가고 있음을 느끼기 시작했다.)

(腾讯，2018.10.25.)

위의 (37)에는 '分水岭(분수령)'이라는 표현이 있다. 한국어와 같이 '分水岭'이라는 표현은 분기된다는 내적 의미가 포함되어 있다. 예문에서는 여자의 나이가 35살 이전과 이후는 매우 다르다는 것을 나타낸다. 중국어 '分水岭'을 통해 [길]이 [연령]으로 투사된다는 인지과정을 확인할 수 있다.

위에서 살펴본 바와 같이, [연령]을 인지하는 과정에서 [길]을 정교화한 실례들이다. 목표개념 [연령]을 인지할 때는 [길]의 [노선]을 적용한다. 은유적 함의를 통해 여행 도중에 길의 방향을 잃을 수도 있고 궤도에 벗어날 수도 있다는 경험을 가지고 있기 때문이다.

6.6. 소결

본 장에서는 목표영역 [연령]은 이동 개념에 대한 은유적 양상을 제시하였다. 이동 개념은 이동도식, 경로도식에 의해 다양한 개념적 방식으로 실례화된다. 한국어와 중국어의 [연령]에 대한 목표영역은 이동 개념으로 투사하는 과정에서 보편성과 특수성을 지닌다.

6.6.1. 이동 개념에 대한 인지적 보편성

본 장에서는 경로 도식, 이동적 인지모형을 이용해 [연령]에 대한 은유적 표현을 제시하였다. 경로 도식에 의해 [연령]에 대한 은유적 양상을 제시하였다. [인생은 여행]의 은유적 구조를 바탕으로 하여 하위 은유 [연령은 여행]의 개념적 구조가 구축되며 은유적 투사가 실현된다. [여행]을 경로 도식에 의해 근원개념 [지점], [장애물], [거리], [길]이 도출되고 은유적 측면이 부각된다.

이동적 인지모형에서는 참조점에 따라 이동적 관찰자 인지모형과

[연령] 이동적 인지모형으로 나누어 제시하였다. 이동적 관찰자 인지모형에서는 관찰자는 동적이며 [연령]은 정적인 인지모형을 살펴보았다. [연령] 이동적 인지모형에서는 [연령]은 이동하는 탄도체로 간주한다. [연령]에 대한 이동적 인지모형을 이용하여 [연령] 은유적 표현에 대한 인지과정을 분석하였다.

[여행]과 관련된 하위개념, 또한 다양한 은유적 실례들을 통해 목표영역 [연령]을 투사하는 인지과정을 논의하였다. 근원영역 [여행]에 의해 나타난 은유적 양상을 정리하면 다음 <표 23>과 같다.

〈표 23〉 [여행]에 대한 은유적 양상

근원영역	영상도식	하위개념	한국어	중국어
여행	경로	지점	도달하다, 이르다, 지나다, 건너다, 접어들다, 들어서다, 돌입하다, 돌아가다, 향하다	过, 走过, 到, 走到, 回到, 重返, 进入, 走进, 迈入, 步入, 走向, 奔
		장애물	넘다, 넘기다, 넘어가다, 넘어서다, 뛰어넘다. 문턱, 고비, 고개, 언덕	跨越, 跨过, 过, 站在, 闯过, 越过, 走到, 踏入, 迈入, 迈过, 跨进, 困. 障碍, 坎, 关口, 门槛
		거리	가깝다, 멀다, 가까워지다, 멀어지다	近, 远, 临近, 靠近, 接近
		길	길목, 갈림길, 분기점, 분수령, 벗어나다	交叉路口, 分岔路口, 岔路口, 分水岭

위의 <표 23>에서는 한국어와 중국어 [여행]에 대한 은유적 양상을 확인하였다. 근원영역 [여행]에서 목표영역 [연령]으로 투사되며 그중에 다양한 은유적 실례들을 볼 수 있다. [여행]은 경로 도식에 의해

개념화되며 [지점], [장애물], [거리], [길]로 세부적으로 구분하였다. 한국어와 중국어 모두 [여행]의 근원개념을 통해 목표영역 [연령]에 은유적 투사가 실현된다.

6.6.2. 이동 개념에 대한 인지적 특수성

여행 도식에 의해 [연령]은 [여행]의 근원영역으로 인지되기도 한다. [여행]에 대한 정교화된 개념은 다양한 실례들이 있는데 은유적 투사 과정에서는 부각된 측면이 나타난다. 한국어와 중국어는 서로 보편성이 있지만, 근원개념 [장애물], [길]에 대한 부각된 측면에서는 특수성을 갖는다. 한국어와 중국어의 [여행]에 대한 인지적 특수성을 제시하면 다음 <표 24>와 같다.

〈표 24〉 [여행]에 대한 인지적 특수성

근원영역	부각된 측면	한국어	중국어
장애물	몸을 솟구쳐서 높은 장소를 넘다	뛰어넘다	△
	가랑이를 벌리고 발걸음을 내디디다	△	跨越, 跨过
	높이가 있는 산의 절정	고비	△
	산이나 언덕을 넘어 다니도록 길이 나 있는 비탈진 곳	고개	△
길	왕래할 때 반드시 거치는 요도	△	关口
	여러 갈래로 갈린 길	갈림길	△
	길이 여러 갈래로 갈라지기 시작하는 곳	분기점	△
	공간적 범위나 경계 밖으로 빠져나오다	벗어나다	△

위의 <표 24>에서는 [여행]에 대한 인지적 특수성을 살펴보았다.

여행 도식에 의해 여행 도중의 [장애물], [길]로 나타난다. [장애물], [길]과 같은 근원개념은 특정한 구체적인 개념으로 볼 수 있다. 예문에서 살펴본 바와 같이, '60이 넘다', '서른 고개를 넘어서다' 등의 표현이 있다. 여행 도중의 [장애물]을 넘는다는 개념은 목표개념 [연령]으로 투사되는데, 그중에 행동 범주에 속한 '넘다', '넘어서다'라는 개념이 나타난다. 또한 '고개'와 같은 사물 범주에 속한 개념이 있다. [장애물]이 근원개념으로 구성된 은유는 기본층위 행동 범주와 사물 범주로 함께 작용하여 구성된다는 것을 알 수 있다.

[장애물], [길]의 은유적 투사 과정에서는 백과사전적 지식으로 '서른 살', '마흔 살'에 대해 매우 중요하고 특별한 인지적 이해가 포함된다. 즉, 인생의 중요한 시점이나 시기에서 또 다른 새로운 단계로 넘어가는 것을 생각한다. 은유적 투사 과정에서 [장애물], [길]의 은유적 측면이 부각될 때는 한국어와 중국어에 대한 은유적 양상은 특수성이 나타난다.

위의 <표 24>에서 살펴보듯이, 근원개념 [장애물]에 대한 투사 과정에서는 행동 범주에 속한 근원개념이 작용된다. '몸을 솟구쳐서 높은 장소를 넘다'라는 은유적 측면이 부각되는데 중국어에서는 '가랑이를 벌리고 발걸음을 내디디다'라는 은유적 측면에 초점을 맞추는 것이다. 사물 범주에 대한 근원개념에서는 '높이가 있는 산의 절정', '산이나 언덕을 넘어 다니도록 길이 나 있는 비탈진 곳'라는 은유적 측면이 부각되는데 중국어에서는 이 은유적 측면에서 투사가 어렵다. 중국어의 [장애물]에 대한 인지과정에서는 '길이 막혀 전진하지 못함', '왕래할 때 반드시 거치는 요도'라는 은유적 측면이 부각되는데, 한국어에서는 이러한 은유적 투사가 실현되기 어렵다. 근원개념 [길]에서는 '여러 갈래로 갈린 길', '여러 갈래로 갈라지기 시작하는 곳'이라는 은유적 측면이 부각되는데 중국어에는 은유적 투사가 풍부하지 않다. [길]에서는 근원개념 [궤도]를 적용하여 '공간적 범위나 경계 밖으로 빠져나오다'라는 은유적 측면이 부각되지만 중국어에서는 은유적 투사가 어렵다.

07

기타 은유적 양상

본 장에서는 앞서 살펴본 [공간], [사물], [이동] 개념 이외에 [연령]과 관련된 그 밖의 개별적 은유적 양상에 대해 논의하고자 한다. 앞부분에서는 [연령]을 [공간], [사물], [이동]이라는 인지적 근원개념을 통해 이해하는 방식을 중심으로 살펴보았지만 실제 언어 사용 맥락에서는 이 외에도 다양한 은유적 표현이 존재한다.

이러한 개별적 근원개념과 은유 양상은 일상 언어 속에서도 빈번히 나타나며, 특히 문학 작품에서 보다 다양하고 창의적인 방식으로 구현된다. 즉, 문학적 은유와 관련된 표현들이 [연령]의 심화된 인지를 가능하게 한다. 예를 들어, [연령]은 때로 [적]으로 인식되어 표현할 수 있다. 혹은 태양의 위치나 사계절의 변화와 같은 자연 현상에 빗대어 개념화되기도 한다. 이와 같은 다양한 언어적 표현들은 개념적 은유의 인지적 기제를 파악하는 데 중요한 단서를 제공한다.

Lakoff & Johnson(1980, 노양진 · 나익주 역 2006: 73)에서는 근원개념 [적]에 대해 논의한 바가 있는데, 그 예로 '지금 현재 우리의 최대의 적은 인플레이션이다.'라는 예문을 제시하였다. 즉 추상적 [인플레이션]을 [적]으로 인지하는 것을 보였다. 이러한 내용을 한국어에 적용한 논의로는 임지룡(2001가, 2001나)이 있다. 여기에서는 '이기다'를 논의하면서, '슬픔을 이기다', '슬픔을 물리치다', '슬픔을 몰아내다'의 은유적 표현을 예로 제시하였다. 각 문장에서는 '슬픔'에 대해 '이기다', '몰리치다', '몰아내다'라는 동사가 사용되는데, 이때에 [슬픔]을 [적]으로 파악한 것을 볼 수 있다. 또한 '긴장' 역시 [적] 은유로 풀이하였는데, 추상적인 목표개념 '긴장'에 대하여 '몰아오다'를 사용할 수 있다고 제시하였다. '긴장을 몰고 왔다', '긴장을 몰아오다'와 같은 표현이 가능하며 행위의 대상인 '긴장'을 [적]으로 간주한다는 것이다.

또한, Kövecses(2002)에서는 인생 은유의 하위 은유 [인간의 인생은 낮](THE LIFE OF HUMAN BEING IS A DAY), [일생은 낮](A LIFETIME IS A DAY)라는 은유를 논의한 바가 있다. [낮]과 [인생] 사이에는 부분적 대응관계가 존재하는데, 아침은 유아기에 대응되고, 한낮은 성숙한 성인기에 대응되며, 저녁은 노년기에 대응된다. 이러한 대응관계를 바탕으로 하여 근원영역인 [낮]에 의해 인간의 [인생]이 인지됨을 주장하였다.

한정(2015)에서는 목표개념 '삶'과 '죽음'에 대한 한국어와 중국어의 은유적 양상을 대조 · 분석하였다. 먼저 한국어에서는 [청춘]은 근원개념 [봄]으로 인지하며 [노년기]는 근원개념 [황혼], [가을]로 인지하고 있음을 기술하였다. 또한, 중국어에서는 [청춘]에 '春天(봄)'이라는 표현이 가능하며 [노년기]에 '冬天(겨울)', '黄昏(황혼)', '迟暮(해질녘)'이라는 표현으로 은유적 투사가 가능하다는 점을 보였다. 이러한 근원개념은 [사계절], [해]와 관련이 있으므로 [봄], [가을], [황혼]은 매우 대표적인 근원영역으로 해석할 수 있다고 여겨진다.

위의 논의들을 통해서 [적], [해], [사계절]과 같은 기타 은유적 근원개념도 [연령]에 투사되는 근원개념이 될 수 있다고 여겨진다. 이에 본 장에서는 근원개념 [적], [해], [사계절]에 대한 은유적 표현을 검토하여 다루고자 한다. [적], [해], [사계절]의 은유적 구조로 목표개념 [연령]을 개념화하는 방식을 분석할 것이다. 그중에 어떠한 방식으로 은유적 투사가 실현되는지, 또한 [연령]을 어떠한 방식으로 인지하고 있는지를 살펴보고자 한다.

7.1. 적

Lakoff & Johnson(1980)에서는 의인화를 물리적 대상을 사람으로 구체화하는 은유라고 제시하였다. 이것은 사람이 아닌 개체에 대한 넓고 다양한 근원 개념을 이용한다. 인간의 특성, 활동의 관점에서 추상적 개념을 이해한다. 사람이 아닌 것을 사람으로 보는 것이다. 그러나 의인화는 단일하게 통합된 일반적 과정이 아니다. 의인화는 사람에 해당된 어떤 측면이 나타내는지에 따라 각각 다르다. 의인화는 존재론적 은유의 확장이다. 의인화에 대한 은유적 양상을 보면 다음과 같다.

(1) 가. His theory explained to me the behavior of chickens raised in factories.
(그 이론은 나에게 공장에서 길러지는 닭들의 행동을 설명했다.)
나. Life has cheated me.
(인생은 나를 속여 왔다.)
다. Inflation is eating up our profits.
(인플레이션이 우리의 이윤을 다 잡아먹고 있다.)

라. Cancer finally caught up with him.

(결국 암이 그를 침범했다.)

위의 (1)에서는 '이론', '인생', '인플레이션', '암'과 같은 추상적 개념을 인지하는 과정을 볼 수 있다. '설명하다', '속다', '잡아먹다', '침범하다'라는 표현을 통해 추상적 개념을 사람이 행하는 구체적 행동이나 특징에 빗대어 이해하고 있음을 알 수 있다.

Kövecses(2005, 김동환 역 2009: 82-87)에서는 '타협', '도박' 등 사람의 행위를 근원개념으로 선택하였다. 영어 화자들을 대상으로 하여 [인생]에 대해 어떠한 개념적 은유를 선호하고 즐겨 사용하는지를 조사하였다. [인생]을 이해할 때는 어떠한 근원개념들을 선택하는지, 또한 어떠한 은유적 투사가 실현되는지는 다음 <표 25>에서 확인할 수 있다.

〈표 25〉 영어 화자들의 인생 은유 유형 선호 경향

순위	개념적 은유
1	[LIFE IS A PRECIOUS POSSESSION](인생은 귀중한 재산)
2	[LIFE IS A GAME](인생은 게임)
3	[LIFE IS A JOURNEY](인생은 여행)
4	[LIFE IS A CONTAINER](인생은 그릇)
5	[LIFE IS A GAMBLE](인생은 도박)
6	[LIFE IS A COMPROMISE](인생은 타협)
7	[LIFE IS AN EXPERIMENT](인생은 실험)
8	[LIFE IS A TEST](인생은 시험)
9	[LIFE IS A WAR](인생은 전쟁)
10	[LIFE IS A PLAY](인생은 연극)

위의 <표 25>에서는 영어 화자들이 [인생]을 개념화할 때 어떠한 근원개념을 사용하는지를 살펴보았다. 특히, 각 근원개념의 사용 빈도에 따라 순위를 제시함으로써, 영어권 문화에서 선호되는 은유 구조의 경향을 확인할 수 있었다. 분석 결과, 영어 화자들이 가장 빈번하게 사용하는 은유는 [인생은 귀중한 재산]이 드러났다. 그 외에도 [게임], [여행], [그릇], [도박], [타협], [전쟁], [연극] 등의 다양한 근원개념이 [인생] 개념을 이해하고 표현하는 데 활용되고 있다.

[연령]은 [인생]의 하위 은유 개념으로 작용하기 때문에 [연령]을 개념화할 때에도 [인생]에 적용되는 근원개념 및 은유 구조가 영향을 미친다. 특히, 근원개념 [전쟁]은 [연령]을 인지하는 은유적 투사 과정에서 유용한 정보를 제공해 준다. 따라서 [전쟁]에 의해 [연령]에 적용되는 근원개념 [적]을 추리할 수 있다.

[인생] 은유에서는 [전쟁]에 대한 기본층위 근원개념을 활용하는데, 백과사전적 지식에 따라 전쟁에는 적이 있다는 것을 알 수 있다. 따라서 [전쟁]에 대한 은유적 범위에서는 [적]이라는 하위개념을 도출할 수 있다. 즉 추상적 목표개념 [연령]을 인지할 때는 [적] 근원개념으로 적용된다. 이를 통해서 [연령은 적]이라는 개념적 은유를 도출할 수 있다.

[적]과 관련된 개념요소들을 분류해서 세부적으로 분석할 수 있다. [적]에 대한 근원개념은 추상적 [연령]을 이해할 때 널리 사용하고 있는 근원개념이다. [적]은 은유적 투사 과정에서 은유적 부각된 측면이 매우 다양하다. 인생에서 적과 싸우는 것과 같이 [연령 증가]에 따라 항상 [연령]과 싸우는 것이다. [적]과 싸우게 되는데 승부가 있으며 이길 수 있고 질 수도 있다.

다음, [적]에 대한 은유적 부각된 측면을 세부적으로 분석하고자 한다. [연령은 적]에 관한 은유적 양상을 정리하면 다음과 같다.

(2) 적

가. 다른 음악은 몰라도 록 뮤지션에게 어쩔 수 없이 나이는 적이다.

(네이버 블로그, 2009.04.07.)

나. 모습에서 안정감과 노련미가 느껴진다. 하지만 한편으로 발레리나에게 나이는 적인데.

(연합뉴스, 2006.01.03.)

위의 (2)에서는 [연령]을 사람인 [적]으로 기술하는 표현을 보였다. 즉 '나이'란 싸우고, 경쟁하는 대상이다. 일반적으로 사람들은 [연령 증가]에 대해 거부감을 가지고 있기 때문이라 할 수 있다. 그러므로 언어적 표현 '적'으로 나타나며 근원개념 [적]에서 [연령]으로 은유적 투사가 발생한다.

(3) 이기다 / 싸우다

가. 나이를 이길 사람은 아무도 없다.

(네이버 블로그, 2016.09.07.)

나. 지난 생보다 빨리 서먹서먹해진 윤성환과 마찬가지로 술을 어마어마하게 잘 마시는 임상민이었지만 그도 세월과 나이를 이기지는 못했었다.

(윤신현, 『또 다시, 작가』)

다. 젊은 시절부터 '짐승'이라는 별명을 얻을 정도로 동물적인 감각을 자랑했던 SK 와이번스 외야수 김강민 역시 이제 나이와 싸우는 처지가 됐다.

(엠스플 뉴스, 2019.09.02.)

위의 (3)에서는 [적]에 대한 은유적 양상을 살펴보았다. (3가)에서는 '나이를 이기다'라는 표현으로 나타난다. [연령]은 [적]으로 인지하고 있기 때문에 [연령]과 싸우는 것과 같이 '이기다'로 사용이 가능하다. '이기다'라는 표현은 행위 주체와 대상이 모두 사람이라는 점에서, 위의 문장에 쓰인 [연령] 역시 사람으로 인지된다고 할 수 있다. '이기다'의 기본의미를 살펴보면 「표준」에서 '내기나 시합, 싸움 따위에서 재주나 힘을 겨루어 우위를 차지하다'로 기술한다. 즉, '이기다'의 기본의미로 보면 행위 주체가 사람과 어떠한 경쟁 관계가 발생한다.

(3나)에서는 '나이를 이기지는 못했었다'라는 표현으로 나타난다. 일상생활에서도 '나이를 이기지 못하다'라는 표현도 사용하고 있다. 근원개념 [적]에 대한 인지과정을 볼 수 있다. (3다)에서는 '나이와 싸우다'라는 표현의 사용이 가능하며 [연령]에 [적]과 싸우는 것과 같이 생각할 수 있다.

(4) 도망가다

가. 청춘이 <u>도망가</u>기 전에 술을 먹읍시다.

(백도라지, 『행운을 주는 돌』)

(4가)에는 '도망가다'라는 표현이 있다. '도망가다'는 사람의 행동을 나타낸다. 여기의 [청춘]은 '청춘'은 환유적으로 '청춘 시기', 즉 [연령기]로 인지하고 있다. '도망가다'를 통해 [적]으로 적용해 추상적인 [연령기]를 인지하는 과정을 알 수 있다.

한국어에는 '나이는 못 속인다'라는 속담이 있다. 일상적으로 사용하고 있는 표현이기 때문에 [적]에 의해 생성된다고 볼 수 있다.

(5) 속다 / 속이다

가. 난 네 겉보기 나이에 팍 속았어!

(효진, 『빛나는 밤 사랑하는 달』)

나. 나이는 못 속인다.

위의 (5가)에는 '속다'라는 언어적 표현이 나타난다. '속다'라는 행위는 사람과 사람 사이에서 생기는 사건이며, 따라서 이는 인적(人的) 행위라 할 수 있다. 즉 '나이에 속았다'는 것은 [연령]을 사람으로, 즉 행위 주체로 인지하고 있다고 볼 수 있다.

위의 (5나)에서 '나이는 못 속인다'는 한국어 속담이다. 『표준』을 따르면 '나이를 아무리 속이려고 해도 행동의 이모저모에서 그 티가 반드시 드러나고 맒을 비유적으로 이르는 말'로 해석된다. 여기에서는 '나이'를 [적]으로 생각하며 자기의 나이를 속이려고 하는데 속이지 못한 것을 알 수 있다. 즉, '속이다' 행위에 지향하는 대상은 사람이기 때문에 [연령]을 사람인 적으로 생각한다. '속이다'의 기본 의미는 '속다'를 통해 알 수 있다. '속다'는 『표준』에 의해 '남의 거짓이나 꾀에 넘어가다'를 의미한다. 이에 따라 '속이다' 행위 대상은 사람으로 보고 있다는 것으로 여겨진다. 즉, [연령]을 사람으로 인지하고 있는 것이다. [연령]은 시간 흐름에 따라 증가하는 섭리가 있기 때문이다. '속이다'라는 표현을 통해 [적]으로 적용해 [연령]을 인지하고 있다는 것을 볼 수 있다.

[적]은 은유적 투사 과정에서는 행동 범주에 대한 근원개념이 작용된다. 행동 범주에 대한 은유적 표현은 '무릎 꿇다', '화해'라는 표현이 있다. 예문을 보면 다음과 같다.

(6) 무릎을 꿇다 / 화해

가. 나는 그렇게 나의 쉰이라는 나이 앞에서 무릎을 꿇었던 것이다.

(신달자, 『신달자 수필선집』)

나. 노년(老年)은 새로 전개(展開)되는 제3의 삶이라고 합니다. 그동안 나이와 화해(和解)를 배우며, 불편(不便)과 소외(疏外)에 적응하고, 감사 생활과 사랑에 익숙해지는 수행에 열심이었습니다.

(뉴스프리즌, 2019.03.21.)

위의 (6)에서는 [적]에 대한 은유적 양상을 살펴보았다. '나이 앞에서 무릎 꿇다', '나이와 화해'라는 표현은 [연령]을 [적]으로 인지하여 나타난 표현이다. (6가)에서는 '나이 앞에서 무릎 꿇다'라는 표현으로 나타나는데, 일상적으로 '적에게 무릎 꿇다'라고 표현한다. 따라서 근원개념 [적]을 적용하여 [연령]에 '무릎을 꿇다'라는 표현으로 사용이 가능하다. (6나)에는 '화해'라는 표현이 있다. '화해하다'는 사람의 싸움에 대해 화를 풀어준다는 의미로 인지하고 있는데 싸우는 사람이나 적이 있다는 것을 알 수 있다.

(6)에서 나타난 표현을 기본 의미의 측면에서 해석하면, 이들은 모두 인위적 행동이나 행위와 관련된다. 즉 문장에서 나타난 행위 주체가 [연령]이지만, 이 [연령]은 사람에 빗대어 표현되는데, 이는 사람이 아닌 추상적 개념을 사람으로 인지하는 것을 뜻한다. 다시 말하면, [연령]을 사람으로 인지하고 있고, 사람의 행동, 행위에 대한 근원개념으로 작용한다. 이 인지 과정은 근원영역 [적]에서 목표영역 [연령]까지 투사가 발생한 것을 알 수 있다.

[적]과 관련하여, 중국어에서도 유사한 은유적 양상이 발견된다. [연

령은 적] 은유에 대한 중국어의 은유적 양상을 보면 다음과 같다.

(7) 敌人

가. 32岁了，年龄才是他最大的敌人。

(서른두 살이 되었다. 나이야말로 그의 가장 큰 적이다.)

(新浪新闻, 2013.07.28.)

위의 (7)에서는 '敌人(적)'이라는 표현이 사용되었다. 32살의 나이는 그에게 제일 위험한 적이다. 여기에서는 [연령]을 인지하는 근원개념 [적]을 일상적으로 사용하고 있다는 것을 알 수 있다. [연령]은 우리에게 [적]과 같은 존재이며, 항상 [연령]과 싸우고 있다는 것을 생각할 수 있다.

(8) 战胜 / 敌不过 / 输

가. 她相信旺盛的求知欲是<u>战胜年龄</u>的最好保养品。

(그녀는 왕성한 지식욕이 나이를 이길 수 있는 최고의 건강 식품이라고 믿는다.)

(人民网, 2014.11.14.)

나. 讲述当年巅峰选手，感叹<u>敌不过</u>年龄。

(그때 최고의 선수를 이야기한다. 나이를 이길 수 없음에 감탄한다)

(腾讯, 2019.05.15.)

다. 女人做到这一点，永远不会<u>输给</u>年龄！

(여자가 이것을 해내면 영원히 나이에 지지 않을 것이다.)

(搜狐, 2019.06.28.)

위의 (8)에서는 [적]에 대한 중국어 은유적 양상을 확인할 수 있다. (8가)에서는 '战胜(이기다)'이라는 표현으로 나타난다. '战胜'은 전쟁, 경기, 게임에서 상대방을 '이기다'는 의미로 볼 수 있다. (8나)에는 '敌不过(대적할 수 없다)'라는 표현이 있다. '敌'이라는 표현을 사용하며 '대적'이라는 의미로 나타난다. '敌不过(대적할 수 없다)'라는 의미를 통해 적과 싸우는 개념으로 생각할 수 있다. (8다)에서는 '输(지다)'이라는 표현이 있다. '输给年龄'은 '연령(나이)에게 지다'라는 의미로 해석된다.

(9) 抗争 / 饶

가. 都说25岁是一个分水岭，要和年龄做抗争了。

(모두 25살은 분수령이라고 하는데 나이와 싸워야 할 나이다.)

(天涯论坛, 2014.09.22.)

나. 俗话说："年纪不饶人。"上了年纪，夜里站岗放哨，还要参加训练，是有困难的。

(속담에 '나이는 사람을 용서하지 않는다'고 했다. 나이가 들어 밤에 초소를 지키고 훈련을 참가하려면 어려움이 있을 것이다.)

(黎汝清,『海岛女民兵』)

위의 (9)에는 '抗争(항쟁)', '饶(용서하다)'라는 표현이 나타난다. (9가)에서는 '和年龄做抗争(연령과 항쟁한다)', (9나)에서는 '年纪不饶人(연령은 사람을 용서하지 않는다)'이라는 표현이 있다. 예문에서 나타난 동사 '抗争', '饶'는 모두 인적 행위이다. 사람과 싸우고 또한 사람에게 용서를 구하는 것이다. '抗争', '饶'를 통해 [연령]을 [적]으로 개념화한다는 것을 알 수 있다.

(10) 骗

가. 詹姆斯今年34岁, 但不要被他的年龄骗了, 只要詹姆斯想, 他依旧可能拿 MVP。

(제임스는 올해 서른 네 살이지만 그의 나이에 속으면 안 된다. 제임스가 원한다면 여전히 MVP를 차지할 수 있다.)

(搜狐, 2019.07.07.)

위의 (10)에서는 '不要被他的年龄骗了(그의 나이에게 속으면 안 된다)'라는 표현이 나타난다. 여기의 '骗(속다)'이라는 표현은 사람의 행동임을 알 수 있다. 또한 적대 관계인 사람이라는 것을 생각할 수 있다. [적]은 자신을 속일 수 있고 자신은 [적]에게 속을 수도 있다. 여기에서는 근원개념 [적]으로 적용하여 [연령]을 인지하고 있다.

한편 시간이 가면서 나이와 싸우고 경기를 하는 개념으로 인지되기도 한다. 이에 [경기]에 대한 근원영역이 도입된다. 연령 증가에 따라 얼굴에 주름이 생기며 몸이 쇠퇴한다. 사람 신체에는 나이에 따라 변하는 섭리가 있다. 그러나 자기 노력에 따라 나이가 들어도 신체적으로 젊은 상태로 사는 사람도 있다. 이러한 추상적 개념, [연령 증가]를 인지할 때 근원개념 [경기]를 선택하게 된다. 이는 [연령 증가는 경기]라는 은유로 도출할 수 있다. [연령 증가는 경기]에 대한 은유적 양상을 보면 다음과 같다.

(11) 赛跑

가. 与伤病和年龄赛跑, 女篮第一美女只想追上被寄予厚望的自己。

(부상, 질병, 나이와 경주하다. 여자 농구팀 제일 미녀는

단지 큰 기대를 한 몸에 안은 자기 자신을 따라잡고 싶을 뿐이다.)

(搜狐, 2019.03.23.)

위의 (11)는 [연령은 경기] 은유에 대한 실례이다. 경기에서는 자기와 경쟁하는 선수가 있고 경기 목표도 있다. 따라서 [경기]에 대한 은유적 측면이 은유적 투사 과정에서 부각된다. 여기에서는 [연령 증가]는 [경기]로 적용하여 [연령]은 자기와 경주하는 선수, 즉 근원개념 [적]으로 인지하고 있음을 알 수 있다.

7.2. 해

Kövecses(2002)에서는 관습성의 척도(scale of conventionality)를 제시한 바가 있다. 관습성의 척도에 의해 고도로 관습적인 은유들이 있으며 또한 비관습적인 은유들이 있다. 이 비관습적인 은유들은 주로 시와 같은 문학적 작품에서 사용되며, 참신한 은유라고도 부른다.[29] 참신한 은유는 개념적 은유에 대한 인지기제에 바탕을 두며, 경험에 의해 개념화하여 구조적으로 만들어진다. 고도로 관습적인 개념적 은유는 고도로 비관습적인 언어적 표현으로 실현될 수 있다. 즉, 참신한 은유는 관습적인 개념적 은유를 기초로 하여 실현된다. 개념적 은유는 참신한 은유의 가장 핵심적인 바탕이라고 할 수 있다.

29 본 연구에서 논의하는 '참신한 은유'라는 용어는 Kövecses(2002)에서 제시한 정의와 개념을 따른다. 즉, 관습적인 은유적 표현이 아닌, 주로 비관습적 표현으로 구성된 문학 작품에서 사용하는 은유를 의미한다.

Gibbs(1994)에서는 심리의 시적 구조(poetic structure of mind)를 제시한 바가 있다. 이것은 전통적 은유관에서 비롯한다. 심리의 시적 구조에 의해 비유적 언어 표현들이 실제 담화 맥락에서 이루어지기 쉽고, 이해하기 쉬워진다고 주장하였다. 김종도(2004)에서는 비유적 언어의 구축과 이해를 문자적 언어와 동일한 인지기제로 적용한다. 즉, 심리적 기제에 의해서 이루어지는 것으로 볼 수 있다고 하였다. 시적 언어와 관련된 근원개념은 추상적 개념을 이해하는 데 많은 유용한 정보를 제공해 준다.

영어권에서 널리 사용하는 '인생 은유' 중 [인간의 인생은 낮](THE LIFE OF HUMAN BEING IS A DAY), [일생은 낮](A LIFETIME IS A DAY)이라는 은유가 있다. 따라서 [연령]은 이 두 은유와 관련이 있다고 생각할 수 있다. [연령]은 이러한 두 은유의 개념요소를 계승한다.

'해'는 태양을 일상적으로 이르는 말이다. 인간은 원시사회에부터 '해의 위치'에 따라 시간을 판단하는 경험이 있다. 지금은 일상적으로 해의 위치를 보고 시간을 알 수 있는 백과사전적 지식이 있다. 즉 '해를 보고 시간을 알 수 있다'는 인식이 머릿속에 개념화된다. 그러므로 [해]는 [시간]과 관련이 있다고 볼 수 있다. 따라서 근원개념 [해]에 의해 [해의 위치]라는 개념요소가 도출된다. [연령]을 인지할 때에는 해에 대한 다양한 이미지를 이용하고 은유적 투사가 실현된다.

[해의 위치]에 의해 [연령]에 은유적 투사가 발생하며 해의 위치가 부각된다. 이에 대한 은유적 양상을 살펴보면 다음과 같다.

(12) 정오 / 오후

가. 제 나이를 생각해보면 청춘은 한참 전에 지났고 시간으로 따지면 <u>정오 12시</u>를 지나 점점 늦은 <u>오후</u> 쪽을 향해서 가고

있는 거 같네요.

(혼자 떠나는 여행, 2017.11.07.)

위의 (12)에서는 '정오', '오후'라는 시간과 관련된 표현으로 나타난다. '정오(正午)', '오후(午后)'는 한자어이며 '오(午)'는 '오시, 옛날 낮 11시부터 13시까지의 시간'을 말한다. 즉, '정오', '오후'는 시간을 말하는데, 해의 위치와 관련이 있다고 볼 수 있다. 여기에서는 하루의 시간으로 자기의 나이를 표현한다. 정오 12시는 사람 인생의 가장 왕성한 때이다. 정오 12시를 넘어서 늦은 오후에 가는 것은 점점 나이가 든다는 것을 의미한다. 해의 위치에 대한 이미지를 통해 시간이 지나간다는 것을 생각할 수 있다. [연령 증가]를 이해할 때 해의 동적 이미지로 인지하고 있음을 알 수 있다.

한국어의 [해의 위치]에 의한 은유로 '황혼', '석양'이라는 표현도 발견된다. 이들은 일상적으로 노년, 만년의 나이를 가리킨다. 예문을 보면 다음과 같다.

(13) 황혼 / 석양

가. 나이 든 황혼, 내 마음이 즐거우면 모든 사람이 행복해 보이듯.

(네이버 블로그, 2019.07.09.)

나. 어머니의 나이가, 어머니의 석양이, 사라져가는 붉은 빛처럼 아쉬운 듯이 머뭇거리는 것 같아.

(브런치, 2018.09.25.)

한국어에서는 일상적으로 [황혼]과 관련된 표현을 사용하고 있다. 가령, '황혼 연애', '황혼 결혼', '황혼 이혼' 등의 표현으로 나타난다.

여기에는 [황혼]에 대한 이미지를 관습적으로 개념화된다.

위의 (13)에는 '황혼', '석양'이라는 표현이 있다. '황혼', '석양'은 모두 해가 지고 어스름할 때를 의미한다. '황혼'은 해가 지는 시간으로 나타나는데, '석양'은 해 자체를 말하는 것이다. 저녁 때 저무는 해이다. [황혼]은 동적 이미지로 적용되며 [석양]은 총체적 개념, 사물 개념으로 적용된다. [황혼], [석양]은 [해의 위치]에 의해 생성된 근원개념이다. [황혼], [석양]에서 [시간]을 인지하여 목표영역 [연령]으로 투사한다는 것을 알 수 있다.

(13)과 마찬가지로 '노을'이라는 표현도 발견된다. 예문을 보면 다음과 같다.

(14) 노을

가. 노을의 나이에 반백머리와 주름살 얼굴이 세월의 흔적을 이곳저곳에서 알아볼 수 있었고......

(문화일보, 2014.08.13.)

위 (14)에서는 한국어 표현 '노을'을 볼 수 있다. 노을은 '해가 뜨거나 질 무렵에 하늘이 햇빛에 물들어 벌겋게 보이는 현상'을 말한다. (14)에서는 [노을]에 대한 이미지로 목표영역 [연령기]에서 은유적 투사가 발생한다. 여기에서 투사되는 목표영역이 [해의 위치]에 의해 [노을]의 은유적 측면이 부각된 것이다.

(15) 지다

가. 푸르른 이 청춘이 지기 전에 해가 지고 꽃이 또 피는 세월이 지금처럼 떠나겠지만......

(네이버 블로그, 2019.07.09.)

위의 (15)에서는 '청춘이 지다'라는 표현이 나타난다. 해가 지는 것과 같이 [연령]도 진다는 것은 해의 이미지를 보이는 것이라 할 수 있다. 여기에서도 해의 위치 및 해의 위치를 이용해 추상적 목표개념 [연령]을 인지한다. [해의 위치]에 의해 [연령기]의 은유적 측면이 부각되고 은유적 투사가 실현된다.

(16) 수평선

가. 내 나이도 이제는 점점 수평선 쪽으로 기울어져 가는 나이......

(티스토리, 2016.01.21.)

(16)에서는 해의 위치를 적용하여 [연령 증가]에 대한 투사 과정을 확인할 수 있다. 예문에는 '수평선 쪽으로 기울어지다'라는 표현이 있다. 해의 위치와 관련된 표현이 나타나지는 않지만 해가 수평선 방향으로 이동하는 화면을 연상할 수 있다. 여기에서는 해가 지는 동적 이미지로 [연령 증가]를 인지하고 있으며 은유적 투사가 이루어진다.

중국어의 경우, [해]에 대한 은유적 표현으로는 '黄昏(황혼)', '夕阳(석양)', '暮景(모경)', '朝阳(아침 해)', '落日(지는 해)', '余晖(석양 볕)' 등이 있다. [해의 위치]가 작용하여 목표영역 [연령]으로 투사된다. 중국어의 [해]에 대한 은유적 양상을 정리하면 다음과 같다.

(17) 黄昏

가. 这才是老龄人士所应有的自律心态, 并应当珍惜黄昏的岁月。

(이것이 바로 나이 든 어른들이 가져야 할 절제능력이다. 당연히 황혼의 세월까지도 소중히 여겨야 한다.)

(联合早报, 2018.09.15.)

나. "说什么我们是在搞黄昏恋？我现在根本就没有老，没有老怎么就成了黄昏恋呢……"

("뭐라고? 우리가 지금 황혼 연애를 하고 있다고? 나는 지금 전혀 안 늙었고, 늙지 않았는데 어떻게 황혼 연애를 한다는 거지......")

(窦应泰, 『梁实秋的初恋和黄昏恋』)

다. 这几天天天被各个亲戚各种教育，不断地告诫我——你已经是结婚的黄昏年龄了。

(요 며칠 동안 친척들 모두가 매일 같이 끊임없이 나를 가르친다. '너는 이미 결혼해야 하는 황혼의 나이'라고.)

(豆瓣, 2018.02.18.)

라. 原来25岁就是电竞选手的黄昏年龄了。

(원래 스물 다섯 살은 프로게이머로서 황혼 연령이란다.)

(微博, 2019.07.11.)

(17)에는 중국어 [해]에 대한 은유적 양상이 나타나 있다. '黄昏(황혼)'이라는 표현이 있다. [연령]에 대한 추상적 개념을 인지할 때 [황혼]을 근원개념으로 선택한 것을 볼 수 있다. 이는 [해의 위치]에 따라 시간을 판단하는 경험에서 비롯된다. 여기에서 [황혼]은 노년의 [연령기]로 투사된 것을 알 수 있다.

(17가)에서는 '老龄人应当珍惜黄昏的岁月(늙은 나이의 사람들은 황혼 세월을 아껴야 한다)'이라고 말하는데, '老龄(노령)'과 '黄昏(황혼)'의 두 개념이 통합된 개념이다. 즉, [황혼]의 영상은 [연령기]를 인지할 때 구체적 영상으로 개념화된다. '黄昏的岁月'은 '노년의 시기', 혹은 '만년의 생활'에 대한 은유적 의미로 해석이 가능하다.

(17나)에는 '黄昏恋'이라는 표현이 있다. '黄昏恋(황혼 연애)'은 '노년들이나 늙은 나이 때 하는 연애'를 의미한다. 따라서 [황혼]은 사회 연령으로 구체적 사건과 함께 나타낼 수 있다. (17다, 라)에서는 '黄昏年龄(황혼 연령)'이라는 표현이 나타난다. [황혼] 개념으로 적용하여 [고령기]에 대한 개념으로 나타난 은유적 양상이다. [시간]은 이르거나 늦는 때가 있다. 이른 시간, 늦은 [시간]과 같이 어떠한 일에 적당한 시점 혹은 시기로 생각할 수 있다. '黄昏年龄'은 근원개념 [황혼]의 시간적 특성으로 어떠한 일에 대해 적당한 나이가 이미 지난 것을 의미한다. (17다)의 '结婚的黄昏年龄'은 결혼에 늦은 나이이며 (17라)의 '电竞选手的黄昏年龄'은 '이스포츠 선수로는 늦은 나이'라고 볼 수 있다. 근원영역 [해의 위치]에서 [연령]으로 은유적 투사가 발생한다.

다음, 중국어 [해]에 대한 언어적 표현 '夕阳(석양)', '暮景(모경, 일몰의 경치)'를 살펴보겠다. 예문을 보면 다음과 같다.

(18) 夕阳 / 暮景

가. 最美不过<u>夕阳红</u>, 老年人之间互帮互助也蔚然成风。

(가장 아름다운 것은 서산마루 붉은 석양이며, 노인들이 서로서로 돕는 것이 사회적 풍조가 되었다.)

(石志藏, 『木质的村庄』)

나. <u>夕阳红</u>大军杀入就业市场！和年轻人抢饭碗, 这些老人没在怕的

(붉은 석양 대군이 취업 시장에 뛰어 들었다! 이 분들은 젊은이들과 취업 경쟁하는 것을 전혀 두려워하지 않는다.)

(新民晚报, 2019.09.01.)

다. "我残年<u>暮景</u>, 喜和是相逢, 怕的是别离。"

(나는 말년 모경에 이르러, 서로 만나는 것이 기쁘고 좋으나, 헤어지는 것은 두렵다.)

(清·无名氏, 『说唐』)

(18)에는 ‘夕阳’, ‘夕阳红(석양이 붉다)’이라는 표현이 나타난다. 중국어의 일상적 표현에서도 ‘夕阳恋(석양 연애)’, ‘夕阳老年公寓(석양 노년 아파트)’, ‘夕阳红旅游团(석양홍 관광단)’ 등과 같은 표현을 사용하고 있으며 이는 은유적 양상으로 보인다. ‘夕阳红’이라는 표현을 보면 먼저 생각에 떠오르는 것은 저명한 작사가 ‘乔羽(치아오위)’의 노래 가사 <夕阳红(석양홍)>이다. 노래 중에는 ‘最美不过夕阳红, 温馨又从容(가장 아름다운 것은 석양홍에 지나지 않는다. 따뜻하고 조용하다.)’이라는 노래 가사가 있다. 또한 중국 고대 문학 작품 중에서도 나타나 관습적 표현이라고 볼 수 있다. 즉 사람들이 관습적으로 사용하며 인지하고 있다고 볼 수 있다. ‘夕阳红’은 백과사전적 지식에 의해 관습적 지식으로 적용된다. (18가, 나)의 ‘夕阳红’은 나이가 많은 노인들을 은유적으로 표현한다. [연령]인 [고령기]의 추상적 개념을 인지하는 데 [석양]이라는 근원개념을 선택하고 은유적 투사가 이루어진다.

위의 (18다)에는 ‘暮(저녁, 해질녘)’, ‘暮景(모경, 일몰의 경치)’이라는 표현이 있다. 이와 비슷한 표현은 ‘暮老(늙다)’, ‘暮耋(늙다)’, ‘暮齿(노년)’, ‘桑榆暮景(노년)’, ‘暮景残年(만년)’ 등으로 나타나기도 한다. 이러한 다양한 표현에서는 ‘暮’가 가장 핵심적 개념요소이다. ‘暮’는 해가 지고 저녁 시간을 의미하는데 [해의 위치]에 의해 나타나는 표현이다. ‘暮’에 대한 영상을 선택하는 근원영역에서 목표영역 [연령]으로 은유적 투사가 이루어진다.

(19) 早晨的太阳 / 朝阳 / 落日 / 余晖

가. "你们青年人朝气蓬勃, 正在兴旺时期, 好像早晨八九点钟的太阳。"
(너희 청년들은 활력이 넘치고 왕성한 시기이다. 마치 아침 8시, 9시의 해와 같다.)

(毛泽东, 『毛主席语录』)

나. 青春意味着朝阳, 青春意味着希望, 青春更意味着成功……
(청춘은 아침에 뜨는 해와 희망을 의미한다. 또한 청춘은 곧 성공을 의미한다.)

(聂小丹, 『女人就要这样活』)

다. 青年人如朝霞初升, 憧憬未来 ; 老年人如落日余晖, 回首往事。
(청년은 아침에 떠오르는 해와 같아. 미래를 동경하고 노인들은 지는 석양 노을과 같아, 지난 날을 되돌아 본다.)

(何强, 『人生三味茶』)

위의 (19)에는 '朝阳(아침 해)', '落日(지는 해)', '余晖(석양 볕)'라는 표현이 있다. 여기에 나타난 표현은 모두 [해의 위치]를 적용하여 나타난 것을 볼 수 있다. (19가)에서 인용된 문장은 마오쩌둥이[30] 청년에게 강연한 연설문이다. '早晨八九点钟的太阳(아침 8시, 9시의 태양)'은 전형적으로 [해의 위치]를 적용해 청년을 은유적으로 사용하는 표현이다. 근원영역 [해의 위치]에서 [청장년기]인 [연령기]로 은유적 투사가 실현된다.

(19나)에서는 [청춘]을 '朝阳(아침 해)'으로 표현한 것을 볼 수 있다. '朝阳'은 아침 해는 이른 시간에 뜨는 것이며 하루의 시작을 생각할

30 모택동(1893~1976), 중화인민공화국 전 주석.

수 있다. 또한, 시작할 때 많은 가능성이 있어서 희망이 있다는 것으로 연상될 수도 있다.

(19다)에는 '落日(지는 해)'이라는 표현이 있다. 중국 고대 시에서는 흔히 사용하는 은유적 표현이다. '落日'을 통해 해의 영상으로 생각할 수 있다. '落日'로 영상적 투사가 이루어지며 노년, 만년을 비유적으로 표현한다. '余晖(석양 볕)'라는 표현이 있다. 문학적 표현에서 흔히 '落日余晖'라고도 표현한다. 석양볕의 햇빛과 같은 시각적 개념으로 인지하며 [고령기]로 투사된다.

7.3. 사계절

봄, 여름, 가을, 겨울이라는 사계절은 인간이 일상 속에서 직접 몸으로 체험하고 지각하는 대표적인 자연 현상이다. 사계절은 일정한 시간의 흐름에 따라 순차적으로 전환되며, 이러한 변화는 인간이 시간의 경과를 인식하는 데 있어 중요한 개념으로 작용된다.

[연령]은 본질적으로 [시간]과 밀접하게 관련된 개념이므로 인간은 [사계절]이라는 자연적이고 주기적인 시간 구조를 빌려 [연령]을 은유적으로 개념화할 수 있다. 이에 따라 [연령은 사계절]이라는 개념적 은유가 도출되며, 연령의 단계를 사계절의 변화에 빗대어 이해하는 방식으로 나타난다. 이 은유의 구체적 양상을 살펴보면 다음과 같다.

(20) 봄 / 여름 / 가을 / 겨울

가. 흔히 양귀비꽃이 피는 5월의 봄은 청년기에 비유된다. 이에 비해 노년기는 가을과 겨울에 비유된다.

(박홍순, 『나이 든 채로 산다는 것』)

나. 찬란했던 봄의 나이가 지나고 조금은 무겁고 힘들게 여름의 나이를 보내고 나니......

(브런치, 2019.08.12.)

다. 나이가 가을로 훌쩍 접어들고 보니...... 아쉽지 않은데 싫어지는 것이다.

(브런치, 2020.04.14.)

라. 어리석은 사람에게 노년은 겨울이다. 하지만 현명한 사람에게 노년은 황금기이다.

(임채영, 『성공하는 어린이로 키워주는 탈무드』)

(20)에서는 사람의 [인생]을 사계절로 비유할 수 있음을 알 수 있다. 중년에서 노년으로 가는 시기는 가을에서 겨울로 이동하는 것이다. 여기에서는 목표개념 [연령 증가]를 계절의 바뀜 및 시간의 이동 개념으로 인지하고 있다. 중년 시기는 가을이며 노년 시기는 겨울이다. 여기에는 가을, 겨울에 대한 계절 교체를 근원개념으로 취하여 [연령]으로 투사되는 인지과정을 알 수 있다.

위의 (20)에서는 '봄', '여름', '가을', '겨울'이 사계절 표현으로 나타난다. 봄은 유년기, 여름, 겨울은 청장년기, 노년은 고령기라고 은유적으로 이르는 표현이다. 사계절 교체에 대한 [시간의 이동]으로 목표영역 [연령]에 투사된다.

다음, 중국어의 [사계절]로 투사된 은유적 양상을 살펴보고자 한다. 중국어에는 '春(봄)', '夏(여름)', '秋(가을)', '冬(겨울)'이라는 표현이 나타난다. 예문을 들어보면 다음과 같다.

(21) 春 / 夏 / 秋 / 冬

가. 如果把人的几个不同的年龄段分为四季的话，那么，春天应该是童年了，夏天是青年，而秋天和冬天，则分别是中年和老年了。春天是充满希望的季节， 是最美丽、最单纯、懵懵懂懂的儿童时期；夏天则是热烈的、奔放的季节，是最具活力、可塑性最强的青年时期；而秋天则是收获的季节，是最沉静最温和的季节；冬天则是休闲的季节，是适于思考总结与修整的季节……人一过35岁，就逐步步入中年，慢慢进入人生的秋天了。

(만약에 사람의 연령을 사계절로 나눈다면, 봄은 어린 시절이다. 여름은 청년기, 그리고 가을과 겨울은 중년과 노년으로 나뉠 것이다. 봄은 희망으로 가득한 계절이고, 가장 아름답고, 가장 단순한, 철이 없는 유년시절이다. 여름은 강렬하고 자유분방한 계절이다. 가장 활력이 넘치고, 가능성이 가장 많은 청년기이다. 가을은 수확의 계절이다. 가장 평온하고 따뜻한 계절이다. 겨울은 한가로운 계절이다. 생각을 정리하고 다듬기 좋은 계절이다...... 서른 다섯 살이 지나면, 조금씩 중년으로 접어들어 서서히 인생의 가을로 들어서게 된다.)

(蔡忠海, 『从春天出发』)

위의 (21)에는 [사계절]에 대한 표현이 쓰였다. 즉 [사계절]을 근원개념으로 취하여 [연령]에 영상적 투사가 발생한다는 것을 알 수 있다. 시각적으로 목표영역에 투사되는 것이 아니라 사계절 시간 순서에 대한 경험과 관련이 있다. 사계절의 교체 순서를 생각할 때는 일반적으로 봄이 먼저 나오고, 그다음 여름, 가을, 겨울과 같은 순서대로 이어진다.

이러한 신체적 경험은 추상적 [연령]을 인지하는 데 경험적 기초를 제공해 준다.

7.4. 소결

본 장에서는 목표영역 [연령]은 기타 은유 [적]에 나타난 은유적 양상을 살펴보았다. 이러한 근원개념들은 우리가 일상적으로 사용하고 있으며 문어체와 구어체에서 모두 사용이 가능하다. 즉 추상적 목표개념인 [연령]은 구체적인 근원개념인 [적]으로 인지되어, 사람의 특성, 행동 등의 구체적 개념으로 실례화된다. 또한, 문학적 은유에서는 [해], [사계절]과 관련된 은유적 양상을 살펴보았다. 먼저 [연령]의 문학적 은유는 문학 작품이나 문어체 예문에서 자주 나타난다는 것을 검토하였다. 그리고 한국어와 중국어의 [연령]에 대한 목표영역은 [적], [해], [사계절]로 개념화되는데, 이는 보편성과 특수성을 동시에 지니고 있음을 확인하였다.

7.4.1. 기타 은유에 대한 인지적 보편성

본 장인 제7장에서는 한국어와 중국어의 [적]에 대한 은유적 양상을 살펴보았다. [연령]을 인지하는 과정에서는 [적] 은유가 도출된다. [연령은 적]이라는 은유적 양상을 통해 [연령]의 개념적 구조가 구축된다. 한국어와 중국어의 [적]에 대한 은유적 투사는 인지적 보편성을 갖는다.

문학적 작품에서도 [연령]에 대한 다양한 실례들을 볼 수 있다. 이러한 문학적 은유를 통해 여러 개의 은유적 양상을 나타낸다. 즉, [연령은 해], [연령은 사계절]의 은유적 양상을 통해 [연령]에 대한 개념적 구조가 구축된다. 근원영역 [해], [사계절]에서 목표영역으로 투사하는 과정이 이루어진다.

한국어와 중국어의 근원개념 [적], [해], [사계절]에 대한 은유적 양상을 정리하면 다음 <표 26>과 같다.

〈표 26〉 [연령]의 기타 은유적 양상

근원영역	한국어	중국어
적	적, 이기다, 싸우다, 속다, 무릎 꿇다, 화해, 도망가다,	敌人, 战胜, 敌不过, 输, 抗争, 饶, 骗, 溜走, 赛跑
해	정오, 오후, 황혼, 석양, 노을, 지다, 수평선	黄昏, 夕阳, 暮景, 早晨的太阳, 朝阳, 落日, 余晖
사계절	봄, 여름, 가을, 겨울	春, 夏, 秋, 冬

<표 26>에는 한국어와 중국어의 [연령]에 대한 기타 은유적 양상이 확인된다. 한국어 근원영역 [적]에서는 '이기다', '싸우다', '속다', '무릎 꿇다', '화해', '도망가다'라는 행동 범주에 적용되며, 또한 '적'이라는 표현도 사용이 가능하다. 중국어에는 '敌人', '战胜', '敌不过', '输', '抗争', '饶', '骗', '溜走', '赛跑'라는 표현이 있다.

위에서는 또한 문학적 은유의 양상이 확인된다. 한국어와 중국어 [연령]에서는 근원영역 [해], [사계절]에서 공통적인 인지적 보편성을 지닌다. 근원영역 [해]에서는 [연령]에 대해 [해의 위치], 즉, '하루의 시간'으로 인지하고 있다. 근원영역 [해]에서 목표영역 [연령]으로 은유적 투사가 이루어진다고 볼 수 있다. 한국어 근원영역 [해]에서는 '정오', '오후', '황혼', '석양', '노을', '지다', '수평선'이라는 은유적 표현이 있다. 중국어에는 '黄昏', '夕阳', '暮景', '早晨的太阳', '朝阳', '落日', '余晖'라는 표현이 있다.

또한, 근원영역 [사계절]에서는 '봄', '여름', '가을', '겨울' 표현으로 사람의 [연령]을 나타내는데 인생의 시기, 즉 [연령기]로 인지하고 있다. 따라서 [사계절]은 목표영역 [연령]에 은유적 투사가 실현된다. 중국어에서는 '春', '夏', '秋', '冬'이라는 표현이 [연령]으로 은유적 투사가 가능하다.

7.4.2. 기타 은유에 대한 인지적 특수성

한국어와 중국어에서 [적]에 대한 은유적 투사가 발생할 때에는 부각된 측면에 의한 특수성이 발견된다. 한국어와 중국어의 [적]에 대한 인지적 특수성을 정리하면 다음 <표 27>과 같다.

〈표 27〉 [적]에 대한 인지적 특수성

근원영역	부각된 측면	한국어	중국어
적	싸움에 이김과 짐	이기다, 무릎 끓다, 싸우다	战胜, 敌不过, 输, 抗争
	남의 거짓이나 꾀에 넘어가다	속다, 속이다	骗
	화해와 용서	화해	饶
	피하여 달아나다	도망가다	△
	경기	△	赛跑

위의 <표 27>에서는 한국어와 중국어의 [적]에 대한 인지적 특수성을 확인할 수 있다. 근원개념 [적]에서 목표영역 [연령]으로 투사되는데, 두 언어에서는 모두 '연령과 진행하는 싸움'이라는 개념으로 인지한다는 것을 살펴보았다. 따라서 싸움에서 이길 수도 있고 질 수도 있다는 표현이 나타난다. 또한, '남의 거짓이나 꾀에 넘어가다'라는

은유적 측면이 부각되는데 '속이다'라는 표현이 나타난다.

[연령은 적]에서는 [적]과 화해할 수 있으며 용서를 받을 수 있기 때문에 '화해와 용서'라는 은유적 측면이 부각된다. 그러나 '피하여 달아나다'라는 부각된 측면에서는 한국어 표현이 가능한 데 비해, 중국어의 경우에는 은유적 투사가 어렵다. 한편, 중국어의 경우에는 '경기'에 대한 은유적 측면이 부각되는데 한국어에 대한 은유적 투사가 어렵다.

한국어와 중국어의 [연령]에 대한 문학적 은유는 인지적 보편성을 가지고 있는 반면에 인지적 특수성도 존재한다. 한국어 [해]의 근원영역을 살펴보면 '정오', '오후', '황혼', '석양', '노을', '지다', '수평선'이라는 표현들이 있다. 그중에 [해의 위치]라는 표현이 나타나며 '지다'와 '수평선 쪽으로 기울어진다'로 해에 대한 동적 이미지로 나타난 표현도 있다. 다시 말하면, 동적 이미지로 은유적 투사가 실현된다. 중국어에서는 '黄昏', '夕阳', '暮景', '朝阳', '早晨的太阳', '落日', '余晖'에서는 모두 정적인 이미지에 해당되는 표현이 나타난다. 중국어의 경우에는 주로 해의 위치에 대한 정적인 이미지로 은유적 투사가 실현된다.

08

결론

8.1. 요약

본 연구에서는 [연령]에 대한 은유적 양상을 연구 대상으로 선정하여 전체적으로 검토하여 논의하였다. 그리고 일상적으로 [연령] 및 하위개념을 인지할 때, 어떠한 방식으로 그것을 인지하고 있는지를 살펴보았다. 먼저 목표영역 [연령]과 관련된 언어적 표현들을 전반적으로 조사하고, 근원영역이 목표영역으로 투사되는 데 어떠한 은유적 측면이 부각되는지에 대해 다양한 자료를 통해 뒷받침하였다. 그리고 한국어와 중국어에서, [연령]에 대한 은유적 양상이나 은유적 구조, 은유적 투사 과정 및 부각된 측면이 어떻게 실현되는지 세부적으로 대조·분석하였다. 이에 따라 [연령]을 인지언어학 은유 이론으로 연구할 수 있는 방법론을 제시하였다. 또한 한국어와 중국어가 [연령]에 관한 인지적 보편성과 특수성을 동시에 보인다는 결론을 맺을 수 있었다.

본 연구는 총 8개의 장으로 구성하였다. 본론은 제2장부터 제7장까지로서, 논의한 주요 내용을 정리하여 결론으로 삼는다.

제2장에서는 은유에 대한 이론적 배경을 제시하였다. 은유의 기초 이론에서는 은유의 정의, 본질, 분류에 대해 검토하였다. 또한, 개념적 은유 이론 및 구성을 세부적으로 제시하였다. 특히 은유적 투사의 특성으로 언급되는 은유적 부각과 은폐, 은유적 함의, 영상도식에 대한 이론을 제시함으로써 본 연구의 이론적 토대로 삼았다. 그 다음, 시간 은유, 인생 은유에 대한 근원영역을 중심으로 하여 세부적으로 논의하였다.

제3장에서는 우리가 [연령]을 어떠한 방식으로 인식하고 있는지를 논의하였다. 먼저, [연령]의 사전적 의미를 한국어와 중국어 어학 사전을 통해 살펴보았다. 또한 [연령]을 인지할 때 고려되는 백과사전적 지식을 검토하기 위해 한국어와 중국어의 대표적인 백과사전으로 조사하여 그 내용을 제시하였다.

한편 [연령]에 대한 인지적 이해도를 높이기 위해, [연령]의 하위개념을 분류하여 각각의 내용을 상술하고, [연령]과 관련이 깊은 [시간]의 개념 요소를 검토하였다. 먼저 [연령]에 대한 하위개념을 층위별로 구분하여, [연령]에 대한 내적인 개념요소를 정립하였다. [연령]은 상위개념 [시간], [햇수], [숫자]가 있으며 하위개념 [연령기]로 인식하는 개념적 구조를 밝혔다.

그리고 [연령]의 개념 요소 및 개념 분류에 따라 [연령]에 관한 언어적 표현들을 조사하였다. 즉, [연령]과 관련된 표현, [연령기]와 관련된 표현으로 나누어 정리하였다. 조사한 표현에 대해 사전적 정의, 출처 및 유래를 밝히고 은유적 양상을 분석하는 데 참고할 자료로 제공하였다.

제4장에서는 공간 개념에 대한 은유적 양상을 제시하였다. 공간 개념은 언어적 보편성이 있으며 은유에서의 매우 중요한 개념 체계이다. 공간 개념에 대한 선행연구의 중요한 견해를 살펴본 후, [연령]의 공간화 양상을 살펴보았다. [연령]은 [방위], [척도], [그릇] 근원개념으로

다양하게 인지하고 있다는 것을 보였다. 한국어와 중국어의 [연령]은 공간화 근원영역에서는 보편성을 갖고 있으며 다양한 은유적 표현으로 나타남을 보였다.

한편 한국어와 중국어에서 [연령]에 대한 은유적 부각된 측면은 특수성을 가짐을 보였다. 한국어 [연령 범위]의 영상도식에서는 '반이나 반분의 방위', 그릇 도식에 의한 '안과 밖을 아울러 이르는 방위', '속에 있는 액체가 밖으로 흘러나가다'에 대한 은유적 측면이 부각되지만, 중국어에서는 이 은유적 측면이 나타나지 않는다. 반면, '왼쪽과 오른쪽의 방위'와 '위와 아래의 방위'는 중국어에서 은유적 투사가 가능하지만 한국어에서는 발견되지 않는다.

제5장에서는 사물 개념에 대한 은유적 양상을 살펴보았다. 사물 개념에 대한 근원영역 [물리적 속성], 하위개념 [음식물], [식물], [자원]의 근원영역을 세부적으로 살펴보았다. [물리적 속성]에서는 [수량], [크기], [무게]로 투사되는데 [음식물], [식물], [자원] 근원영역도 이와 같이 [사물]에 대한 부가적인 특성으로 은유적 투사가 실현됨을 보였다. 한국어와 중국어 [사물]의 투사 과정을 통해 공통적인 인지기제를 정리하였다. 즉, [사물]은 [연령]으로 인지하며 [연령]에 대한 특성은 [사물 특성]으로 투사된다. 이에 따라 [사물]의 특성은 은유적 투사 과정에서 부각된다.

아울러 한국어와 중국어의 [사물] 근원영역에 대한 은유적 표현들을 대조·분석하였다. 은유적 표현의 분석을 통해 한국어와 중국어에서 [사물]에 대해 어떠한 점이 부각되는지를 검토하고 정리하였다. [물리적 속성]에서는 [연령]이 [수량]으로 투사되는데, 한국어에는 '수효와 분량'의 은유적 측면이 부각되며 중국어에는 '한 줌의 양'으로 부각된다. 한국어는 [크기], [무게]의 측면이 은폐되며 중국어에서는 은유적 투사가 가능하다.

[음식물]에서는 [연령 증가] 목표영역으로 투사된다. 이 투사 과정에서 한국어는 [섭취]의 측면이 은유적 투사되는데 비해, 중국어에서는 은폐된다. [식물]에서는 [연령기]로 투사된다. 한국어에서는 [성장 과성]에서는 [연령기]로 투사되는데 한국어에서는 [푸른 파]의 근원개념이 적용이 어렵고 중국어에서는 [새순] 근원개념이 은유적 투사가 어렵다. 또한 [자원]에서는 [가치]에 대한 은유적 측면에서 특수성을 보였다. 한국어에는 '나잇값'이라는 관습적 표현이 있는데, 이를 고려하면 한국어의 은유적 투사 과정에서는 '물건에 매겨진 금액'이라는 은유적 측면이 부각되는 반면, 중국어에서는 이러한 측면의 은유적 투사가 풍부하지 않음을 살폈다.

제6장에서는 이동 개념에 대한 은유적 양상을 제시하였다. 먼저, 인생 은유에 대한 은유적 구조, 이동 개념에 관한 인지적 모형을 검토하였다. [연령]에 대한 이동적 인지모형은 시간의 이동 및 방향, 관찰자의 이동 및 방향과 긴밀한 관련이 있다. [연령]의 이동적 모형에서는 이동적 관찰자 인지모형에서는 관찰자는 동적이고 [연령]은 정적인 상태임을 제시하였다. 또한, [연령]은 동적이고 관찰자는 정적인 인지모형을 제시하였다. 그 다음, 이동 개념의 인지모형을 [연령]에 적용하여 은유적 양상을 분석하였다.

[연령]은 경로도식으로 인지하고 있다고 논의하였다. [연령]의 투사 과정에서는 [여행]에 관한 근원영역 [여행자], [지점], [장애물], [거리], [길]을 적용하여 투사된다고 제시하였다. [장애물]에 대한 은유적 투사에서는 '가랑이를 벌리고 발걸음을 내디디다', '왕래 때 거치는 요도'에 대한 측면이 은폐되며 은유적 투사가 풍부하지 않다. 중국어의 경우에는 '몸을 솟구쳐서 넘다', '높이가 있는 산의 절정', '비탈진 곳'에 대한

은유적 측면이 상대적으로 은폐된다는 은유적 양상을 논의하였다.

[길]에 대한 은유적 투사에서는 한국어는 투사가 가능하며 중국어는 '여러 갈래로 갈린 길', '길 여러 갈래로 갈라지기 시작하는 곳', '공간적 범위나 경계 밖으로 빠져나오다'에 대한 은유적 측면이 은폐되며 은유적 투사가 일어나지 않음을 밝혔다.

제7장에서는 [연령]의 기타 은유에 대해 논의하였다. 근원영역 [적]에 의해 [연령은 적이다]라는 은유가 도출되었다. 한국어와 중국어의 [연령]은 모두 사람의 행위, 행동에 의해 개념화된다. 즉, 사람의 행위, 행동과 관련된 은유적 표현이 가능하다고 제시하였다. 또한, 한국어와 중국어 은유적 투사 과정에서는 인지적 특수성이 있다. 근원영역 [적]에서는 '경주'에 대한 은유적 측면이 은폐되며 중국어에서는 은유적 투사가 가능하다. 반면 중국어에서 '피하여 달아나다'의 은유적 측면은 은폐된다.

문학적 은유에서는 [연령]의 은유적 범위를 살펴보았다. 한국어와 중국어 [연령]에 대한 문학적 은유 투사 과정에서는 공통적인 근원영역 [해], [사계절]로 보였다. [해], [사계절]에서는 모두 [해의 위치]로 목표영역 [연령]으로 투사됨을 밝혔다.

위에서 살펴본 바와 같이 목표영역 [연령]은 [공간], [사물], [이동] 및 기타 은유에 의해 개념화하여 다양한 근원영역을 통해 특징지어진다. [연령]에 대한 은유적 투사가 실현될 때 어떠한 근원영역 및 근원개념들이 적용되는지, 즉 [연령]에 대한 은유적 범위를 정리하면 다음 <그림 12>와 같다.

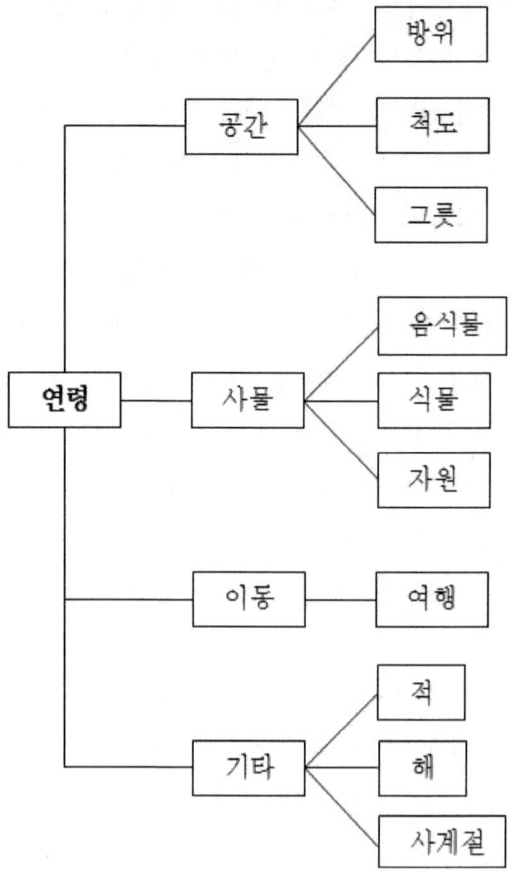

〈그림 12〉 [연령]의 은유적 범위

<그림 12>에서는 [연령]에 투사되는 근원영역, 개념요소들을 확인할 수 있다. 근원영역 [공간]에서는 [공간]에 대한 [방위], [척도], [그릇]으로 인지하고 있다. 근원영역 [사물]에서는 [음식물], [식물], [자원]이 [연령]으로 은유적 투사가 발생하며 [사물]의 특성을 통해 목표영역 [연령]에 투사된다. 이동 도식에 의해 생성된 근원영역은 [여행]이다. 또한, 기타 은유에서는 [적], [해], [사계절]로 나타난다.

은유의 유사성과 경험적 상관성은 개념적 은유에 중요한 기반을 두고 있다. 근원개념에서 추상적 목표영역으로 투사되는 과정에 중요한 물리적, 문화적 근거를 제공해 준다. 추상적 [연령]을 인지하는데 일상적 경험에 의해 구체적이고 다양한 근원영역이 생성되는 것이다.

8.2. 연구 의의와 후속 과제

위 8.1에서 정리한 내용에 따라 이 연구의 가치를 살펴볼 수 있다. 이 연구의 의의를 정리하면 다음과 같다.

첫째, 본 연구는 지금까지 본격적으로 연구되지 않은 [연령]의 개념과 그에 대한 은유 표현에 대해 세밀하게 검토했다는 데 의의가 있다. 아울러 본 연구에서는 [연령]에 대한 개념적 이해, 은유적 투사 과정 및 인지기제를 제시하여 분석함으로써 목표영역 [연령]에 대한 전체적인 은유적 구조를 분석하였는데, 이는 [연령]에 대한 인지적 이해 체계를 높이는 작업이라 할 수 있다. 이는 [연령]을 통합적으로 분석하는 시도로서, 향후 [시간]의 하위개념, 목표영역 연구에 참고할 만한 기초자료를 제공한다.

둘째, 한국어와 중국어 [연령]에 관한 인지적 보편성과 특수성을 제시함으로써, 한국어와 중국어에서 [연령]에 관한 개념 체계와 인지 구조의 공통점과 차이점이 동시에 발견된다는 점을 밝혔다. 보편적 개념인 [연령]은 인지하는데 매우 유사한 영상도식의 적용을 받지만, 그 안에서 은유적으로 부각되는 측면이 다르기 때문에 특수성을 지닌 다양한 언어적 표현이 나타난다. 이 점을 고려하면, 본 연구의 내용은 외국어 교육에서 교수 방안이나 교수 방법을 설계하는 데 유용할 것이다. 즉 한국어와 중국어 [연령]에 관한 인지적 보편성과 특수성을 고려하여 더 효과적이고 실용적인 교육 방안을 만들 수 있다.

본 연구에서는 [연령]에 대한 은유적 양상을 제시하였지만, [연령]에 대한 환유 인지기제는 살펴보지 못했다. 또한, [연령]에 사회적, 문화적 요인과 관련된 근원영역 또한 미처 검토하지 못했다. [연령]과 관련한 환유적 인지 과정에는 어떠한 것이 있는지, 그리고 그 과정은 은유적 투사에 어떤 영향을 미치는지에 대한 논의는 향후의 연구 과제로 남겨 둔다.

참고문헌

- 강영세(2009), 시간어와 공간어의 교체 현상 : 인지의 통합력, 『담화 · 인지언어학회 학술 대회 발표논문집』, 담화 · 인지언어학회, 101쪽-104쪽.
- 강우순(1997), '밥'과 관련된 한국어 속담 분석, 『한국정보과학회 언어공학연구회 학술발표 논문집』 10, 한국정보과학회 언어공학연구회, 367-374쪽.
- 고아라(2011), 관용표현의 어휘의미 확대양상에 관한 연구-'밥' 포함 속담을 중심으로, 전북대학교 대학원 석사학위논문.
- 권연진(2015), 은유의 개념화 양상에 관한 연구, 서울대학교 대학원 박사학위논문.
- 권연진(2017), 『인지언어학에서 은유의 보편성과 상대성』, 한국문화사.
- 吉本一(1996), '오다/가다'와 시점, 『우리말 연구』 6, 우리말학회, 141-160쪽.
- 吉本一(2006가), 시간 표현의 인지언어학적 연구, 부산대학교 대학원 박사학위논문.
- 吉本一(2006나), '시간의 화살'에 대한 인지언어학적 고찰, 『담화와 인지』 9-1, 담화 · 인지언어학회, 1-19쪽.
- 吉本一(2006다), 시간의 자원화 양상, 『담화와 인지언어학회 학술대회 발표논문집』, 담화 · 인지언어학회, 91-96쪽.
- 吉本一(2006라), 한국어의 시간 인식과 표현, 『우리말 연구』 7, 우리말학회, 235-268쪽.
- 吉本一(2006마), 한국어의 시간 전후 표현, 『우리말 연구』 8, 우리말학회, 217-234쪽.
- 김계연(2011), 일 · 한 양 언어의 '食'문화 관련 관용표현 대조고찰-「飯/밥」「餅/떡」을 중심으로, 『한국일본언어문화』 20, 한국일본언어문화학회 언어공학연구회, 33-54쪽.
- 김계연(2012), 일한 양국어의 飮 · 食 관련 관용표현 대조연구, 한국외국어대학교 대학원 박사학위논문.
- 김고은(2012), 길의 문화적 의미 연구-개념적 은유 이론을 중심으로, 전남대학교 문화전문대학원 석사학위논문.
- 김기수(2006), 추상적 이동과 시간 은유, 『영어영문학 연구』 58, 한국중앙영어영문학회, 251-270쪽.
- 김기수(2015), 시간과 이동의 은유적 연결, 『영어영문학 연구』 57-3, 한국중앙영어영문학회, 19-38쪽.

- 김기수(1997), 삶과 죽음에 관한 한국어 은유 표현의 인지적 연구, 『언어』 22-3, 한국언어학회, 391-412쪽.
- 김동환(2005), 『인지언어학과 의미』, 태학사.
- 김동환(2007), 영상도식과 대립관계, 『현대영미어문학회 학술대회 발표논문집』, 현대영미어문학회, 59-70쪽.
- 김동환(2010), 인지언어학 연구 방법론, 『우리말연구』 27, 우리말학회, 5-28쪽.
- 김미형 외(2005), 『인간과 언어 : 본능과 능력 사이』, 박이정.
- 김미형(2009), 『인지적 대조언어학의 방법론 연구』, 한국문화사.
- 김종도(2004), 『은유의 세계』, 한국문화사.
- 김진해(2006), 코퍼스언어학적 관점에서 본 의미의 본질, 『한국어 의미학』 21, 한국어의미학회, 75-104쪽.
- 金鎭海(2009), 概念的 隱喩의 相對性-19~20世紀初 古小說을 중심으로, 『語文硏究』 37, 한국어문교육연구회, 85-110쪽.
- 金鎭海(2010), 概念的 隱喩와 文法 範疇時間 隱喩를 중심으로, 『語文논집』 43, 중앙어문학회, 149-174쪽.
- 김진해(2014), 개념적 은유의 보편성과 특수성, 『한국어 의미학』 46, 한국어의미학회, 331-349쪽.
- 김해연(2011), 코퍼스에서의 어휘 '가깝다'의 의미와 용법 분석, 『담화와 인지』 18, 담화 · 인지언어학회, 65-88쪽.
- 노진서(2009), 인생의 개념적 은유를 통해 본 영어와 한국어에서의 은유변이, 『새한영어영문학』 51, 새한영어영문학회, 209-228쪽.
- 李善熙(2009), 현대중국어 '시간'의 개념화 양상, 『중국어문학논집』 57, 중국어문학연구회, 51-73쪽.
- 린즈위(2013), 한 · 중 음식 관련 관용어 대비 연구, 부산대학교 대학원 석사학위논문.
- 박정운(1998), 앞으로 한달 뒤에 만납시다-시간의 개념적 은유, 『언어와 언어학』 23, 한국외국어대학교 외국어 종합연구센터 언어연구소, 85-110쪽.
- 박정운(2001), 개념적 은유 이론, 『언어와 언어학』 28, 한국외국어대학교 언어연구소, 85-107쪽.
- 서은(2004), 공간어에 나타나는 개념적 은유 연구, 이화여자대학교 대학원 석사학위논문.
- 송미령(2005), 현대 중국어 은유의 언어학적 분석, 연세대학교 대학원 박사

학위논문.

- 송현주(2015), 인지언어학적 어휘 연구를 위한 말뭉치 기반 접근 : '시간'을 중심으로, 『국어교육연구』 58, 국어교육학회, 171-198쪽.
- 심지연(2015), 전쟁 도식 은유의 역사적 연구, 『한국학연구』 52, 고려대학교 한국학연구소, 101-136쪽.
- 양나영(2011), 한중 음식관련어 개념적 은유 대조 연구, 한국외국어대학교 대학원 석사학위논문.
- 양태영(2006), [젊음]에 대한 개념적 은유, 『담화와 인지』 13-1, 담화·인지언어학회, 111-132쪽.
- 왕난난(2016), 한중 공간어의 인지언어학적 연구, 경북대학교 대학원 박사학위논문.
- 왕홀(2019), 한·중 식물 관련 속담 은유 표현 대조 연구-꽃, 나무, 풀을 중심으로, 동국대학교 대학원 석사학위논문.
- 유군(2018), 날씨 관련 은유 표현의 한중 대조 연구, 한양대학교 대학원 박사학위논문.
- 유성은(2005), 중국어의 시간과 공간 개념 표현에 관한 一考, 『중국어문학논집』 33, 중국어문학연구회, 111-128쪽.
- 이기동(2000), 『인지언어학』, 한국문화사.
- 이범열(2015), 현대중국어의 식물은유-인간과 식물의 관계를 중심으로, 『中國語文學誌』 52, 중국어문학회, 173-204쪽.
- 이범열(2016), 현대중국어의 식물은유 사용과 의사소통 효과에 대한 연구, 『중국어 문학』 72, 영남중국어문학회, 135-165쪽.
- 이범열(2018), 『현대중국어의 은유와 환유 그리고 의사소통』, 한국문화사.
- 이수련(1997), 공간의 인지언어학적 해석, 『새얼語文論集』 10, 동의대학교 국어국문학과 새얼어문학회, 313-338쪽.
- 이수련(2001), 소유의 개념화, 『새얼語文論集』 14, 동의대학교 국어국문학과 새얼어문학회, 363-388쪽.
- 이수련(2007가), 국어학 : 영상도식의 특질 연구, 『새얼語文論集』 19, 동의대학교 국어국문학과 새얼어문학회, 107-126쪽.
- 이수련(2007나), 시간 지시사의 인지론적 해석, 『한글』 277, 한글학회, 159-184쪽.
- 이선희(2010), 한중 '슬픔'과 '두려움' 은유 표현 인지적 연구, 『中國語文學』 56, 영남중국어문학회, 241-274쪽.

- 이종열(2002), 국어 비유적 의미의 인지과정에 대한 연구, 경북대학교 대학원 박사학위논문.
- 이종열(2003), 한국어 비유 표현의 개념적 통합 양상, 『담화와 인지』 10-1, 담화 · 인지언어학회, 167-190쪽.
- 이하배(2007), 나이의 일상예문화: 나뉘는 나이 나누는 나이, 『한국학』 4-30, 한국학중앙연구원, 309-334쪽.
- 임지룡(1980), 국어에 있어서의 시간과 공간 개념, 『국어교육연구』 12, 국어교육학회, 111-126쪽.
- 임지룡(1996), 은유의 인지언어학적 의미분석, 『국어교육연구』 28, 국어교육학회, 117-150쪽.
- 임지룡(1997), 영상도식의 인지적 의미 특성, 『어문학』 60, 한국어문학회, 189-211쪽.
- 임지룡(1998), 다의어의 비대칭 양상 연구, 『언어과학연구』 15, 언어과학회, 309-331쪽.
- 임지룡(2000가), 감정의 그릇 영상 도식적 양상과 의미특성, 『국어학』 57, 국어학회, 31-73쪽.
- 임지룡(2000나), 어휘의미론과 인지언어학, 『한국어학』 49, 한국어학회, 1-35쪽.
- 임지룡(2001가), '기쁨'과 '슬픔'의 개념화 양상, 『국어학』 37, 국어학회, 219-249쪽.
- 임지룡(2001나), '긴장'의 개념화 양상, 『담화와 인지』 8(2), 담화 · 인지언어학회, 205-227쪽.
- 임지룡(2002), 시간의 개념화 양상, 『어문학』 77, 한국어문학회, 201-222쪽.
- 임지룡(2006), 개념적 은유에 대하여, 『한국어 의미학』 20, 한국어의미학회, 29-60쪽.
- 임지룡(2008), 『의미의 인지언어학적 탐색』, 한국문화사.
- 임지룡(2015), 『비유의 인지언어학적 탐색』, 태학사.
- 임지룡(2017), 『인지의미론』, 한국문화사.
- 임지룡 · 임혜원(2007), 연결 도식과 그 은유적 확장, 『한글』 276, 한글학회, 105-132쪽.
- 임태성(2009), 한국어의 '시간' 속성과 모형 연구, 경북대학교 대학원 석사학위논문.
- 임태성(2018), 이동의 가상적 확장에 대한 연구, 『담화와 인지』 25-3, 담화 · 인지언어학회, 49-67쪽.

- 임혜원(2002), 한국어 대화 자료에 나타난 이동 은유, 『담화인지언어학회 학술대회 발표논문집』 6, 담화인지언어학회, 39-52쪽.
- 임혜원(2003), 공간 개념의 은유적 확장 연구, 상명대학교 대학원 박사학위논문.
- 임혜원(2006), 국어 사물 개념의 은유적 확장 연구, 『한국어 의미학』 19, 한국어의미학회, 77-107쪽.
- 임혜원(2013), 『언어와 인지』, 한국문화사.
- 임혜원(2017), 힘 영상도식의 신체화 연구, 『담화와 인지』 24-1, 담화 · 인지언어학회, 93-112쪽.
- 전수태(1996), 공간 개념어의 반의 구조, 『한어문교육』 4, 한국언어문학교육학회, 389-421쪽.
- 전혜영(2014), 한국어 표현에 나타나는 여행 은유, 『이화어문논집』 33, 이화어문학회, 75-103쪽.
- 정영식(2002), 영상 도식 변형에 근거한 다의성, 『현대영미어문학』 20-1, 현대영미어문학회, 29-70쪽.
- 정정승(2002), 시간과 공간의 은유적 표현, 『언어과학연구』 22, 언어과학회, 221-242쪽.
- 정현애(2013), 시간의 공간은유 韓 · 中 대조-한국어 앞/뒤와 중국어 전/후를 중심으로, 『중국언어연구』 49, 한국중국언어학회, 129-158쪽.
- 주려빈(2016), 한 · 중 개념적 은유 표현 대조 연구, 경희대학교 대학원 박사학위논문.
- 周青(2012), 한 · 중 '먹다'류 동사의 개념적 은유 대조 연구, 고려대학교 대학원 석사학위논문.
- 曾茂·韩容洙(2019), 汉语"饭"和韩语"밥"的认知隐喻对比研究, 『中國人文科學』, 72輯, 中國人文學會, 165-176.
- 채춘옥(2013), 국어 완곡 표현의 영상 도식 은유에 관하여, 『사회언어학』 21-1, 한국사회언어학회, 301-324쪽.
- 최지훈(2007), 국어 관용구의 영상도식적 은유 연구, 『한국어 의미학』 23, 한국어의미학회, 181-207쪽.
- 최해만(2019), 한 · 중 시간 표현의 인지언어학적 대조 연구, 동국대학교 대학원 박사학위논문.
- 최해만 · 한용수(2018), 이동 동사 한국어 '오르다'와 중국어 '上'의 대조 연구, 『석당논총』 71, 동아대학교 석당전통문화연구원, 1-26쪽.
- 췌이펑훼이(2015), '마음(心)'의 의미 구조에 관한 한 · 중 대조 연구, 경북대

학교 대학원 박사학위논문.
- 푸위(2019), 한중 음식 관련 어휘의 은유 대비 연구, 서울시립대학교 대학원 석사학위논문.
- 한정(2015), 한국어와 중국어에서 나타나는 '삶'과 '죽음'에 관한 은유 표현 연구, 아주대학교 대학원 석사학위논문.
- 허용 · 김선정(2014), 『대조언어학』, 소통.
- 홍달오(2009), 한국어 시간 표현의 인지언어학적 고찰, 『語文論集』 41, 중앙어문학회, 127-155쪽.
- 顾倩(2013), 汉语词语的时空域及喻域研究-以"上""旁""大""来"等词语为例, 南开大学博士学位论文.
- 鞠晶(2009), 汉语饮食隐喻的认知分析, 『学术交流』, 182-05期, 黑龙江省社会科学界联合会, 163-165.
- 金文植(2016), 韩国语"꿈(梦想)"的植物隐喻认知分析, 『现代交际』, 438期, 吉林省社会科学院, 91-92.
- 金美顺(2009), 空间形容词"深"的研究, 北京语言大学博士学位论文.
- 德克·盖拉茨(2012), 『认知语言学基础』, 邵军航等 译, 上海译文出版社.
- 蓝纯(1999), 从认知角度看汉语的空间隐喻, 『外语教学与研究』 1999年 04期, 北京外国语大学, 7-15.
- 蓝纯(2005), 『认知语言学与隐喻研究』, 外语教学与研究出版社.
- 刘桂玲(2017), 认知语义视角下英、汉空间量度形容词对比研究, 东北师范大学博士学位论文.
- 陆俭明(2009가), 隐喻、转喻散议, 『外国语』 2009年 01期, 上海外国语大学, 44-50.
- 陆俭明(2009나), 构式与意象图式, 『北京大学学报』 2009年 03期, 北京大学, 103-107.
- 李福印(2008), 『认知语言学概论』, 北京大学出版社.
- 李英兰(2017), 汉韩饮食词汇隐喻对比研究, 华东师范大学博士学位论文.
- 文秋芳(2014), "认知对比分析"的特点与应用, 『外语教学理论与实践』 2014年 01期, 华东师范大学外语学院, 1-9.
- 范立珂(2013), 位移事件的表达方式研究, 上海外国语大学博士学位论文.
- 束定芳(2000), 『隐喻学研究』, 上海外语教育出版社.
- 束定芳(2008), 『认知语义学』, 上海外语教育出版社.
- 杨梅(2010), 汉语时间概念隐喻的认知研究, 『昭通师范高等专科学校学报』, 2010

年 01期 昭通学院, 16-19.

- 杨艳(2001), 汉语中的时间隐喻,『东南大学学报』, 03-03期, 东南大学, 113-116.
- 杨艳芳(2007), 儿童书面语中空间维度词"大/小"和"高/低"隐喻域的认知发展研究, 上海师范大学硕士学位论文.
- 杨晓红 · 张志杰(2010), 时间隐喻中的空间参照框架, 『心理科学进展』, 18-01期, 中国科学院心理研究所, 1-9.
- 王冬梅·赵志强(2003), 汉语饮食词语的隐喻转义,『内蒙古社会科学』, 24-05期, 内蒙古社会科学院, 93-95.
- 王寅(2007),『认知语言学』, 上海外语教育出版社.
- 张洋梵(2015), 基于语料库的幼儿隐喻表达研究, 南京师范大学硕士学位论文.
- 张喆(2012), 时间概念隐喻的历时研究,『解放军外国语学院学报』, 35-03期, 解放军外国语学院, 10-14.
- 赵艳芳(2001),『认知语言学概论』, 上海外语教育出版社.
- 朱巧云(2013), "吃饭"的隐喻映现规律探析,『延边教育学院学报』, 27-04期, 延边州教育学院, 7-9.
- 周榕(2000), 时间隐喻表征研究, 西南师范大学博士论文.
- 周静(2006), "大"与"小"的对称与不对称及相关动因,『修辞学习』05期, 复旦大学, 61-64.
- 朱晓军(2008), 空间范畴的认知语义研究, 华东师范大学博士学位论文.
- 陈燕 · 黄希庭(2006), 时间隐喻研究述评,『心理科学进展』2006年 第4期, 中国科学院心理研究所, 604-609.
- 陈映戎(2012), 英汉植物隐喻的跨文化理解研究, 华东师范大学博士学位论文.
- 秦程程(2013), 从认知语言学角度浅析"人生"的概念隐喻,『现代语文』, 07期, 曲阜师范大学, 147-149.
- 陈晦(2011), 英汉植物词语对比研究, 上海外国语大学博士学位论文.
- 陈晦(2014), "植物是人"概念隐喻在汉英植物名中的投射, 『外国语文』, 30-05期, 四川外国语大学, 81-87.
- 帖伊(2016), 体验·隐喻·人生-从现代汉语"人生"隐喻看概念隐喻的"多源"机制,『长春大学学报』, 26-5期, 长春大学, 54-58.
- 肖燕(2012), 时间的概念化及其语言表征, 西南大学博士学位论文.
- 崔健(1999), 韩汉方位隐喻对比,『延边大学学报(哲学社会科学版)』1999年 04期, 延边大学, 129-132.
- 崔艳辉(2015), 隐喻与认知—乔治 · 莱考夫语言哲学研究, 吉林大学博士学位论文.

- 何亮(2015), 汉语时空隐喻的意象图示表征系统及其表达体系, 『北方论丛』 2015年 02期, 哈尔滨师范大学, 63-68.
- 韩玉强 · 刘宾(2007), 汉语空间隐喻时间中的"前"、"后"认知, 『修辞学习』 2007年 04期, 复旦大学, 15-20.
- 胡壮麟(2004), 『认知隐喻学』, 北京大学出版社.
- 黄兴运(2013), 人生隐喻的认知研究, 『湖北经济学院学报』, 10-3期, 湖北经济学院, 112-114.
- D. Alan Cruse & William Croft(2004), *Cognitive Linguisitics,* Cambridge University Press.[김두식 · 나익주 역(2007), 인지언어학, 박이정.]
- Erik H, Erikson(1950), *Childhood and Society,* W.W.Norton & Co.
- Evans, V. & M. Green(2006), *Cognitive Linguisitics : An Introduction*, Edinburgh University Press.[임지룡 · 김동환 역(2008), 인지언어학 기초, 한국문화사.]
- Evans, V.(2009), *How Words Mean : Lexical Concepts, Cognitive Models, and Meaning Construction*, Oxford University Press.[임지룡 · 김동환 역(2012), 『인지언어학적 어휘의미론』, 경북대학교출판부.]
- Friedrich, Ungerer & Hans-Jörg, Schmid(1996), *Introduction to cognitive linguistics*, Longman.[임지룡 · 김동환 역(2010), 인지언어학 개론, 태학사.]
- Geeraerts, Dirk(2006), *Cognitive Linguistics : Basic Readings,* Walter De Gruyter Inc.
- Gibbs, R. W. & H. L. Colston(1995), *The cognitive psychological reality of image schemas and their transformations*, Cognitive Linguistics 6-4, 347-378.
- Gibbs, R. W.(1994), *The Poetics of Mind : Figurative Thought, Language and Understanding*, Cambridge University Press.[나익주(2003), 마음의 시학 : 비교적 사고 · 언어 · 이해, 한국문화사.]
- John R. Taylor(2002), *Cognitive Grammar*, Oxford University Press.[임지룡 · 김동환 역(2005), 인지문법, 한국문화사.]
- KÖvecses, Zoltán(2000), *Metaphor and emotion : language, culture, and body in human feeling*, Cambridge University Press.[김동환 · 최영호 역(2009), 은유와 감정 : 언어, 문화, 몸의 통섭, 東文選.]
- KÖvecses, Zoltán(2002), *Metaphor : a practical introduction*, Oxford University Press.[이정화 외 역(2003), 은유 : 실용입문서, 한국문화사.]

- KÖvecses, Zoltán(2005), *Metaphor in culture : universality and variation*, Cambridge University Press.[김동환 역(2009), 은유와 문화의 만남 : 보편성과 다양성, 연세대학교 출판부.]
- KÖvecses, Zoltán(2006), *Language, mind and culture : a practical introduction*, Oxford University Press.[임지룡 외 역(2010), 언어 · 마음 · 문화의 인지언어학적 탐색, 역락.]
- Krzeszowski, T. P.(1997), *Angels and Devils in Hell : Elements of Axiology in Semantics,* Warszawa : Wydawnictwo Energeia.
- Lakoff, George & Mark Johnson(1980, 2003), *Metaphors We Live By,* University of Chicago Press.[노양진 · 나익주 역(2006), 『삶으로서의 은유』, 박이정.]
- Lakoff, George & Mark Johnson(1999), *Philosophy in the Flesh : The Embodied Mind and Its Challenge to Western Thought*, Basic Books.[임지룡 외 역(2002), 몸의 철학-신체화된 마음의 서구 사상에 대한 도전, 박이정.]
- Lakoff, George & Mark Turner(1989), *More Than Cool Reason : A Field Guide to Poetic Metaphor,* University of Chicago Press.
- Lakoff, George & KÖvecses, Zoltán(1987), *The Cognitive Model of Anger Inherent in American English,* In D. Holland & N. Quinn, *Cultural Models in Language and Thought*, Cambridge University Press, 195-221.
- Lakoff, George(1987), *Women, Fire, and Dangerous Things : What Categories Reveal about the Mind*, University of Chicago Press.[이기우 역(1994), 인지의미론 : 언어에서 본 인간의 마음, 한국문화사.]
- Lakoff, George(1993), *The contemporary theory of metaphor*, In A. Ortony(ed.), *Metaphor and Thought*, Cambridge University Press, 202-251.
- Langacker, R. W.(1987), *Foundations of Cognitive Grammer, Vol Ⅰ: Theoretical Prerequisites*, Standford University Press.[김종도 역(1999), 인지문법의 토대 Ⅰ, 박이정.]
- M. Sandra Peña(2003), *Topology and Cognition : What Image-Schemas Reveal about the Metaphorical Languages of Emotions*, Lincom Europa.[임지룡 · 김동환 역(2006), 은유와 영상도식, 한국문화사.]
- Mark Johnson(1987), *The body in the mind : The Bodily Basis of Meaning,*

Imagination, and Reason, University of Chicago Press.[노양진 역(2000), 마음 속의 몸, 철학과현실사.]

- Mark Johnson(1989), *Image-schematic base of meaning*, Recherches Sémiotiques/Semiotic Inquiry 9, 109-118.
- Mark Johnson(2007), *The Meaning of the body : aesthetics of human understanding*, University of Chicago Press.[김동환・최영호 역(2012), 몸의 의미, 東文選.]
- Reddy, Michael(1979), *The conduit metaphor : A case of frame conflict in our language,* Metaphor and Thought, Andrew Ortony(ed.), Cambridge University Press, 284-324.
- Sperber, D.&Wilson, D.(1986), *'Loose talk'*, Proceedings of the Aristotelian Society 86, 153-171.
- Turner, Frederick & Ernst, Pöppel(1983), *'The neural lyre : poetic meter, the brain and time'*, Poetry 142, 5, 277-309.
- Y. Tsuji(2002), *An Encyclopedic of Cognitive Linguisitics, 研究社*.[임지룡・요시모토 하지메, 이은미, 오카 도모유키 역(2004), 인지언어학 키워드 사전, 한국문화사.]

[인터넷 자료]

- 구글 : www.google.com(검색일 : 2019.04.~2020.06.)
- 국립국어원 표준국어대사전 : stdict.korean.go.kr(검색일 : 2019.03.~2020.06.)
- 네이버 : www.naver.com(검색일 : 2019.03.~2020.05.)
- 우리말샘 : opendict.korean.go.kr(검색일 : 2019.03.~2020.04.)
- 百度 : www.baidu.com(검색일 : 2019.03.~2020.04.)
- 汉辞网 : www.hydcd.com(검색일 : 2019.03.~2019.10.)

[사전]

- 강영희 외(2008), 『생명과학대사전』, 아카데미서적.
- 고려대학교 민족문화연구원(2007), 『中韓辭典』, 고려대학교 민족문화연구원.
- 고려대학교 민족문화연구원(2009), 『고려대 한국어대사전』, 창작마을.
- 국립국어연구원(1999), 『표준국어대사전』, 두산동아.
- 동서문화편집부(1997), 『한국세계대백과사전』, 동서문화.
- 두산동아백과사전연구소(1996), 『두산세계대백과사전』, 두산동아.

- 백문식(2014),『우리말 어원 사전』, 박이정.
- 연세대학교 언어정보개발연구원(1998),『연세 한국어사전』, 두산동아.
- 이철수(2009),『사회복지학사전』, 블루피쉬.
- 吴忠观 外(1997),『人口科学辞典』, 西南财经大学出版社.
- 中国百科大辞典编委会(1990),『中国百科大辞典』, 华夏出版社.
- 中国社会科学院(2005),『现代汉语词典』, 商务印书馆.
- 中中韓辭典編纂委員會(2015),『연세 中中韓辭典』, 연세대학교 대학출판문화원.
- 夏征农·陈至立(2009),『辞海』, 上海辞书出版社.
- 向洪 外(2008),『人口科学大辞典』, 成都科技大学出版社.
- 许慎 著, 段玉裁 注(2018),『说文解字注』, 凤凰出版社.

한·중 '연령' 은유 양상의 인지적 대조 연구

1판 1쇄 발행 2025년 11월 3일

지 은 이 | 曾茂(증무)
펴 낸 이 | 김진수
펴 낸 곳 | 한국문화사
등 록 | 제1994-9호
주 소 | 서울시 성동구 아차산로49, 404호(성수동1가, 서울숲코오롱디지털타워3차)
전 화 | 02-464-7708
팩 스 | 02-499-0846
이 메 일 | hkm7708@daum.net
홈페이지 | http://hph.co.kr

ISBN 979-11-6919-361-0 93710